Luis Vega Lechermann
Tel. 0221/
130 11 60

Kohlhammer
Urban-
Taschenbücher

Band 570

Grundriß der Psychologie

Band 20

eine Reihe in 22 Bänden
herausgegeben von
Herbert Selg und Dieter Ulich

Diese neue, in sich geschlossene Taschenbuchreihe orientiert
sich konsequent an den Erfordernissen des Studiums.
Knapp, übersichtlich und verständlich präsentiert jeder Band
das Grundwissen einer Teildisziplin.

Hans-Peter Nolting
Peter Paulus

Pädagogische
Psychologie

2., korrigierte Auflage

Verlag W. Kohlhammer
Stuttgart Berlin Köln

Die Deutsche Bibliothek – CIP-Einheitsaufnahme

Grundriß der Psychologie : eine Reihe in 22 Bänden / hrsg.
von Herbert Selg und Dieter Ulich. – Stuttgart ; Berlin ; Köln :
Kohlhammer.
    (Urban-Taschenbücher ; . . .)
NE: Selg, Herbert [Hrsg.]

Bd. 20. Nolting, Hans-Peter: Pädagogische Psychologie. – 2.,
korrigierte Aufl. – 1996

Nolting, Hans-Peter:
Pädagogische Psychologie / Hans-Peter Nolting ; Peter Paulus.
– 2., korrigierte Aufl. – Stuttgart ; Berlin ; Köln : Kohlhammer,
1996
    (Grundriß der Psychologie ; Bd. 20)
    (Urban-Taschenbücher ; Bd. 570)
    ISBN 3-17-014480-4
NE: Paulus, Peter:; 2. GT

2., korrigierte Auflage

Alle Rechte vorbehalten
© 1992/1996 W. Kohlhammer GmbH
Stuttgart   Berlin   Köln
Verlagsort: Stuttgart
Gesamtherstellung:
W. Kohlhammer Druckerei GmbH + Co. Stuttgart
Printed in Germany

Inhalt

Vorwort

Normalerweise sind es dicke Lehrbücher, die den Titel »Pädagogische Psychologie« tragen. Eine kleine Einführung im Taschenbuchformat ist daher nicht zuwege zu bringen, ohne von der Kunst der Beschränkung reichlich Gebrauch zu machen. Weil dies im Ergebnis jedoch recht unterschiedlich aussehen könnte, möchten wir vorausschicken, von welchen Gesichtspunkten wir uns haben leiten lassen. Es sind dies folgende Fragen:

- Welche Begriffe und Problemstellungen müssen wir ansprechen, weil sie in der Pädagogischen Psychologie häufig vorkommen?
- Wie schaffen wir Ordnung im Kopf?
- Wie müssen wir schreiben, damit es auch für Anfänger verständlich ist?
- Wie machen wir deutlich, daß Pädagogische Psychologie einerseits eine Wissenschaft ist, andererseits auch Orientierungen für das Urteilen und Handeln in der Praxis geben kann?

Bei diesen Leitfragen haben wir berücksichtigt, daß die Pädagogische Psychologie wie wohl kaum ein anderes Gebiet der Psychologie einen besonders großen Interessentenkreis unter Nichtpsychologen (Lehrern, Sozialpädagogen usw.) hat, die gewöhnlich nur ein psychologisches Kurzstudium absolvieren und in erster Linie Anwendungsbezüge im Auge haben.

Wir versuchen also vorrangig, Orientierungshilfen zu typischen Begriffen und Fragestellungen der heutigen Pädagogischen Psychologie zu geben und zugleich (anders als etwa Handwörterbücher) für inneren Zusammenhang statt bloßer Themenaddition zu sorgen. Wir gehen dabei so vor, daß wir eine insgesamt recht lange Reihe charakteristischer Themen behandeln, und zwar jeweils in einem Überblick von wenigen Seiten. Doch ordnen wir diese nicht nur thematisch, sondern auch hierarchisch: Wir unterscheiden »grundlegende«, übergreifende Aspekte, die sich durch die Vielfalt der Inhalte hindurchziehen, von anderen, die speziellere Akzente setzen und vorrangig mit dem Schwerpunkt »Erziehung« oder dem Schwerpunkt »Unterricht« zu tun haben.

Dies also bieten wir an. Da »Beschränkung« immer auch »Weglassen« bedeutet, ist zu ergänzen, worauf wir verzichtet haben. Zunächst einmal haben wir natürlich nicht versucht, alle denkbaren Inhalte aufzunehmen, die unter dem Titel »Pädagogische Psychologie« zur Sprache kommen könnten (das Problem der Vollständigkeit ist allerdings auch für umfangreiche Lehrbücher kaum lösbar). Die aufgenommenen Problemstellungen werden überdies, wie gesagt, nicht ausführlich, sondern skizzenhaft behandelt. Des weiteren nehmen empirische Untersuchungen, forschungsmethodische Fragen und theoretische Kontroversen nur einen begrenzten Raum ein.

Wie Bücher aufgenommen und genutzt werden, hängt nicht nur von dem Buch selbst ab, sondern auch von den Vorkenntnissen und Erwartungen der Leser. Die sind oft so unterschiedlich, daß wir kaum allen gleichermaßen gerecht werden können. Doch hoffen wir, daß das Buch für viele seine Funktion als Orientierungshilfe erfüllt.

Göttingen, im Frühjahr 1992   Hans-Peter Nolting
                                               Peter Paulus

Zur zweiten Auflage

Mehrere Textpassagen wurden eindeutiger und verständlicher formuliert. Diverse Druckfehler wurden beseitigt.

Göttingen, im Sommer 1996   Hans-Peter Nolting
                                               Peter Paulus

1. Was ist Pädagogische Psychologie?

Zunächst möchten wir erläutern, womit sich Pädagogische Psychologie beschäftigt und in welcher Beziehung sie zur Psychologie sowie zur Pädagogik steht.

1.1 Das »Pädagogische« und das »Psychologische«

»Pädagogische Psychologie« enthält »Psychologie« als Hauptbegriff und »pädagogisch« als Spezifizierung. Wenn Psychologie, knapp formuliert, sich mit dem Verhalten und Erleben von Menschen befaßt, so geschieht dies bei der Pädagogischen Psychologie eben in Hinblick auf pädagogische Sachverhalte (nicht etwa medizinische, politische usw.).

»Pädagogisch« ist alles, was die »Erziehung« betrifft, wobei man hier Erziehung in einem weiten Sinne verstehen muß – als Oberbegriff, der Unterricht, Ausbildung u. ä. mit einschließt, der also mehr umfaßt als das, was Eltern gewöhnlich unter »Erziehung« verstehen. Hilfreich erscheint uns folgende Definition von Brezinka (1978, S. 45): »Unter Erziehung werden Handlungen verstanden, durch die Menschen versuchen, das Gefüge der psychischen Dispositionen anderer Menschen in irgendeiner Hinsicht dauerhaft zu verbessern oder seine als wertvoll beurteilten Komponenten zu erhalten oder die Entstehung von Dispositionen, die als schlecht bewertet werden, zu verhüten.«

Solche Handlungen könnten z. B. Praktiken der Ermunterung oder Disziplinierung, Methoden des Unterrichtens oder das Anbieten von Lernspielzeug sein. Pädagogische Handlungen sind intentional und zielgerichtet, während Lernen »durch das Leben« nicht als Erziehung gilt. Sie richten sich überdies auf die Realisierung irgendwelcher Wertvorstellungen, wie mehrere Wörter der Definition (»verbessern«, »wertvoll«, »schlecht«) anzeigen (auch die kommerzielle Werbung will Dispositionen beeinflussen, aber nur zur Absatzsteigerung). Zum Komplex der

Erziehung gehören aber nicht nur die eigentlichen »Handlungen«, sondern alles, was damit in Zusammenhang steht, insbesondere die daran beteiligten Personen, also »Erzieher« und »Erzogener« (oder »Lerner«), weiterhin die Institutionen, in denen die Erziehung systematisch organisiert wird (Schulwesen, Heime usw.), Lehrpläne, Lehrmittel u. a. m.

Das »Psychologische« beginnt dort, wo es um das Verhalten und Erleben der »Akteure« des pädagogischen Feldes, also der Erzieher und Erzogenen, geht. Psychologische Sachverhalte sind unter anderem:

– die psychischen Prozesse, die sich im aktuellen Erziehungsgeschehen bei den Beteiligten abspielen: Wahrnehmen, Denken, Fühlen, Motivation, Verhalten.
– die Dispositionen, die durch die Erziehung gefördert werden sollen: z. B. Denkfähigkeiten, Einstellungen, soziale Verhaltenskompetenzen usw.
– die Lernvorgänge, durch die die Dispositionen entwickelt werden.

Solche Sachverhalte sind mithin Gegenstand der Pädagogischen Psychologie. Betrachtet werden sie vorrangig im Kontext der unmittelbaren Erzieher-Lerner-Beziehung. Es gibt aber auch Fragestellungen, die damit nicht direkt zu tun haben und dennoch sinnvollerweise von der Pädagogischen Psychologie untersucht werden, beispielsweise Zusammenhänge zwischen der Schulleistung und der Beliebtheit bei Mitschülern oder Motive für den Abbruch eines Studiums. Hierauf machen Weidenmann & Krapp (1986) aufmerksam und schlagen deshalb vor, als Abgrenzungskriterium »pädagogische Situationen« zu wählen. Über den Kernbereich »Erziehen« hinaus sind dann alle psychologischen Sachverhalte innerhalb des Erziehungsfeldes Gegenstand der Pädagogischen Psychologie.

Das Psychologische ist immer nur *eine* Seite von pädagogischen Sachverhalten. So lassen sich etwa an einer pädagogischen Einrichtung (z. B. einem bestimmten Schultyp) verschiedene Aspekte betrachten. Psychologischer Natur wäre beispielsweise die Frage: Wie »wirkt« diese Einrichtung auf die Lerner; haben sie hier mehr oder weniger Angst, zeigen sie hier mehr oder weniger kreative Leistungen als in einer anderen Institution usw.? Hingegen wären die Lehrpläne, nach denen die Institution arbeitet, und ihre Begründung durch bestimmte Werte bzw. Erziehungsziele pädagogische, nicht aber psychologische Sachverhalte.

Fragt man nun nach den wissenschaftlichen Disziplinen, so liegt es nahe, das »Pädagogische« insgesamt der Pädagogik und das »Psychologische« daran der Pädagogischen Psychologie zuzuordnen. Diese wäre dann, wie auch die Soziologie, eine Bezugswissenschaft für die Pädagogik und somit Teil der »Erziehungswissenschaft« (sofern Erziehungswissenschaft als Oberbegriff verstanden und nicht mit Pädagogik gleichgesetzt wird). Allerdings: Scharfe Abgrenzungen zwischen den Fächern sind kaum möglich, wie schon ein Blick in die Vorlesungsverzeichnisse lehrt. Der gemeinsame Gegenstand »Erziehung« läßt es wohl zu, an ihm verschiedene Aspekte zu *unterscheiden,* nicht aber, sie voneinander zu *trennen,* so daß man oft kaum umhin kommt, auch Aspekte der Nachbardisziplin mit anzusprechen.

Unterschiedliche Schwerpunkte der Fächer bleiben natürlich bestehen; sie können sich aber sinnvoll ergänzen. So beschäftigt sich mit der Frage, welche Erziehungsziele angestrebt werden sollten, in erster Linie die Pädagogik, und zwar jener Zweig, der häufig als »normative Pädagogik« bezeichnet wird (vgl. Klauer 1973a, Brezinka 1978). Die Psychologie hingegen befaßt sich weit weniger mit dem, was sein »soll«, sondern primär mit dem, was »ist« (z. B. auch mit Unzulänglichkeiten und unerwünschten Effekten des Erziehens). Auf dieser Ebene kann sie jedoch auch die Diskussion über Ziele ergänzen, indem sie z. B. untersucht, welche Zielvorstellungen Eltern tatsächlich haben oder welche Ziele unter welchen Bedingungen überhaupt erreichbar sind.

Pädagogische Psychologie ist also überwiegend eine empirische Wissenschaft, die beschreibt und erklärt, während die Pädagogik zum Teil eine »normative« Wissenschaft ist, in der explizit gewertet wird. Allerdings gibt es auch die deskriptive oder empirische Pädagogik, die sich mit den Handlungen und Mitteln zur Erreichung der Ziele sowie den tatsächlichen Wirkungen befaßt und sich besonders oft mit der Pädagogischen Psychologie überschneidet (Thurner 1981).

Der Unterschied zur Pädagogik liegt übrigens, anders als Laien manchmal vermuten, nicht darin, daß die Psychologie »theoretisch« und die Pädagogik »praktisch« ist. Zunächst einmal: »Praktisch« sind auch die normative und empirische Pädagogik nicht, sondern lediglich der dritte Bereich, die »praktische« bzw. »präskriptive« Pädagogik (Brezinka 1978, Klauer 1973a). Sie macht Aussagen von der Art: Wenn du Ziel X erreichen willst, dann ist es zweckmäßig, Mittel Y einzusetzen (wobei sie sich möglichst auf empirische Befunde stützt). An solchen Handlungsempfehlungen ist jedoch die Pädagogische Psychologie durchaus beteiligt. Auch sie beschäftigt sich mit der pädagogischen Einflußnahme (z. B. mit Erzieherverhalten, Lerntechniken, Textverständlichkeit usw.), soweit es vorrangig um Verhalten und innere Prozesse geht und weniger um Lehrstoffe, Institutionen usw. Solche Empfehlungen sind allerdings noch nicht mit pädagogischer Praxis gleichzusetzen, wie wir weiter unten (S. 18 ff) erläutern werden.

Insgesamt gehört die Pädagogische Psychologie gleichzeitig zur Psychologie und zur Erziehungswissenschaft. Während es in den vorangehenden Ausführungen vornehmlich um den zweiten Aspekt, um die pädagogischen Bezüge ging, soll nun ihr Charakter »als Psychologie« im Vordergrund stehen.

1.2 Pädagogische Psychologie als »Gebiet« und als »Betrachtungsweise«

Es ist üblich, Wissenschaften in »Gebiete« oder »Teildisziplinen« zu unterteilen. In der Psychologie unterscheidet man gewöhnlich
(A) Allgemeine Psychologie, Differentielle/Persönlichkeitspsychologie, Entwicklungspsychologie und Sozialpsychologie als Grundlagengebiete,
(B) Klinische Psychologie, Pädagogische Psychologie, Arbeits- und Organisationspsychologie, Medizinische Psychologie, Verkehrspsychologie und jede Menge andere »Bindestrich-Psychologien« als Anwendungsgebiete.

»Gebiete« werden charakterisiert durch typische Themen und Fragestellungen, in denen sie sich von anderen Gebieten unterscheiden. Sie sind freilich nicht als abgegrenzte Areale zu verstehen, sondern lediglich als Schwerpunkte, die sich mehr oder minder stark mit anderen Gebieten überschneiden. So enthält die Pädagogische Psychologie in beträchtlichem Maße Lernpsychologie (als Teil der Allgemeinen Psychologie), Entwicklungspsychologie und Sozialpsychologie, aber auch Differentielle Psychologie einschließlich entsprechender Diagnostik (z. B. zu intellektuellen Fähigkeiten) sowie Klinische Psychologie (hinsichtlich Lern- und Verhaltensstörungen).

Das Spezifische der Pädagogischen Psychologie, wie es im vorigen Abschnitt erläutert wurde, ergibt sich aus dem Kontext: pädagogische Handlungen und Situationen. Innerhalb des Gebietes zeichnen sich wiederum zwei Schwerpunkte ab, nämlich »Erziehung« und »Unterricht«, wobei dann »Erziehung« nicht mehr Oberbegriff ist, sondern eine engere Bedeutung hat: »Erziehung« legt den Akzent auf sozial-emotionale Aspekte, während »Unterricht« primär die Förderung von Leistungen im Auge hat. In gewissem Grade lassen sich diese Schwerpunkte den Sozialisationsinstanzen »Familie« und »Schule« zuordnen. Allerdings betreibt die Schule immer auch »Erziehung« (und sei es nur im Dienste eines reibungslosen Unterrichts) und in der Familie wird vielfach auch »unterrichtet«. Mit »Schule« und »Familie« sind natürlich nicht alle Institutionen erfaßt, in denen »Unterricht« und »Erziehung« stattfindet, aber sie werden besonders häufig untersucht. Damit steht zugleich das Kindes- und Jugendalter deutlich im Vordergrund, während spezifische Aspekte des Erwachsenenalters und höheren Lebensalters in der Pädagogischen Psychologie relativ selten zur Sprache kommen, selbst wenn sie in einem eindeutig pädagogischen Kontext stehen (z. B. Studium, Erwachsenenbildung).

Die Einführungen und Lehrbücher zur Pädagogischen Psychologie unterscheiden sich zum Teil recht erheblich darin, welche Inhalte sie ausführlich berücksichtigen, welche weniger und welche gar nicht. Schon die Gewichtung der beiden Bereiche Unterricht und Erziehung ist unterschiedlich. Manche Bücher befassen sich primär mit Unterricht und kognitivem Lernen (z. B. Gage & Berliner 1986, Mietzel 1986), andere primär mit Erziehung und sozial-emotionalem Lernen (z. B. Tausch & Tausch 1977, Fittkau 1983, Heinelt 1983), und wieder andere in etwa gleichem Maße mit beiden Seiten (Weinert et al. 1974, Heller & Nickel 1976/1978, Dietrich 1984, Weidenmann, Krapp et al. 1986 sowie das vorliegende Buch).

Wenn man Pädagogische Psychologie als ein »Gebiet« bezeichnet, will man damit, wie dargelegt, die typischen Inhalte hervorheben, in denen sie sich von anderen Gebieten *unterscheidet*. Nun gibt es aber auch viel *Gemeinsames*. Das zeigen schon die vielfältigen Überschneidungen. Und das muß auch so sein, wie eine einfache Überlegung deutlich macht: Es wird nämlich in jedem Fall psychisches Geschehen von Menschen untersucht, und Menschen können z. B. im pädagogischen Feld kaum prinzipiell anders »funktionieren« als etwa bei der Arbeit

(wiewohl diese Felder verschiedene psychologische »Gebiete«
ausmachen). Um den gemeinsamen Kern in knapper Form zu
charakterisieren, eignen sich unseres Erachtens die folgenden
»grundlegenden Aspekte des psychischen Systems« (Nolting &
Paulus 1990):

- *Aktuelle Prozesse (Verhalten und innere Prozesse):* Sie bilden
  das »eigentliche« psychische Geschehen und vollziehen sich
  in der unmittelbaren Auseinandersetzung zwischen Mensch
  und Umwelt. Dabei lassen sie sich grob nach zwei Funktionen
  unterscheiden: (a) Menschen »verarbeiten« ihre Umwelt und
  (b) sie wirken auf die Umwelt ein. Als aufnehmend-verarbei-
  tende Prozesse könnte man etwa ansehen: Wahrnehmen,
  erfassendes Denken, Emotionen; als einwirkende etwa: Motivation, planendes Denken, äußeres Verhalten/Handeln.
- *Situation:* Welche konkreten Prozesse sich zu einem bestimmten Zeitpunkt in einem Menschen abspielen (z. B. was
  jemand denkt oder fühlt), das ist unterschiedlich je nach der
  Situation, in der er sich befindet (Situation wird dabei verstanden als aktuelle Umwelt).
- *Person:* Die konkreten Prozesse sind außerdem abhängig von
  der »Person«, von ihren »Dispositionen« (Verhaltensgewohnheiten, Kenntnissen, Einstellungen usw.). Menschen unterscheiden sich eben darin, zu welchen Gedanken, Emotionen,
  Verhaltensweisen usw. sie »disponiert« sind.
- *Entwicklung:* Die Person selbst wiederum ist nichts Stati-
  sches, sondern verändert sich im Laufe des Lebens. Menschen
  entwickeln sich nicht nur biologisch, sondern auch psychisch.
  Eine wesentliche Rolle spielt dabei, daß die aktuellen Prozesse »Spuren« hinterlassen, also in »Lernen« münden können.

Als »grundlegend« kann man diese Aspekte bezeichnen, weil
sie fundamentale Tatbestände des Verhaltens und Erlebens
betreffen und weil sie daher auch theorieneutral sind: Es gibt
keine Lehrmeinung, nach der der eine oder andere Aspekt
bedeutungslos wäre, wenngleich es über ihre Gewichtung und
inhaltliche Ausdeutung unterschiedliche Auffassungen gibt
(schon die eben genannte Aufgliederung der aktuellen Prozesse
ist in diesem Sinne nicht mehr ganz theoriefrei).

Die grundlegenden Aspekte sind nicht separat, sondern in
ihrem Verhältnis zueinander zu betrachten, wie es in Abb. 1a
dargestellt ist. So ergeben sie ein Gefüge, das sich als themen-

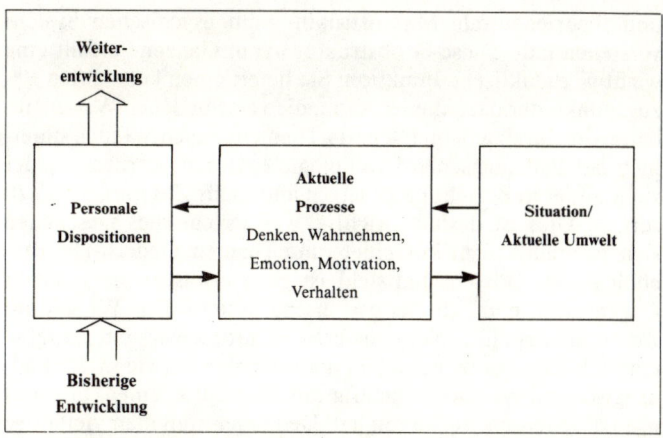

Abb. 1 a: Grundlegende Aspekte des psychischen Systems

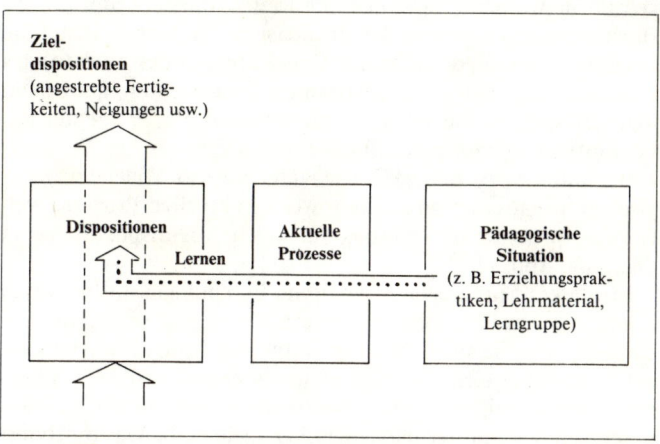

Abb. 1 b: Der Schwerpunkt der pädagogisch-psychologischen Betrachtungsweise innerhalb der grundlegenden Aspekte des psychischen Systems: Pädagogische Situationen setzen über aktuelle Prozesse Lernvorgänge in Richtung auf Zieldispositionen in Gang

und theorieneutrale Makrostruktur vom psychischen System verstehen läßt. Diese Grobstruktur »vom Ganzen« erfüllt eine wichtige didaktische Funktion: Sie liefert einen konstanten Bezugspunkt, der dazu dienen kann, die verschiedenen Wissensinhalte, die durch »Gebiete« und »Themenbereiche« (auch innerhalb der Pädagogischen Psychologie!) getrennt werden, wieder zueinander in Beziehung zu setzen und so für *Zusammenhalt* zu sorgen. Dies ist deshalb wichtig, weil psychisches Geschehen sich zweifellos nicht in Gebiete und Themen gliedert. Die Psychologie als Wissenschaftsfeld ist eben etwas anderes als ihr Gegenstand, nämlich das psychische System. Das Wissen auf Zusammenhalt hin zu organisieren, sozusagen »system-gemäß«, empfiehlt sich ganz besonders dort, wo man es (wie in der Pädagogischen Psychologie) häufig mit Praxisproblemen, also mit »ganzen Menschen«, zu tun hat. Denn hier muß man vielfältige Aspekte (z. B. Lernen, Kommunikation, Fähigkeiten), die in Forschung und Lehre gewöhnlich separat erörtert werden, miteinander verbinden.

Stellt man den gemeinsamen Kern in den Vordergrund, so hilft dies nicht nur bei der Integration des Wissens, sondern es wird damit auch ein anderes Verständnis von »Gebieten« nahegelegt: Sie werden zu *Betrachtungsweisen,* die entweder (a) den Blick vorrangig auf einen der Grundaspekte richten, z. B. auf die Person-Unterschiede oder die Entwicklung, oder aber (b) das Gesamtsystem von einer bestimmten Fragestellung her sehen. »Unser« Gebiet, die Pädagogische Psychologie, betrachtet das Gesamtsystem aus dem Blickwinkel pädagogischer Sachverhalte, und ihre vorrangige Frage lautet etwa so: Welche pädagogischen Situationen setzen über welche aktuellen Prozesse welche Lernprozesse in Richtung auf welche Zieldispositionen in Gang? (s. Abb. 1 b)

In diesem Sinne ist Pädagogische Psychologie mithin keine eigene Art von Psychologie, sondern *pädagogisch relevante* Psychologie. Ein Beispiel: Mit der Natur von Motivationsvorgängen beschäftigt sich die Allgemeine Psychologie; die Pädagogische Psychologie betrachtet Motivation im Hinblick auf das Erreichen bestimmter pädagogischer Ziele (z. B. Was motiviert Schüler zu schulischem Lernen? Wie kann man Lernmotivation fördern? Welche Rolle spielen Motivationsprobleme bei Lernstörungen?). Ebenso wird Entwicklung nicht »rein« entwicklungspsychologisch betrachtet, sondern unter dem Aspekt von pädagogischen Zielen und Einflußmöglichkeiten.

16

Die Formulierung, die Pädagogische Psychologie sei pädagogisch relevante Psychologie, meint lediglich, daß »das Psychologische« im Kern dasselbe ist wie in der gesamten Psychologie und andere Gebiete daher potentiell (!) auch für die Pädagogische Psychologie bedeutsam sind und Anregungen geben können (vgl. etwa Oerter 1987). Es bedeutet allerdings nicht, daß man alle Theorien und Befunde aus der »nichtpädagogischen« Psychologie unverändert auf die Pädagogische Psychologie übertragen könnte. Beispielsweise können lern- oder motivationspsychologische Laborexperimente zwar für pädagogische Fragen von Interesse sein, aber sie sind nicht automatisch repräsentativ für das Lernen unter Unterrichtsbedingungen. Die »Relevanz« muß die Pädagogische Psychologie also selbst prüfen und dafür die Besonderheiten bestimmter pädagogischer Felder eigens untersuchen. Insofern betreibt sie für ihren »Zuständigkeitsbereich« durchaus auch Grundlagenforschung (vgl. Krapp & Heiland 1986).

Ähnlich wie bei den inhaltlichen Aspekten ist das Verhältnis von Psychologie und Pädagogischer Psychologie auch bei den »Tätigkeiten«, die beim Gewinnen und Verwenden psychologischer Kenntnisse ausgeübt werden. Als grundlegende Tätigkeiten ziehen sich das Beschreiben, Erklären, Vorhersagen, Verändern und Bewerten duch alle Gebiete hindurch und bilden Bestandteile von Forschung und Praxis (Näheres in Kapitel 3.4). Auch die Strategien und Methoden der Forschung sowie die grundlegenden Formen der Diagnostik und der Intervention gelten im Prinzip für die gesamte Psychologie. Aber sie erhalten in der Pädagogischen Psychologie wiederum besondere Akzente. Forschungsmethoden, die so komplexen Phänomenen wie Unterricht oder Erziehung in der Familie angemessen erscheinen, kommen bevorzugt zur Geltung, ebenso wie etwa diagnostische Verfahren, die für typische Problemstellungen der pädagogischen Praxis (z. B. für Leistungsdiagnostik) besonders geeignet sind.

Da bei der Pädagogischen Psychologie die praxisbezogene Perspektive immer wieder durchscheint, könnte man das Verhältnis zur Psychologie etwa mit dem Verhältnis von Ingenieurwissenschaft zur Physik vergleichen (Mietzel 1986, S. 22). Allerdings gibt es keine verbindliche Auffassung über dieses Verhältnis sowie über das Gewicht, das überhaupt dem »technologischen« Anteil in der Pädagogischen Psychologie zukommen sollte. Letztlich heißt dies auch, daß es nicht eine bestimmte Pädagogische Psychologie »gibt«, sondern daß man sie so oder anders verstehen kann. Mit den vorangehenden Ausführungen (und den nachfolgenden zum Praxisbezug) glauben wir allerdings, die Pädagogische Psychologie innerhalb des Rahmens von derzeit weitgehend akzeptierten Ansichten beschrieben zu haben.

1.3 Ist Erziehung angewandte Psychologie?

An die Psychologie richten sich oft hohe Erwartungen, was ihre praktische Verwendbarkeit betrifft. Dahinter steht die Annahme, aus Einsichten in psychische Gesetzmäßigkeiten könne man Schlußfolgerungen für das praktische Handeln ziehen. Diese Annahme ist zwar nicht ganz falsch, wird sich aber immer nur in begrenztem Maße erfüllen. Das gilt auch für den Bereich der Erziehung. Weshalb?

Der erste Grund ist, daß schon auf der wissenschaftlichen Ebene die Psychologie sich nur mit einem Teil der erziehungsrelevanten Aspekte befaßt (s. Kap. 1.1). Wäre Erziehung im wesentlichen eine Sache von »Prozessen« (Denk-, Motivations-, Lernprozessen usw.), würde sie durch die Psychologie weitgehend abgedeckt. Aber sie hat eben auch mit Normen und Werten zu tun, mit Inhalten, mit Lernmaterialien, mit Institutionen, mit Schulrecht u. a. m. Diese Aspekte reichen, wie dargelegt, in andere Disziplinen hinein (Pädagogik, Soziologie, Fachwissenschaften der Unterrichtsfächer usw.; vgl. auch Abb. 2).

Der zweite Grund: Wissenschaftliche Erkenntnisse – auch wenn sie noch so umfassend sind – liefern nicht unmittelbar Handlungsanweisungen für die Praxis. Denn: »Für einen Forscher ist die Arbeit erledigt, wenn er zeigen kann, daß ein bestimmtes Handlungsrezept auf eine bestimmte Kategorie von Lernenden mit der und der Wahrscheinlichkeit die und die Effekte hat. Für einen Lehrer, der dieses Handlungsrezept anwenden will, fängt hier die Arbeit erst an: der gesamte Forschungsprozeß beginnt für ihn noch einmal ganz von vorn« (Grell & Grell 1979, S. 281). Wissenschaftliche Aussagen beziehen sich immer auf *Kategorien* von Personen und Situationen, nicht auf einen bestimmten Menschen und eine bestimmte Situation (Thurner 1981, S. 18). Da die konkreten Fälle innerhalb einer Kategorie durchaus variieren, heißt dies: Wissen-

KENNTNISSE DES ERZIEHERS	PRAXISFELD
in wissenschaftlicher *Psychologie,* Pädagogik und anderen Fächern zu Kategorien von Personen, Situationen, Inhalten	Besonderheiten konkreter Personen (z. B. Schüler Max) und konkreter Situationen (z. B. Zeitdruck, bestimmte Wohnsituation, verfügbare Lehrbücher).
Weitere ERZIEHERMERKMALE wie Fähigkeiten, Fertigkeiten, Gewohnheiten, Vorlieben, Abneigungen usw.	Weitere Aspekte wie organisatorische Probleme, Rechtsvorschriften, Geldmittel usw.

Abb. 2: Kenntnisse in Psychologie – nur einer von zahlreichen Faktoren, die das pädagogische Handeln bestimmen können

schaftliche Abhandlungen zeigen, was in der Praxis bedeutsam sein *könnte,* aber man muß immer erst herausfinden, welche Aspekte im individuellen Fall tatsächlich besonders bedeutsam sind. Dies ist der »zweite Forschungsprozeß«.

Beispiel: Lernstörungen. Die Psychologie mag zutage fördern, welche Faktoren bei der Entstehung von Lernstörungen eine Rolle spielen. Sie kann auf Grund empirischer Zusammenhänge Aussagen darüber machen, ob für die Schulleistung »aufs Ganze gesehen« intellektuelle Fähigkeiten ein größeres oder kleineres Gewicht haben als z.B. Schulangst oder mangelnde Ermutigung. Sie kann dies evtl. für verschiedene Anforderungen (z. B. Rechtschreibung, Geometrie) näher spezifizieren. Sie kann überprüfen, bei welcher Verursachung welche Förderung mit welcher Wahrscheinlichkeit welche Erfolge erwarten läßt. Aber sie kann keine Aussagen über konkrete Schüler zu machen. Will man z. B. schlechte Leseleistungen von Franz X erklären, so kann man in keinem seriösen Buch eine Aussage finden wie: »Eine schlechte Leseleistung hat folgenden Grund . . .«, sondern allenfalls »kann folgende Gründe haben . . .« Was im Falle von Franz X zutrifft, muß man erst ermitteln.

Was nützt dann Psychologie in der Praxis? Der Nutzen wird deutlich durch die Frage, *worauf man sich stützen soll,* wenn man pädagogische Urteile und Entscheidungen zu treffen hat – z. B. auf die »Tradition«, auf Volksweisheiten, auf persönliche Eindrücke, auf die Intuition des Augenblicks, auf die Ansichten bekannter Autoritäten oder auf systematische Forschungen? Hier kann die Psychologie also Grundlagen liefern.

Bei *Einzelfällen* kann sie somit aufzeigen, welche Faktoren etwa bei Franz X beachtet werden sollten, und wie man zu einer Diagnose gelangen kann. Sie kann mithin eine *Suchhilfe* bieten, die zu einem besseren Verständnis des Problems führt. Dadurch wird es auch leichter zu entscheiden, welche Maßnahmen sich vermutlich als nützlich oder nutzlos erweisen werden.

Es ist weiterhin denkbar, daß für einige häufig wiederkehrende Situationen »standardisierte Techniken« entwickelt werden (Herrmann 1979), die sich fast immer als günstig erweisen. Das könnten z. B. bestimmte Testverfahren oder bestimmte Gesprächsformen für Beratungssituationen oder bestimmte Handlungsstrategien zur Konfliktregelung sein.

Die Psychologie kann des weiteren Orientierungshilfen liefern für *grundsätzliche* (nicht nur Einzelfälle betreffende) Entscheidungen. Beispiele:

- Ist die sog. Schulreife ein reines Reifungsproblem oder ist sie auch von Umwelteinflüssen bzw. von der Lerngeschichte des Kindes abhängig? Sollte man daher ein mit 6 Jahren als »nicht schulreif« diagnostiziertes Kind einfach ein Jahr zurückstellen (»nachreifen« lassen) oder sollte man ihm gezielte vorschulische Förderung geben?
- Kann man durch bestimmte Unterrichtsfächer »logisches Denken« fördern oder sind nur fachspezifische Lerneffekte zu erwarten? Dies wäre z. B. wichtig bei schulpolitischen Entscheidungen darüber, ob bestimmten Fächern ein besonderer Stellenwert eingeräumt wird.
- Werden bestimmte Verhaltensweisen eher durch Bestrafung des falschen oder durch Belohnung des erwünschten Verhaltens gefördert?

Fragen dieser Art lassen sich nicht ohne empirische Untersuchungen und damit verbundene Theorien beantworten. Diese können dann ein Kriterium für pädagogische Entscheidungen bilden. Aber sie liefern nicht die Entscheidung selbst. Denn das Erziehen und Unterrichten als praktische Tätigkeit muß eine Vielzahl von Gesichtspunkten – auch »nichtwissenschaftliche« – beachten. Selbst wenn man ausschließlich psychologische Gesichtspunkte zu beachten hätte, wäre damit selten eine ganz bestimmte Handlungsweise vorgegeben, weil es gewöhnlich nicht nur einen, sondern zahlreiche psychologische Zusammenhänge zu bedenken gibt. Selten ist ein bestimmter Wenn-Dann-Zusammenhang so eng, daß er für sich schon unmittelbar Relevanz für pädagogische Entscheidungen haben könnte (vgl. Dollase 1984). Davon abgesehen würde auch noch so umfangreiches und komplexes Wissen nichts daran ändern, daß das praktische Handeln ohnehin nicht allein von »Wissen« bestimmt wird, sondern z. B. auch von persönlichen Vorlieben, Fähigkeiten, Gewohnheiten, von momentanen Stimmungen, von Besonderheiten der jeweiligen Situation (vgl. Abb. 2).

Die Rolle einer Wissenschaft wie der Pädagogischen Psychologie besteht primär darin, ein Praxisfeld systematisch zu erkunden und dazu vielfältige Informationen anzubieten, während es immer eine schöpferische Leistung des Praktikers bleibt, für das jeweilige Problem geeignetes Wissen auszuwählen und nutzbar zu machen (Krapp & Heiland 1986).

Dies alles zeigt, daß Erziehung nur in begrenztem Maße angewandte Psychologie bzw. überhaupt angewandte Wissenschaft sein kann. Was Gage (1979) über das Unterrichten sagt, gilt sicherlich für pädagogisches Handeln generell: In gewissem Grade ist und bleibt es eine »Kunst«, und die Wissenschaft kann dafür allenfalls ein »Fundament« bereitstellen.

Literaturempfehlungen zu Kap. 1:

Dietrich, G. (1984). *Pädagogische Psychologie. Eine Einführung auf handlungstheoretischer Grundlage.* Bad Heilbrunn: Klinkhardt.

Nolting, H. P. & Paulus, P. (1990). *Psychologie lernen. Eine Einführung und Anleitung* (3., neubearb. Aufl.). München: Psychologie Verlags Union.

Thurner, F. (1981). *Lehren – Lernen – Beurteilen. Einführung in die Pädagogische Psychologie,* Königstein: Athenäum.

Ulich, D.(1989). *Einführung in die Psychologie.* Stuttgart: Kohlhammer.

2. Geschichte und Entwicklungstrends

Jedes Fach hat seine Geschichte. Die der Pädagogischen Psychologie ist ziemlich kurz. Einige Aspekte möchten wir in knapper Form skizzieren. Es geht dabei jedoch nicht nur um Historisches. Vielmehr setzen wir zugleich die in Kapitel 1 begonnene Beschreibung der Pädagogischen Psychologie fort. Weit mehr als dort kommen in diesem Kapitel aber solche Aspekte zur Sprache, die häufig wissenschaftlichen Kontroversen unterliegen und bei denen es im Laufe der Zeit mehr oder minder starke Wandlungen gegeben hat und vielleicht noch geben wird.

2.1 Selbstverständnis und Problemstellungen

In der Geschichte der Pädagogischen Psychologie können verschiedene Arten ihres Selbstverständnisses unterschieden werden (vgl. Ewert 1979). In der Gründungsphase um die Jahrhundertwende war die Pädagogische Psychologie zunächst noch eine *verkürzte Psychologie für Pädagogen* (z. B. Stößner 1909). Ihr Ziel war, wesentliche Erkenntnisse der experimentell orientierten Psychologie zu vermitteln, in der Hoffnung, daß der kreative Pädagoge diese Erkenntnisse auf geeignete Gegenstände der Erziehungstheorie und -praxis selbsttätig anwenden könne. Parallel dazu gab es aber auch eine zweite Strömung, die die Pädagogische Psychologie schon eigenständiger verstand: als Disziplin, die die Erziehungswirklichkeit mit der *Methodologie der Psychologie* erforscht (z. B. Meumanns »Experimentelle Pädagogik«, 1907).

Beide Auffassungen sind auch heute noch anzutreffen, doch prägte sich in den sechziger Jahren eine dritte Art des Selbstverständnisses besonders aus: Pädagogische Psychologie als *Theorie der pädagogischen Praxis.* Der Prozeß des Unterrichtens und Erziehens im natürlichen Feld wird nun selbst zum Gegenstand. Problemstellungen aus der pädagogischen Praxis werden zum Ausgangspunkt der Theoriebildung, und die Anwendung von psychologischen Theorien und Methoden (von Lern-, Motivations- und Interaktionstheorien, von psychometrischen Meßverfahren u. a.) wird als eigenes Problem erforscht.

Schließlich kann man noch ein weiteres Selbstverständnis nennen, das Pädagogische Psychologie weniger als Theorie, sondern primär als eine *psychologische Technologie* versteht, die die Optimierung pädagogisch-praktischen Handelns zum Ziel hat (vgl. Herrmann 1979). Als Technologie bedient sie sich auch nicht-wissenschaftlichen Wissens, um die praktische Effizienz ihres Vorgehens zu erhöhen. Damit entfernt sie sich zum Teil allerdings vom ursprünglichen Ideal der Pädagogischen Psychologie als einer empirischen Wissenschaft, die die »Erkenntnisvermehrung« zum Ziel hat.

Im Laufe ihrer Geschichte und im eben beschriebenen Wandel des Theorie-Praxis-Verhältnisses sind von der Pädagogischen Psychologie verschiedene Problemstellungen bearbeitet worden. Sie lassen sich als Forschungstraditionen verstehen, in denen wiederkehrend zentrale Themen behandelt werden (vgl. Weinert 1974 a).

Da Erziehung eng verknüpft ist mit den Voraussetzungen, Bedingungen und Folgen menschlicher Entwicklung, gibt es in der Pädagogischen Psychologie notwendigerweise eine *entwicklungspsychologische* Forschungstradition. In ihr wurde beispielsweise die Frage untersucht, in welchem Maße die sog. Schulreife durch Anlage- bzw. Umweltfaktoren bestimmt wird. Oft geht es auch um bessere Grundlagen für die pädagogische Förderung von Kindern und Jugendlichen, zu der umfassendere Kenntnisse über Entwicklungsvorgänge beitragen können. Da sich Entwicklungspsychologie heutzutage nicht mehr nur auf Kindheit und Jugend beschränkt, sondern die ganze Lebensspanne im Auge hat, hat sie auch für pädagogisch-psychologische Fragen des mittleren und höheren Lebensalters an Bedeutung gewonnen (vgl. Oerter 1986).

In der *lernpsychologischen* Forschungstradition wird das zentrale Thema der Pädagogischen Psychologie aufgegriffen: die Veränderung personaler Dispositionen durch Lernen. Lange Zeit wurden lediglich allgemeinpsychologische Lerntheorien und Befunde aus Laborexperimenten in die pädagogische Praxis extrapoliert. Diesen Versuchen war jedoch nur geringer Erfolg beschieden. Das lag vor allem daran, daß von vielen wichtigen Bedingungen der Praxis abstrahiert wurde. Heute bezieht die pädagogisch-psychologische Lernforschung diese Faktoren mit ein, berücksichtigt die interaktionelle Ebene des Lernens, die individuumspezifischen Lernvoraussetzungen, die Merkmale der konkreten Lernsituation, die vorgegebenen Lehrziele etc. Ein weiterer Wandel besteht darin, daß früher das »Verhalten« im Mittelpunkt des lernpsychologischen Interesses stand, während es heute der Wissenserwerb und Vorgänge der Informationsverarbeitung sind. Durch das Methodeninventarium der neueren Kognitionspsychologie wird es zukünftig auch bessere Möglichkeiten geben, den Erwerb und die Nutzung alltäglichen und wissenschaftlichen Wissens zu erforschen. Dabei werden detaillierte Einzelfallstudien möglicherweise mehr zum Verständnis der Vorgänge beitragen als Untersuchungen mit großen Stichproben von Versuchspersonen (vgl. Oerter 1986, S. 780 ff).

Da pädagogische Situationen häufig einen interaktionellen Charakter haben und institutionell eingebunden sind, gibt es auch eine *sozialpsychologische* Forschungstradition in der Pädagogische Psychologie. Sie ist vor fünfzig Jahren wesentlich durch die Untersuchungen zum autokratischen und demokratischen Führungsstil in Gruppen angestoßen worden (Lewin et al. 1939). In diesem Forschungsbereich richtet sich das Augenmerk auf Phänomene wie das Lernen in Gruppen, die Rolle des Lehrers, die institutionellen Rahmenbedingungen, soziale Einflüsse von Familie, Peer-Group usw. Heute werden zunehmend auch ökologische Gesichtspunkte diskutiert, so z. B. die Auswirkungen der häuslichen oder schulischen »Lernumwelt« auf Lernergebnisse der Schüler (vgl. Dreesmann 1986). Erziehung und Entwicklung werden überdies im Kontext umfassenderer Wirkgefüge bzw. Systeme betrachtet (vgl. Brunner & Huber 1989).

Lern- und Erziehungsprozesse in der Schule und im Elternhaus laufen nicht immer reibungslos, sondern bergen manchmal Probleme in sich, die Erziehern erhebliches Kopfzerbrechen bereiten können. Erziehungsschwierigkeiten, Lernstörungen, Verhaltensauffälligkeiten, gestörte Eltern-Kind-Beziehungen u. dgl. sind wohl der häufigste Anlaß, sich mit Psychologie zu beschäftigen. Deshalb gibt es in der Pädagogischen Psychologie auch eine *klinisch-psychologische* Forschungstradition. In ihr geht es um Fragen der Diagnostik, Beratung, Therapie und Prävention solcher Verhaltens- und Beziehungsprobleme bzw. um die Förderung oder Optimierung von Entwicklungsprozessen, womit sich Überschneidungen zur entwicklungspsychologischen Tradition ergeben (vgl. Ulich 1988). Klinisch-psychologische Fragestellungen haben in der Pädagogischen Psychologie immer mehr an Bedeutung gewonnen. Das kann daran liegen, daß pädagogische relevante Auffälligkeiten zunehmen oder daran, daß sie von Eltern, Lehrern und Erziehern stärker beachtet und als Problem empfunden werden.

Pädagogisches Handeln erfordert häufig verläßliche Informationen z. B. über den Grad der Lernzielerreichung eines Schülers oder über seine individuellen Lernvoraussetzungen. Dies ist der Grund für eine *testpsychologische* Tradition, wobei »Test« hier zu »Diagnostik« verallgemeinert werden könnte. Als »Vater« dieser Forschungstradition gilt der Franzose Alfred Binet. Er entwickelte um 1905 eine psychologisch fundierte Testbatterie zur möglichst objektiven Erfassung der Intelligenz von 3–15jährigen Kindern. Die Testbatterie wurde im Rahmen einer medizinisch-psychologischen Untersuchung verwandt, die die Sonderschulbedürftigkeit von Kindern feststellen sollte. Während es früher vorwiegend um die Feststellung der kognitiven Leistungsfähigkeit ging, meist zum Zwecke von Selektionsentscheidungen, richtet sich die pädagogische Diagnostik heute auch vermehrt auf die Ausprägung emotional-motivationaler Persönlichkeitsfaktoren (z. B. Messung der Ängstlichkeit, der Leistungsmotivation, des Selbstbildes; vgl. Ingenkamp 1985). Auch geht es meist um Entscheidungen, die nicht der Selektion, sondern einer individuumspezifischen Korrektur, Förderung und Prävention dienen (s. Kap. 3.4).

Mit der *unterrichtspsychologischen* Forschungstradition schließlich ist jener Praxisbereich angesprochen, der seit jeher ein besonderer Schwerpunkt der Forschung und Anwendung Pädagogischer Psychologie gewesen ist. Statt von Unterrichtspsychologie wird heute auch von Instruktionspsychologie gesprochen. Jenseits der Schule werden seit einiger Zeit, auch unter dem Eindruck einer Entwicklungspsychologie der gesamten Lebensspanne und einer Einbeziehung außerschulischer Bedingungsfaktoren des Lernens, zunehmend die Erwachsenenbildung und die Familie als pädagogisch relevante Bereiche untersucht. Größeres Interesse könnte überdies die Aus- und Weiterbildung in unterschiedlichsten Bereichen finden, z. B. im Betrieb, in außerschulischen Bildungseinrichtungen, in der Gesundheitsversorgung und Institutionsberatung, in der sonderpädagogischen Förderung, in sozialer Hilfe und Beratung (z. B. bei Arbeitslosigkeit), in der Rehabilitation und Resozialisierung (vgl. Ulich 1988). Neue Bereiche und Problemstellungen tun sich weiterhin durch die sich rasch entwickelnde und in viele Lebensbereiche ausbreitende »Computerisierung« auf. Insgesamt wird es durch solche Trends möglicherweise zu einer »Entschulung« der Pädagogischen Psychologie kommen« (vgl. Heckhausen 1986).

2.2 Theoretische Strömungen

Als theoretische Strömungen werden in der heutigen Psychologie besonders häufig Tiefenpsychologie, Behaviorismus und Kognitivismus genannt. Vielfach wird zusätzlich die Humanistische Psychologie als eigenständige Richtung aufgeführt, in jüngster Zeit auch die systemische Sichtweise. In diesen Hauptströmungen artikulieren sich, wie die Bezeichnungen z. T. schon andeuten, unterschiedliche Auffassungen über die menschliche Natur oder besser: über das Verhältnis des Menschen zur Welt. Sie dienen als gedankliche Gerüste zur Entwicklung psychologischer Theorien, aber auch als Orientierung für die praktische Arbeit. In ihrer Bedeutung für die Pädagogische Psychologie sind sie unterschiedlich zu gewichten (vgl. Mietzel 1986). Die Kerngedanken oder »Menschenbilder« der fünf Hauptströmungen lassen sich etwa so formulieren:

- *Tiefenpsychologie (Psychoanalyse u. a.):* Der Mensch ist bestimmt durch Triebimpulse. In die grundlegenden Ziele und Motive seines Handelns hat er nur geringe Einsicht.
- *Behaviorismus:* Der Mensch ist das Produkt allgemeingültiger Lernprozesse. Er ist letztlich determiniert durch Umweltgegebenheiten.
- *Kognitivismus:* Der Mensch handelt als vernunftorientiertes Wesen aus bewußter Erkenntnis und Einsicht.
- *Humanistische Psychologie:* Der Mensch ist Gestalter seiner selbst. Sein inhärentes Ziel ist es, sich selbst zu verwirklichen.
- *Systemische Sichtweise:* Der Mensch ist ein komplexes System, das mit anderen Systemen umfassendere Systeme bildet. Erleben und Verhalten werden durch diese Einbettung entscheidend determiniert.

Im folgenden möchten wir über diese Richtungen und ihre Bedeutung für die Pädagogische Psychologie einen kurzen

Überblick geben. Allerdings nicht ohne ausdrücklich darauf hinzuweisen, daß sich wohl nur wenige Pädagogische Psychologen einer einzigen Richtung verschrieben haben. Zwischenpositionen und Verbindungen aus mehreren Ansätzen sind möglich und werden vielfach vertreten (auch von uns).

Die *tiefenpsychologische* Strömung ist durch Sigmund Freud (1856–1939) begründet worden. Seine Lehre, die Psychoanalyse, ist noch heute die weitaus bekannteste tiefenpsychologische Richtung. Doch haben Schüler und Mitarbeiter Freuds und andere tiefenpsychologisch Inspirierte seine Auffassungen weiterentwickelt oder weitgehend eigenständig Konzeptionen vorgelegt. Bedeutsame Entwürfe stammen von Alfred Adler (1870–1937: »Individualpsychologie«), von Carl Gustav Jung (1875–1961: »Analytische Psychologie«), von der »Neopsychoanalyse« (z. B. Horney, Fromm, Sullivan u. a.) und »Ich-Psychologie« (Hartmann). Die Adlersche Individualpsychologie zeigt schon eine Nähe zur Humanistischen Psychologie (s. u.) und hat insbesondere durch Rudolf Dreikurs (z. B. Dreikurs & Soltz 1970) die familiale und schulische Erziehung vielfach zum Thema gemacht (vgl. Ringel & Brandl 1980). Im ganzen hat die Tiefenpsychologie allerdings wenig Eingang in die Pädagogische Psychologie gefunden. So führt die »psychoanalytische Pädagogik« (vgl. Trescher 1985) eher ein Eigenleben neben der Pädagogischen Psychologie (was wohl vor allem mit dem Wissenschaftsverständnis der Psychoanalyse zu tun hat, vgl. S. 30). Dennoch erhielt die Pädagogische Psychologie wichtige Anstöße, sich mit den klassischen Themenbereichen der Tiefenpsychologie zu befassen. Mit ihren Persönlichkeits- und Entwicklungstheorien, die die frühkindliche Lebensphase und die familialen Sozialisationsbedingungen betonen, hat diese Strömung für die Entstehung und den Verlauf von psychischen Störungen bei Kindern wie Erwachsenen Erklärungsmodelle anzubieten. Da die Tiefenpsychologien sich auch als therapeutische Ansätze verstehen, gingen von ihnen überdies Impulse zur Erziehungsberatung und Prävention psychischer Störungen aus (z. B. A. Freud, Aichhorn, Redl, Zullinger). Damit ist eine Verbindung zum pädagogisch-psychologischen Anliegen der Prävention psychischer Auffälligkeiten und der Unterstützung einer gesunden psychischen Entwicklung des Kindes gegeben. Der Einfluß der Tiefenpsychologie, insbesondere der Individualpsychologie, drückt sich auch darin aus, daß die Einrichtung von Erziehungsberatungsstellen in der Zeit nach dem

Ersten Weltkrieg wesentlich auf Vertreter dieser Richtung zurückgeführt werden kann.

Der *Behaviorismus,* die bedeutendste anglo-amerikanische Version der Psychologie, geht auf John B. Watson (1878–1958) zurück und hat in Burrhus F. Skinner (1904–1990) seinen wichtigsten Vertreter gefunden. Mit der zentralen Rolle, die der Behaviorismus dem Lernen zuschreibt (bei geringer Gewichtung von Reifungs- bzw. Anlagefaktoren) ist diese Position für die Pädagogische Psychologie interessant geworden. Mit der Forderung von Watson, nur das Beobachtbare zum Gegenstand der psychologischen Forschung zu machen, konzentrierten sich die Behavioristen auf das sichtbare Verhalten (»response«) des Organismus (z. B. Motorik, Sprechen, Denken als »subvokales Sprechen«) sowie seine situativen Bedingungen und Folgen. Als Prototypen des Lernens schlechthin gelten die »Klassische Konditionierung« und die »operante Konditionierung« (vgl. S. 49 f). Letztere hatte schon Thorndike (1913) in seinen Lernexperimenten als »Gesetz des Effektes« in den Grundzügen vorweggenommen. Vor allem in den sechziger Jahren hat die behavioristisch orientierte Lernforschung die Pädagogische Psychologie entscheidend beeinflußt. Im »Programmierten Lernen«, in dem Skinner die von ihm empirisch ermittelten Gesetzmäßigkeiten des operanten Konditionierens auf schulische Lernvorgänge übertrug, fand sie einen prägnanten Ausdruck, ebenso in den Methoden der »Verhaltensmodifikation« (s. S. 94).

Seit den siebziger Jahren stellt der *Kognitivismus* die dominierende theoretische Strömung in der Psychologie dar und hat auch auf vielfältige Weise das pädagogisch-psychologische Denken beeinflußt. In diesem Menschenbild werden die erkennenden Funktionen des über sich selbst und seine Umwelt reflektierenden und handelnden Subjekts ins Zentrum gerückt. Untersucht wird daher unter anderem: Wie wird Wissen über Sachverhalte (über Dinge, über die eigene Person usw.), Wissen über Strategien zur Bewältigung von Problemsituationen oder über das eigene Wissen erworben? Wie können solche Lernvorgänge gefördert werden? Wie wird durch Kognitionen das eigene Handeln gesteuert? Neben der theoretischen Bedeutung sind solche Fragen auch von großem pädagogischen Interesse. So sind durch den Kognitivismus die Selbstkonzeptforschung und handlungstheoretische Positionen innerhalb der Pädagogische Psychologie gefördert worden (vgl. Dietrich 1984; Kraak 1988). Weiterhin hat der Kognitivismus wesentlich mit dazu beigetragen, daß die Unterrichts- bzw. Instruktionspsychologie nicht mehr nur angewandte Lernpsychologie ist, sondern selbst Grundlagenforschung zu Prozessen der Instruktion und des Lernens in der schulischen Lernsituation betreibt (vgl. Oerter 1987, S. 2). Hier lassen sich komplexe Informationsverarbeitungsprozesse unter realistischeren Bedingungen studieren als im experimental-psychologischen Labor.

Die »kognitive Wende« in den siebziger Jahren hat im übrigen auch den Behaviorismus erfäßt bzw. wurde von einigen Vertretern mit eingeleitet (z. B. Bandura 1979). Kognitive Strukturen und Prozesse (z. B. Selbststeuerung des Verhaltens in der »Pädagogischen Verhaltensmodifikation«) wurden in das behavioristische Analyse-Schema des Verhaltens eingeführt. In diesem *Kognitiven Behaviorismus* steht der Lerner nicht mehr so stark unter der Determination der situativen Bedingungen, vielmehr wird ihm ein Stück Autonomie zurückgegeben, das ihn zum Subjekt seines Verhaltens werden läßt. Anders als im eigentlichen Kognitivismus werden Kognitionen aber nur als vermittelnde Glieder zwischen Reiz und Reaktion und nicht so sehr als »Motor« des Geschehens angesehen.

Die *Humanistische Psychologie,* die sich in den fünfziger Jahren zu entwickeln begann, enthält zwar auch viele kognitivistische Elemente. Sie betont aber in sehr viel stärkerem Ausmaß emotional-motivationale Aspekte des Menschseins. Mit dieser Gewichtung und der von ihr vertretenen inhärenten Zielgerichtetheit menschlichen Erlebens und Handelns auf die Selbstverwirklichung hin hat sie der Pädagogischen Psychologie immer wieder Anregungen gegeben (vgl. Karmann 1987). In Deutschland sind es seit den sechziger Jahren vor allem Reinhard und Annemarie Tausch (1977) gewesen, die den humanistisch-psychologischen Ansatz von Carl R. Rogers sehr erfolgreich in die Pädagogische Psychologie hineingetragen haben. Sie verstehen Erziehung als »Begegnung von Person zu Person« und sehen mitmenschliche Haltungen der Erzieher wie »Achtung-Wärme-Rücksichtnahme«, »einfühlendes, nicht-wertendes Verstehen« und »Echtheit« als besonders bedeutsam für die Selbstverwirklichung der Kinder an (vgl. auch Rogers 1961/1973). Ebenfalls von Rogers ausgehend hat Thomas Gordon (1972) ein Modell der Konfliktregulierung für die Praxis in Erziehung und Unterricht entwickelt, das als »Niederlage-lose Methode der Konfliktbewältigung« bekannt geworden ist (s. S. 119).

Die *systemische Sichtweise,* die sich sozusagen quer zu den anderen anthropologischen Annahmen entwickelt und sie stark beeinflußt hat, hat im letzten Jahrzehnt auch in der Pädagogischen Psychologie an Boden gewonnen (vgl. Oerter 1987, S. 15 ff; Brunner & Huber 1989). Sie hat Impulse gegeben, individuelle psychische Phänomene in ihrer Vernetztheit und in ihrer Eingebundenheit in übergeordnete Zusammenhänge zu betrachten. Das Individuum wird als Teil eines umfassenden Gefüges, beispielsweise der Schulklasse oder der Familie, gesehen. Auch Verhaltensauffälligkeiten und Lernstörungen von Schülern werden aus ihren sich gegenseitig aufschaukelnden oder aufrechterhaltenden Bedingungen verstanden (»Teufelskreis Lernstörungen«; Betz & Breuninger 1987) statt durch die isolierende Betrachtung einzelner Faktoren.

Abschließend könnte man fragen, welche dieser theoretischen Strömungen die Pädagogische Psychologie zur Grundlage ihrer Theoriebildung machen sollte. Insgesamt haben in den letzten Jahren Theorien in der Pädagogischen Psychologie an Bedeutung gewonnen, die von einem kognitivistisch und systemtheoretisch geprägten Menschenbild ausgehen. Es ist aber sicher nicht sinnvoll, eine der anderen Strömungen, die zur Zeit nicht so aktuell sind, ausschließen zu wollen, denn jede trägt ihren spezifischen Anteil zum Verständnis des Menschen bei und befruchtet dadurch auch das pädagogisch-psychologische Denken.

2.3 Forschungsmethoden

So gut wie unumstritten wird die Pädagogische Psychologie als eine empirische Wissenschaft verstanden. Dennoch ist dies nicht völlig selbstverständlich. Immerhin gab und gibt es eine »verstehende Psychologie«, wie sie besonders in den zwanziger und dreißiger Jahren z. B. von Eduard Spranger betrieben wurde, sowie die tiefenpsychologischen Ansätze zur Erziehung. Gerade deren Distanz gegenüber empirischen Forschungsmethoden ist sicher ein wesentlicher Grund dafür, daß sie sich in der Pädagogischen Psychologie nicht etabliert haben.

Im Grunde bedient sich die Pädagogische Psychologie der gleichen Forschungsmethoden wie die übrigen Teildisziplinen der Psychologie. Allerdings kommen bevorzugt solche zur Geltung, die geeignet sind, (a) den interaktiven Charakter der pädagogischen Situation zu erfassen, (b) die Veränderung von Dispositionen beim Lerner/Erzogenen durch pädagogisches Handeln zu bestimmen und (c) die Zielereichung pädagogischer Bemühungen zu überprüfen.

Unter dem Stichwort »Methoden« kann man grob zwischen umfassenden Forschungsstrategien und Verfahren der Datengewinnung unterscheiden. Eine grundsätzliche Unterscheidung innerhalb der Forschungsstrategien ist die zwischen Experimenten und nicht-experimentellen »Erhebungen« (vgl. Selg et al. 1992). Bei Erhebungen werden vorfindbare, nicht vom Untersucher beeinflußte Sachverhalte ermittelt.

Beim *Experiment* handelt es sich hingegen um einen »planmäßig und wiederholbar hervorgerufenen Vorgang, bei dem beobachtet wird, in welcher Weise sich unter Konstanthaltung anderer Bedingungen mindestens eine abhängige Variable ändert, nachdem mindestens eine unabhängige Variable geändert worden ist« (Klauer 1973b, S. 29f). Als Strategie zur Aufdeckung von Klausalzusammenhängen ist es auch in der Pädagogischen Psychologie unverzichtbar. Es wird unter anderem angewandt, um Veränderungen beim Lerner infolge bestimmter pädagogischer Maßnahmen bestimmen zu können. Die »unabhängige Variable« könnte z. B. die Art der Lehrmethode oder des eingesetzten Mediums sein, die »abhängige Variable« z. B. ein bestimmter Wissenszuwachs oder die Zufriedenheit des Lerners. Um Kausalaussagen machen zu können, ist man auf einen Vergleich von Experimental- und Kontrollgruppe angewiesen. Die Veränderung (z. B. Wissenszuwachs, Verminderung aggressiven Verhaltens) wird durch Differenzwerte aus geeigneten Vor- und Nachtests in beiden Gruppen ermittelt. Diese Veränderungsmessung mutet einfach an, kann aber mit vielen Fehlerquellen behaftet sein. So können schon vor dem Experiment Unterschiede in dem zu untersuchenden Merkmal (z. B. in den Vorkenntnissen) bestehen. Es gibt aber Möglichkeiten, solche Fehler zu minimieren. Am besten lassen sich unerwünschte Einflüsse natürlich im experimental-psychologischen Labor kontrollieren.

Psychologische *Labor-Experimente* können daher eine hohe Gültigkeit in Hinblick auf die eingeführten Bedingungen besitzen (»interne Validität«), auch mag die Generalisierbarkeit der Ergebnisse auf ähnliche Situationen gegeben sein (»externe Validität«). Doch die »ökologische Validität« ist möglicherweise gering, das heißt, die untersuchten Effekte sind vielleicht nicht repräsentativ für die Umwelten, in denen die Menschen leben.

Labor-Experimente sind typisch für die allgemeine Psychologie, in der Pädagogischen Psychologie haben wir es eher mit *Feld-Experimenten* zu tun. Bei ihnen bleiben die natürlichen Bedingungen weitgehend erhalten. Beispiele sind Untersuchungen zum Medieneinsatz, die in einer natürlichen Umgebung wie etwa einer Schulklasse durchgeführt werden.

Feldstudien sind hingegen nicht-experimentelle Forschungsstrategien im Sinne umfangreicher Erhebungen. Hier wird kein Faktor willkürlich variiert, vorfindbare Sachverhalte werden beobachtet oder erfragt und über statistische Methoden miteinander in Beziehung gesetzt, vor allem durch die Berechnung sog. Korrelationskoeffizienten. Korrelationen sagen für sich aber noch nichts über eine Verursachung aus. Ein korrelativer Zusammenhang z. B. von strengem elterlichen Erziehungsstil und Aggressivität des Kindes erlaubt keinen sicheren Schluß darüber, was Ursache und was Wirkung ist. Überprüfbar wird die Kausalität erst in einem Experiment oder einer Längsschnittuntersuchung, in der festgehalten wird, welche Änderung zeitlich vorangeht und damit als Ursache in Frage kommt.

Längsschnittuntersuchungen sind Langzeitstudien (in der Regel nicht-experimentell) in denen verschiedene Versuchspersonen-Gruppen in (größeren) Zeitabständen wiederholt untersucht und miteinander verglichen werden, beispielsweise um Konstanz und Wandel von Intelligenz oder Ängstlichkeit im Lebenslauf zu erfassen, oder um die Persönlichkeitsentwicklung von Heimkindern und familiär aufgewachsenen Kindern zu vergleichen. Solche Studien sind sehr nützlich, aber auch sehr aufwendig und werden daher recht selten durchgeführt. So kann z. B. die Zusammenstellung von repräsentativen und vergleichbaren Stichproben Probleme bereiten, ebenso müssen die Versuchspersonen über lange Zeiträume verfügbar und zur Mitarbeit bereit sein. Ausfälle von Versuchspersonen können systematische Stichprobenfehler bedingen, die eventuell zu falschen Schlüssen führen.

Evaluationsstudien sind empirische Bewährungskontrollen, z. B. zum Nutzen bestimmter pädagogischer Maßnahmen, verschiedener Unterrichtsformen oder Schultypen. Sie können experimenteller und nicht-experimenteller Natur sein. Bei der Evaluation werden Veränderungen explizit an pädagogischen Zielsetzungen gemessen, anders als etwa bei einer entwicklungspsychologischen Längsschnittuntersuchung.

Sozusagen »über« allen genannten Strategien steht eine weitere, die *Metaanalyse* (Fricke & Treinis 1985). In ihr werden mehrere Untersuchungen zu einem Themenkomplex einer zusammenfassenden statistischen Auswertung unterzogen. Die Metaanalyse ergänzt die bisher üblichen Literaturübersichten und kann sie bei speziellen Forschungsfragen, zu denen viele Untersuchungen vorliegen, auf ein besser abgesichertes Niveau heben.

Die Methoden der Datengewinnung (Datenerhebung), die innerhalb der Forschungsstrategien eingesetzt werden, kann man grob in zwei grundlegende Typen aufgliedern: Beobachtung und Befragung.

Ein elementares Verfahren empirisches Datenmaterial zu gewinnen, ist die *Verhaltensbeobachtung,* so z. B. die freie Beobachtung des kindlichen Spiels in der natürlichen Situation im Elternhaus oder Kindergarten. Systematisch betrieben, arbeitet die Beobachtung mit geschulten Beobachtern und mit präzise definierten Beobachtungskategorien. So enthält z. B. das bekannte Beobachtungsverfahren von Flanders, das zur Beobachtung von Lehrer-Schüler-Interaktionen eingesetzt wird, zehn Kategorien. Sie sind in Abb. 3 wiedergegeben.

Lehrer spricht	reaktiv	①	akzeptiert Gefühle von Schülern
		②	lobt, ermutigt
		③	akzeptiert bzw. verwendet Schülerideen
		④	stellt Fragen
	initiativ	⑤	trägt vor, erklärt
		⑥	gibt Anweisungen
		⑦	kritisiert, rechtfertigt seine Autorität
Schüler spricht	reaktiv	⑧	antwortet
	initiativ	⑨	äußert sich spontan, stellt Frage
Sonstiges		⑩	Stille bzw. Konfusion

Abb. 3: Beobachtungskategorien des Beobachtungssystems nach Flanders (aus: Klauer 1986, S. 82)

Einschätzungen fassen mehrere Beobachtungen »gefühlsmäßig« zusammen. Methodisch bedient man sich meist sog. Rating-Skalen, auf denen der Ausprägungsgrad möglichst klar definierter Eigenschaften oder Verhaltensweisen abgestuft markiert werden kann. Als Beispiel sei die Rating-Skala von Teigeler et al. zur »Mitarbeit im Unterricht« angeführt.

	trifft stark zu	teils teils	das Gegenteil trifft zu
Der Schüler			
1. Arbeitet bei jedem Thema mit	+	O	–
2. Stellt viele interessierte Fragen	+	O	–
3. Übernimmt gern zusätzliche Arbeiten	+	O	–
4. Meldet sich oft	+	O	–
5. ist immer bei der Sache	+	O	–
6. ...			

Abb. 4: Beispiele aus der Rating-Skala »Mitarbeit im Unterricht« (Teigeler et al. 1973; aus: Ingenkamp 1985, S. 65 f)

Befragungsmethoden benötigt man, um etwas über die »Innenwelt« von Menschen zu erfahren, über Gefühle, Gedanken, Einstellungen usw. Dazu gehören standardisierte bzw. freie Interviews, schriftliche Befragungen mit einem Fragebogen, Soziometrie (am bekanntesten das Soziogramm) und Verbalisationsmethoden wie das »laute Denken« etc.

Psychologische *Tests* sind auch in der Pädagogischen Psychologie weit verbreitet (vgl. Brickenkamp 1975/1983). Sie dienen häufig nicht nur der Forschung, sondern auch der Diagnose von Praxisfällen und können sich sowohl auf Beobachtungen (z. B. Lösung von Intelligenztestaufgaben) als auch auf Befragungen stützen (z. B. Fragebogen zur Schulängstlichkeit). Gewöhnlich ergibt sich die Bedeutung eines Testwertes aus seinem Platz in der Meßwertverteilung einer Bezugsgruppe (z. B. der gleichaltrigen, gleichgeschlechtlichen Schüler). Eine genuin pädagogisch-psychologische Entwicklung stellen die lehrziel- oder kriteriumsorientierten Tests dar (vgl. Klauer u. a. 1972). Sie beantworten die Frage, in welchem Maße Lerner ein bestimmtes Lehrziel erreicht haben.

Je nach Forschungsabsicht werden die Daten unter qualitativen oder quantitativen Gesichtspunkten erhoben und ausgewertet. *Quantitative* Auswertungen (z. B. Mittelwertvergleich, Korrelationsberechnung) werden in der pädagogisch-psychologischen Forschung vor allem dort eingesetzt, wo personenübergreifende Zusammenhänge aufgefunden werden sollen, so z. B. wenn man die Effektivität verschiedener Lehrmethoden bei unterschiedlichen Schülergruppen überprüfen will. *Qualitative* Auswertungen dienen unter anderem der Bildung von Hypothesen, der intensiven Einzelfallstudie oder ersten Einblicken in neue Forschungsfelder (sog. Pilotstudien). Qualitativ ausgewertet werden mündliche oder schriftliche Äußerungen, wie etwa das »laute Denken« bei Problemlöseaufgaben, Unterrichtsprotokolle, Tagebücher usw. Aus ihnen werden nach bestimmten Interpretationsregeln individuelle Denkverläufe, Wissensstrukturen und subjektive Theorien erschlossen. Die Erhebungsergebnisse solcher Verfahren können aber oft in einem zweiten Schritt quantifiziert und dann mit quantitativen Strategien weiter ausgewertet werden. Damit werden Übergänge zwischen qualitativen und quantitativen Zugängen möglich.

Die Forschungsmethoden der Pädagogischen Psychologie, die hier nur zur Orientierung erwähnt werden konnten, haben sich im Laufe der Zeit gewandelt. Standen früher Untersuchungen zu einfachen Ursache-Wirkungs-Beziehungen oder Korrelationen im Vordergrund, so finden sich heute vermehrt Analysen von komplexen Wirkungsgefügen auch in natürlichen »Settings« wie der Schule und Familie (vgl. Sharp & Green 1975; Schneewind et al. 1983). Von der anfänglichen Orientierung am experimental-psychologischen Labor, wie sie in der »experimentellen Pädagogik« von Meumann, aber auch in der behavioristischen Lernforschung vorherrschte, hat die Pädagogische Psychologie sich also fortentwickelt. Als empirische Wissenschaft und Technologie benutzt die Pädagogische Psychologie heute überwiegend quantitative Methoden. Zunehmend werden aber auch Verfahren verwandt, die von der sich neu etablierenden qualitativen Sozialforschung (vgl. Mayring 1990) profitieren.

Literaturempfehlungen zu Kap. 2:

Ewert, O. (1979). Zum Selbstverständnis der Pädagogischen Psychologie im Wandel ihrer Geschichte. In: Brandtstädter, J.; Reinert, G. & Schneewind, K. A. (Hrsg.), *Pädagogische Psychologie: Probleme und Perspektiven* (S. 15–28). Stuttgart: Klett-Cotta.

Klauer, K. J. (1986). Forschungsmethoden der Pädagogischen Psychologie. In: Weidenmann, B.; Krapp, A. u. a. (Hrsg.), *Pädagogische Psychologie*. (S. 73–95). München: Psychologie Verlags Union.

Lück, H. E. (1991): *Geschichte der Psychologie. Strömungen, Schulen, Entwicklungen.* Stuttgart: Kohlhammer.

Selg, H., Klapprott, J. & Kamenz, R. (1992). *Forschungsmethoden der Psychologie.* Stuttgart: Kohlhammer.

3. Grundlegende Aspekte in der Pädagogischen Psychologie

Wie dargelegt, wird Pädagogische Psychologie häufig als Psychologie von Erziehung und Unterricht umschrieben (»Erziehung« dann im engeren Sinne), und beiden Schwerpunkten werden wir jeweils ein eigenes Kapitel widmen (Kapitel 4 und 5). Vor diesen Akzentsetzungen möchten wir aber übergreifende Aspekte herausstellen. Da psychisches Geschehen im pädagogischen Bereich nicht grundsätzlich anders »funktioniert« als in anderen Feldern, orientieren wir uns dabei an Gesichtspunkten, die in der Psychologie generell von grundlegender Bedeutung sind und die wir deshalb auch bereits als »grundlegende Aspekte des psychischen Systems« vorgestellt haben: Aktuelle Prozesse, Situation, Person und Entwicklung (vgl. S. 14). Für unsere Thematik werden diese Aspekte natürlich pädagogisch eingefärbt:

- Den Anfang macht der Entwicklungs-Aspekt, denn pädagogisches Tun ist darauf gerichtet, die Entwicklung von Menschen zu beeinflussen. Wir kleiden diesen pädagogischen Akzent in die Aussage: Erziehung ist Steuerung von Lernprozessen (Kap. 3.1).

- Beim Situations-Aspekt heben wir besonders den Tatbestand heraus, daß das aktuelle Erziehungsgeschehen in einer »sozialen Situation« stattfindet. Zur Sprache kommen jene Einflüsse, die Erzieher und Lerner als die jeweils »anderen« aufeinander ausüben. Wir fassen dies in der (recht allgemeinen) Aussage zusammen: Erziehung ist zwischenmenschliches Geschehen (Kap. 3.2).

- Unter dem Person-Aspekt berücksichtigen wir die individuellen Dispositionen bzw. die Unterschiedlichkeit der am Erziehungsgeschehen beteiligten Menschen, wobei hier ihre Unterschiedlichkeit »als Erzieher« bzw. »als Lerner« von Interesse ist. Bedeutsam ist sie sowohl für den sozialen Aspekt (den Umgang miteinander) als auch für die Entwicklung. Die einfache Überschrift lautet hier: Erzieher wie Lerner sind unterschiedlich (Kap. 3.3).

Den aktuellen psychischen Prozessen – Wahrnehmung, Denken, Motivation, Emotion und Verhalten – werden wir keine gesonderten Abschnitte widmen, da wir uns sonst von den typischen Schwerpunkten der Pädagogischen Psychologie zu weit entfernen würden. Aber: Da sie der zentrale Gegenstand der Psychologie überhaupt sind, stecken sie als gemeinsamer Kern überall mit drin und werden an verschiedenen Stellen mitbehandelt (z. B. bei Lernprozessen, bei Kommunikation, beim produktiven Denken, bei der Lernmotivation usw.).

Insgesamt werden somit in diesem Kapitel drei übergreifende Aspekte des psychischen Geschehens in Erziehung und Unterricht eigens hervorgehoben: Entwicklung, soziale Interaktion und Personmerkmale. Nach diesen drei »inhaltlichen« Aspekten folgen noch Ausführungen zu den formalen »Tätigkeiten«, die in der Pädagogischen Psychologie beim Gewinnen und Anwenden psychologischer Kenntnisse ausgeübt werden und ebenfalls für Erziehung wie für Unterricht gelten (s. Kap. 3.4).

3.1 Der Entwicklungs-Aspekt: Erziehung ist Steuerung von Lernprozessen

Aus zwei Gründen ist die psychische Entwicklung ein grundlegendes Thema in der Pädagogischen Psychologie. Zum einen nimmt die Erziehung Einfluß auf die Entwicklung des Menschen. Zum anderen orientiert sie sich an ihr: je nach Entwicklungsstand eines Kindes wird die Einflußnahme unterschiedlich ausfallen. Allerdings ist in der Psychologie nicht eindeutig festgelegt, was mit *Entwicklung* gemeint ist (ausführlich Ulich 1987).

Klar ist, daß Entwicklung etwas mit »Veränderung« zu tun hat. Übereinstimmung besteht auch darin, daß es nicht nur momentane Veränderungen sein dürfen (z. B. Ermüdung, Launen, Drogenwirkung), sondern relativ überdauernde sein müssen. Ansonsten kann der Entwicklungsbegriff aber unterschiedlich verstanden werden. Wir wollen hier lediglich einige Gesichtspunkte ansprechen, die für unsere Thematik von Interesse sind.

Entsprechend der »Entwicklungsachse« in unserem Schema zu grundlegenden Aspekten des psychischen Systems (s. S. 15) meinen wir mit Entwicklung die Veränderung personaler Dispositionen, also die Veränderung von Fähigkeiten, Fertigkeiten, Vorlieben, Gewohnheiten, Einstellungen usw. Der Begriff ist damit sehr weit gefaßt. Er bezieht sich nicht nur auf Veränderungen, die mit dem Lebensalter verknüpft sind, sondern auf alle Veränderungen der Person in Kontext ihres individuellen Lebenslaufs (vgl. Thomae 1986). Er bezieht sich darüberhinaus nicht nur auf eine längere Abfolge zusammenhängender Veränderungen (»Veränderungsreihen«), wie z. B. auf die Entwicklung des Denkens im Kindesalter, sondern auch auf begrenztere Veränderungen, die man vielleicht nicht auf den »Lebenslauf« beziehen würde. Wenn Unterrichtsstunden das Wissen erweitern, wenn das Erlebnis eines Autounfalls neue Fahrgewohnheiten veranlaßt, wenn eine psychotherapeutische Behandlung selbstsicherer macht, so sind all dies Dispositionsveränderungen, und insofern entwickeln sich Menschen ständig ein wenig weiter. Solche Veränderungen haben nicht direkt mit dem Alter zu tun, vielleicht auch nicht mit der langfristigen Personentwicklung. Manche Veränderungen können überdies unmerklich klein sein, so daß eine »Entwicklung« zunächst gar nicht zu erkennen ist. Da es sich bei all diesen Phänomenen aber nicht um momentane Schwankungen handelt, sondern um relativ überdauernde Veränderungen und da der sichtbare Entwicklungsfortschritt sich aus vielen kleinen Dispositionsveränderungen zusammensetzt, beziehen wir diese Phänomene in den Entwicklungsbegriff mit ein (»Veränderung« ist uns zu allgemein). Dabei geht es uns nicht um den »richtigen« Entwicklungsbegriff, sondern lediglich um Klarstellungen für unseren Kontext.

Für die Pädagogische Psychologie sind jedenfalls offenkundig alle Dispositionsveränderungen unter Erziehungseinfluß von Interesse, nicht nur sehr langfristige, nicht nur alterstypische, auch weniger langfristige und natürlich ganz personspezifische. Gerade die Tatsache, daß Entwicklung individuell unterschiedlich verlaufen kann, ist für die Pädagogische Psychologie von größtem Interesse. Denn darauf gründet sich die Möglichkeit und der Sinn von Erziehung.

Hieraus ergibt sich ein gewisser Unterschied zur Entwicklungspsychologie, bei der, wie die meisten Lehrbücher zeigen, die alterstypischen, intraindividuellen Veränderungen deutlich im Vordergrund stehen, wenngleich auch die interindividuellen Unterschiede der Entwicklung zu ihrem Gegenstand gehören. Zudem ist sie deutlich auf langfristige Veränderungen ausgerichtet.

Neben dem Begriff der Entwicklung findet man häufig den der *Sozialisation*. Die Begriffe sind eng verwandt, doch akzentuiert »Sozialisation« die Nahtstelle zwischen Individuum und Gesellschaft, und in dieser Stellung hat der Begriff zwei Seiten: Einerseits meint er die Personentwicklung in bezug auf gesellschaftlich relevantes Handeln (Wertorientierungen, Mitgestaltung usw.). Andererseits meint er die Vermittlung der für Gesellschaftsmitglieder bedeutsamen Werthaltungen und Fertigkeiten durch gesellschaftliche Institutionen (vgl. Hurrelmann & Ulich 1991). Solche Vermittlung zu leisten, ist auch die Aufgabe der *Erziehung*, und sie überschneidet sich daher ebenfalls mit »Sozialisation«. »Erziehung« wird allerdings ausgeprägter als intentionales Handeln verstanden (vgl. Kap. 1.1).

Um die Begriffe Erziehung und Entwicklung in einen Funktionszusammenhang zu bringen, brauchen wir noch ein Verbindungsglied – den Begriff des *Lernens*. Denn Lernen ist ein Vorgang, der die Entwicklung vorantreibt, und Erziehung ist der Versuch, Lernen zu steuern, d. h. dafür zu sorgen, daß erwünschte Lernvorgänge stattfinden und unerwünschte unterbleiben. Erziehung darf allerdings nicht mit der Steuerung der Entwicklung gleichgesetzt werden. Denn pädagogische Einflüsse sind nicht die einzigen Entwicklungsbedingungen. Um ihre Möglichkeiten und Grenzen zu beurteilen, ist es daher wichtig, Erziehung nicht isoliert zu betrachten, sondern im Gesamtgefüge von Faktoren der Personentwicklung. Dies geschieht in Kap. 3.1.2.

3.1.1 Erziehungsziele

Pädagogisches Handeln richtet sich auf Ziele. Nur wenn man dies im Hinterkopf behält, bekommt das Thema »psychische Entwicklung« – wiederum anders als in der »reinen« Entwicklungspsychologie – auch einen pädagogischen Aspekt.

Explizite Zielangaben kennt man vor allem im professionellen Bereich. Sie stehen z. B. in den Richtlinien für Unterrichtsfächer, oder sie werden von Lehrern als Lehrziele für Unterrichtseinheiten oder -stunden formuliert. Auch für die (soziale) Erziehung lassen sich Ziele angeben. Von Laien werden sie möglicherweise weniger reflektiert als von professionellen

Pädagogen. Aber auch Eltern können gewöhnlich Auskünfte geben, wenn man sie fragt, was sie mit der Erziehung erreichen wollen.

Ohne hier im einzelnen auf die Problematik des Begriffes »Erziehungsziel« einzugehen (hierzu Zecha 1984), möchten wir ihn zu »Entwicklung« in Beziehung setzen, indem wir sagen: Erziehungsziele sind Vorstellungen darüber, welche Dispositionen sich durch das erzieherische Handeln beim Lerner entwickeln sollen (z. B. Ehrlichkeit, Fleiß, Kreativität).

Die pädagogischen Ziele haben insofern den Charakter von *Dispositionen,* als die erzogene Person dazu »neigen« soll, bestimmte Verhaltensweisen zu zeigen, oder »fähig« zu sein, dieses oder jenes zu tun usw. Die angestrebten Erziehungsergebnisse sollen also mehr oder minder stabil sein und sich nicht nur in einmaligem Verhalten in einer bestimmten Situation zeigen. Es muß allerdings nicht eine lebenslange Disposition angestrebt werden. Man könnte z. B. für kleinere Kinder das Ziel verfolgen, daß sie Anweisungen gehorchen, für Jugendliche aber, daß sie sich mit Vorschlägen kritisch auseinandersetzen.

Hilfreich ist es, zwischen kurzfristigen und langfristigen Zielen bzw. zwischen *Nah-* und *Fern*zielen zu unterscheiden, je nachdem, zu welchem Zeitpunkt die Erziehungswirkung eintreten soll. »X soll fähig werden zu studieren«, wäre ein Fernziel, »X soll lernen, die kleine Schwester nicht an den Haaren zu ziehen«, wäre ein Nahziel. Die Fernziele werden häufig als die eigentlichen Erziehungsziele verstanden und die Nahziele als Mittel für deren Erreichung (z. B. gute Rechtschreibung als Zwischenziel auf dem Weg zur Studierfähigkeit). Möglich ist aber, daß kurz- und langfristige Ziele unverbunden nebeneinander stehen und vielleicht sogar – bemerkt oder unbemerkt – miteinander in Widerspruch geraten (z. B. Selbständigkeit als angegebenes Fernziel, aber Gehorsam als faktisches Ziel in konkreten Konfliktsituationen; vgl. Hoff & Grüneisen 1978).

Weiterhin können die angestrebten Dispositionen unterschiedlich weit gefaßt sein, etwa als allgemeine »Eigenschaften« (X soll »ordentlich«, »anständig«, »kreativ« werden) oder als spezifische Verhaltensgewohnheiten, Fertigkeiten, Kenntnisse u. dgl. (»X soll allein sein Zimmer aufräumen«).

Keineswegs unbedeutend ist, ob die Ziele *positiv* oder *negativ* formuliert sind. Schon in der Erziehungsdefinition von Brezinka (vgl. S. 9) ist sowohl von der Verbesserung und Erhaltung als auch von der Verhütung bestimmter Dispositionen die Rede.

Dieser Unterschied läßt sich in der Erziehungspraxis leicht wiederfinden. Einerseits streben Erzieher bestimmte Einstellungen, Fähigkeiten usw. an, andererseits wollen sie erreichen, daß Kinder (oder andere Lerner) beispielsweise *nicht* den Unterricht stören, nicht schlagen, nicht rückfällig werden usw. Um die Beseitigung des »Störenden« bemühen sich Erzieher – jedenfalls im sozialen Zielbereich – nicht selten viel intensiver als um die Förderung des Erwünschten, wie etwa an der Häufigkeit von Verboten und Zurechtweisungen abzulesen ist.

Inhaltlich kann man den größten Teil der Ziele, die von Erziehern genannt werden, entweder dem sozial-emotionalen Bereich oder dem Bereich kognitiver Leistungen zuordnen. Wie sie im einzelnen aussehen können, werden wir später jeweils bei den Schwerpunkten Erziehung und Unterricht ausführen (s. Kap. 4.1 bzw. 5.1).

Von großem Interesse ist in jedem Fall die Frage, wieweit die *angestrebten* mit den *tatsächlichen* Entwicklungen übereinstimmen. Genauere Aussagen darüber kann man nur machen, wenn man sowohl die Ziele als auch die Ergebnisse hinreichend präzise ermitteln kann. Im Unterrichtsbereich ist das vergleichsweise einfach und wird auch häufiger praktiziert. Schwieriger ist es bei der sozial-emotionalen Entwicklung, insbesondere wenn verschiedene global formulierte Fernziele verfolgt werden, wie häufig in der familiären Erziehung. Selbst wenn man Eltern fragt, ob die Entwicklung ihrer Kinder den angestrebten Zielen entspricht, kann man nicht wissen, ob sie die Ziele schon vorher im Auge hatten, oder ob sie nachträglich ihre Zielvorstellungen der realen Entwicklung angepaßt haben. Längsschnittuntersuchungen (vgl. S. 32), die von Anbeginn explizit Zielfragen einbezogen und die reale Entwicklung über lange Zeit begleitet haben, liegen unseres Wissens nicht vor.

So ist auch schwer zu klären, welchen Einfluß die Zielvorstellungen überhaupt auf die tatsächliche Entwicklung haben. Sicherlich: In einer Kultur, die z. B. kriegerische Tugenden anstrebt, werden diese auch häufiger entwickelt als in einer Kultur, die Gewaltlosigkeit zum Ideal erhebt; und in einer Familie, der die Ausbildung schöngeistiger Interessen am Herzen liegt, werden die Kinder sie tatsächlich eher entwickeln als in einer Familie, der dies kein Anliegen ist. Aber das heißt nicht, daß die Ziele automatisch Wirklichkeit werden. Beeinflußt wird die Persönlichkeitsentwicklung von Heranwachsenden nicht direkt durch die Ziele in den Köpfen von Erziehern, sondern durch das tatsächliche Erziehungsverhalten. Wichtig ist also, in welcher Weise sich die Ziele im Erziehungsverhalten niederschlagen, und ob dieses Verhalten den Zielen wirklich dienlich ist. Aus den Zielen ergeben sich die passenden Mittel ja nicht von selbst. Nicht selten greifen Erzieher zu Mitteln, mit denen sie geradezu das Gegenteil erreichen.

Über den Zusammenhang von Erziehungszielen und Erziehungsverhalten ist bisher wenig bekannt (vgl. Kornadt & Trommsdorf 1984). Klar ist aber, daß das reale Erziehungsverhalten eben nicht nur von den Zielen abhängt, sondern z. B. auch von Kenntnissen, Fertigkeiten und Überzeugungen über »richtiges« Erziehen und überdies vom Verhalten des Lerners und anderen externen Faktoren (s. dazu Kap. 3.3). Hinzu kommt, daß wohl selten nur ein Ziel, sondern meist mehrere Ziele angestrebt werden, und daß diese miteinander in Konflikt geraten können.

Selbst wenn aber Erzieher stets Verhalten praktizierten, das die angestrebte Entwicklung optimal fördert, wäre immer noch eine weitere Grenze zu bedenken: daß nämlich die tatsächliche Entwicklung grundsätzlich nicht nur von der Erziehung bestimmt wird.

3.1.2 Was die Entwicklung vorantreibt

Erziehung will die Entwicklung von Menschen in Richtung auf bestimmte Ziele vorantreiben; sie versteht sich mithin als Entwicklungsfaktor. Daraus ergeben sich Fragen wie diese: Welche Erziehung bringt welche Person-Entwicklung hervor? Ist eine Person aufgrund ihrer Erziehung so geworden, wie sie ist? Welche anderen Faktoren stehen der Erziehung gegenüber und begrenzen ihren Einfluß?

Zwar ist offenkundig, daß die Entwicklung von Menschen nicht allein auf Erziehung beruht. Doch welche Einflüsse welches Gewicht haben, darüber gehen die Auffassungen durchaus auseinander. Bevor wir darauf eingehen, möchten wir das Gesamtgefüge der in Frage kommenden Entwicklungsfaktoren kurz skizzieren, um Erziehung darin einzuordnen.

Die Frage, was die Entwicklung vorantreibt, kann man auf zwei Ebenen beantworten: mit Prozessen oder mit steuernden »Instanzen« (Bedingungsbereichen):

- Auf der Ebene von Entwicklungsprozessen werden gewöhnlich Reifen und Lernen gegenübergestellt.
- Auf der Ebene der Instanzen, die die Prozesse steuern, geht es um Erbanlagen, die Umwelt und das Individuum selbst.

Reifen ist rein biologisch zu verstehen (nicht etwa in wertendem Sinne: »reifer und vernünftiger werden«). Gemeint sind körperliche Wachstumsvorgänge und damit verbundene psychische Änderungen, die auf der Entfaltung eines genetischen Programmes beruhen, also von Anlagen gesteuert werden. Die Begriffe Reifung und Anlage gehören also zusammen. Im Sprachgebrauch ist allerdings eher von Reifung die Rede, wenn es um die alterstypische Entwicklung geht, während bei der Entfaltung individueller Unterschiede eher auf die »Anlagen« (statt auf »unterschiedliche Reifung«) verwiesen wird.

Lernen hat in der Psychologie ebenfalls eine etwas andere Bedeutung als im Alltagsverständnis. Während dort in erster Linie an die Aneignung von Kenntnissen und Fertigkeiten gedacht wird, ist der psychologische Lernbegriff weiter gefaßt. Es gibt zwar nicht »die« allgemeinverbindliche Definition des Lernens, aber der Tendenz nach wird Lernen verstanden als eine relativ andauernde Veränderung von Verhalten und Erleben aufgrund von Erfahrungen. Wir könnten auch so definieren: Lernen ist die erfahrungsbedingte Veränderung personaler Dispositionen (momentane Schwankungen und reifungsbedingte Veränderungen sind damit ausgeklammert). Lernen hat zwar immer mit aktuellen Prozessen wie Wahrnehmen, Denken oder Motivation zu tun, doch impliziert es die zeitliche Dimension: Ein aktueller Vorgang führt dazu, daß ein Mensch in Zukunft (!) anders disponiert ist. Insofern sprechen wir nur von Lernen, wenn solche Vorgänge nicht nur aktuell auftreten, sondern »Spuren« hinterlassen. Wenn man einen Zeitungsartikel über einen Politiker liest und dabei Gedanken und Gefühle ablaufen, ist dies noch kein Lernen. Aber in dem Maße, wie sich über den Zeitpunkt des Lesens hinaus Kenntnisse und Gefühle zu diesem Politiker verändern, hat man gelernt. Lernen ist also einerseits eine Nachwirkung aktueller Prozesse und wirkt andererseits auf diese ein: es sorgt dafür, daß bestimmte Denkprozesse, Verhaltensweisen usw. in Zukunft anders ablaufen.

Lernen setzt voraus, daß der Organismus die Fähigkeit zum »Speichern«, also ein »Gedächtnis« besitzt. Insofern gehören die Begriffe Lernen und Gedächtnis unmittelbar zusammen.

Allerdings hat man beim »Lernen« eher das Aufnehmen im Auge, beim »Gedächtnis« eher das Behalten und Reproduzieren. Außerdem denkt man bei Gedächtnis primär an das Speichern von »Wissen«. Da aber z. B. auch Vorlieben oder sportliche Fertigkeiten gelernt werden können, muß es hierfür ebenfalls ein »Gedächtnis« geben. Um diese weite Bedeutung auszudrücken, sprechen wir allgemeiner von »Speicherfähigkeit«.

Nun zu den »Instanzen«, die die Reifungs- bzw. die Lernprozesse in diese oder jene Richtung steuern. Die *Anlagen* haben einen allgemeinen und einen individuellen Anteil. Die allgemeine genetische Ausstattung ist artspezifisch und steuert die allen Menschen gemeinsame alterstypische Entwicklung (Heranwachsen und Altern) sowie die Ausbildung beständiger biologischer Zyklen (z. B. Hunger-Sättigung, Schlaf-Wach-Rhythmus). Es sind, wie gesagt, vornehmlich solche Entwicklungen, die als Reifung bezeichnet werden. Der individuelle Anteil der genetischen Ausstattung ist mitverantwortlich für die Unterschiedlichkeit der Menschen in ihren körperlichen und psychischen Merkmalen.

Bei den Einflüssen der *Umwelt* muß man zwei Aspekte unterscheiden: (1) die physische Einwirkung auf den Organismus (z. B. durch die Nahrung, Schadstoffe, Klima usw.) und (2) den Niederschlag von Informationen (»Erfahrung«). Herrmann (1976) unterscheidet in diesem Sinne die »materielle Umgebung« von der »Lernumwelt«. Ein bestimmter Umweltinhalt kann natürlich beide Aspekte umfassen. Beispielsweise kann ein Unfall sowohl einen körperlichen Schaden verursachen, der die Entwicklung beeinträchtigt, als auch psychische Wirkungen hervorrufen (z. B. Ängstlichkeit in bestimmten Situationen). Ohne die Bedeutung der physischen Umwelteinflüsse gering zu achten, ist in der Psychologie mit »Umwelt« in erster Linie ihre Rolle als Erfahrungsraum, also die »Lernumwelt« gemeint.

Während es möglich ist, daß mehrere Menschen mit demselben Genbestand auf die Welt kommen (eineiige Zwillinge), ist die Umwelt niemals auch nur für zwei Menschen völlig gleich. Einige Umweltaspekte werden von allen oder fast allen Menschen geteilt (z. B. wachsen fast alle Menschen unter sprechenden Mitmenschen auf). Andere Umweltaspekte sind kulturspezifisch und werden von Mitgliedern einer bestimmten Volksgruppe, Religion o. dgl. geteilt, wieder andere sind familienspezifisch und werden nur von Geschwistern geteilt, und manche sind so personspezifisch, daß sich selbst eineiige Zwillinge, die in derselben Familie aufwachsen, darin unterscheiden (z. B. spezifische Behandlung durch Eltern und Geschwister, persönlicher Freundeskreis, Krankheiten usw.). Gerade diese personspezifischen Umwelteinflüsse scheinen für soziale und emotionale Personmerkmale beträchtliches Gewicht zu haben (Asendorpf 1988).

Wenngleich die Begriffe Lernen und Umwelt eng miteinander verbunden sind, weil der Einfluß der Umwelt auf die Person-Entwicklung über Prozesse des Lernens vermittelt wird, heißt dies doch nicht, daß *nur* die Umwelt die Lernprozesse steuert. Als weitere Instanz kommt auch die *Person selbst* in Frage (z. B. Höhn 1959, Kossakowski 1991). Man kann darauf verweisen, daß Menschen (a) Umweltereignisse »verarbeiten«, interpretieren, bewerten, (b) selber ganz direkt Lernprozesse in Gang setzen und steuern (z. B. Lernmaterial auswählen, üben und trainieren, selbständig etwas entdecken), (c) sich teilweise die Umwelt schaffen bzw. auf die Umwelt einwirken, von der dann ihre Entwicklung mitbestimmt wird, und (d) aufgrund der bereits entwickelten Dispositionen (Motive, Einstellungen, Fähigkeiten usw.) bestimmte Lebenssituationen aufsuchen oder meiden. Zwar könnte man einwenden, all dies sei selbst wiederum das Produkt von Anlage und Umwelt. Doch würde dies nicht ausschließen, daß das »Produkt« zugleich eine treibende Kraft ist.

Wie leicht erkennbar, begibt man sich bei dem Versuch, das Individuum als seinen eigenen Entwicklungsfaktor zu beschreiben, bereits in das Feld der theoretischen Kontroversen. Denn die grundsätzlichen Positionen zur Erklärung der psychischen Entwicklung unterscheiden sich eben darin, welchen Stellenwert sie den Anlagen, der Umwelt und der Person beimessen. Nach Montada (1982, S. 24, in Anlehnung an Riegel 1972) lassen sich vier Grundpositionen unterscheiden (Abb. 5):

| | UMWELT | |
	passiv	aktiv
PERSON passiv	endogenistische Theorien	exogenistische Theorien
PERSON aktiv	konstruktivistische Theorien	interaktionistische Theorien

Abb. 5: Vier Typen von Entwicklungstheorien (leicht modifiziert nach Montada 1982)

Endogenistische Theorien legen das Schwergewicht auf die Reifung bzw. die Anlagen (man kann auch von Reifungstheorien sprechen). Entwicklung verstehen sie – vergleichbar dem Wachsen einer Pflanze – als Entfaltung genetischer Programme. Klassische Phasenlehren (z. B. Kroh) gehen von dieser Vorstellung aus. Die Umwelt und die Person selbst spielen danach keine aktive Rolle bei der Entwicklung. Damit sie störungsfrei ablaufen kann, muß die Umwelt allerdings Minimalbedingungen bereitstellen, die dem jeweiligen Reifestand entsprechen. Hier liegt dann eine wichtige Aufgabe der Erziehung. Sie muß z. B. ermitteln, ob ein Kind die Schulreife erreicht hat und ihm ggf. Zeit zum »Nachreifen« gewähren. *Schädliche Einflüsse fernhalt.*

Exogenistische Theorien nehmen demgegenüber an, daß die Entwicklung primär durch die Umwelt bestimmt wird. Durch ihre Einwirkung wird der Mensch gewissermaßen »geformt«. Diese auch »milieutheoretisch« genannte Auffassung ist besonders ausgeprägt in der Theorierichtung des Behaviorismus zu finden. Vermittelt wird die Entwicklung danach durch Lernprozesse, und zwar vornehmlich durch solche, die ganz von der Umwelt gesteuert werden (vor allem klassische Konditionierung sowie instrumentelles Lernen durch Belohnung und Bestrafung, vgl. S. 49 f). Bei der exogenistischen Auffassung nimmt die Erziehung mithin einen sehr hohen Stellenwert als Entwicklungsfaktor ein.

Konstruktivistische Theorien weisen dagegen dem Individuum selbst die Hauptrolle zu. Entwicklung ist aktive Selbstgestaltung. Der Mensch verarbeitet die Umwelt und konstruiert sich geistig die Wirklichkeit. Zugleich wirkt er handelnd auf die Umwelt ein. Diese ist eher ein Aktionsfeld der Person als eine Einflußgröße. Auf der Ebene der Entwicklungsprozesse geht es auch hier überwiegend um Lernen, allerdings um kognitives, von Bewußtsein begleitetes und gesteuertes Lernen. Der bekannteste Vertreter der konstruktivistischen Position, Jean Piaget, spricht hier von »Akkommodation«, womit er eine Anpassung geistiger Strukturen (»Schemata«) an die Umwelt meint; sie tritt nach Piaget dann ein, wenn das Individuum die Umwelt mit seinen bisherigen Schemata nicht mehr »assimilieren« kann. Wichtig ist, daß der jeweils erreichte Stand der geistigen Entwicklung bestimmt, ob und wie neue Lernanregungen aus der Umwelt verarbeitet werden. Da also der eine Entwicklungsschritt die Voraussetzung für den nächsten ist, ergibt sich eine stadienartige Abfolge, die jedoch nicht mit Reifungsphasen gleichzusetzen ist. Die Rolle der Erziehung liegt bei der konstruktivistischen Position eher im Bereitstellen von Lerngelegenheiten als in der direkten Beeinflussung.

Interaktionistische (auch »dialektische«, »transaktionale«) *Theorien* der Entwicklung sehen Person und Umwelt in einer ständigen dynamischen Wechselwirkung. Beide sind gleichermaßen aktiv, wirken aufeinander ein und verändern sich miteinander. Wie beim Konstruktivismus wird das Individuum nicht von der Umwelt geformt, sondern schafft sich ein subjektives Bild der Wirklichkeit, das auch das Handeln leitet. Zum Begriff der Interaktion gehört, daß Selbstgestaltung und Fremdgestaltung sich nicht einfach addieren, sondern Mensch und Umwelt sich zu einem Gesamtsystem verbinden, in welchem beide in einem ständigen Austausch stehen. Auch die Erziehung kann so als Erzieher-Lerner-Interaktion verstanden werden, statt als Einwirkung vom Erzieher auf den Lerner (mehr hierzu in Kap. 3.2).

Insgesamt wird der Erziehung in der exogenistischen und der interaktionistischen Position die größte Rolle eingeräumt, und bei ihnen kann Entwicklung daher auch weitgehend als Sozialisation und/oder Selbstsozialisation verstanden werden.

Bei allen unterschiedlichen Auffassungen über das Gewicht von Anlage, Umwelt und Person bzw. von Reifen und Lernen, gibt es doch weitgehende Übereinstimmung darin, daß Entwicklung immer nur durch das Zusammenwirken dieser Komponenten möglich ist. So kann die Umwelt nur auf der Basis einer genetischen Ausstattung wirksam werden, und umgekehrt können Gene nicht ohne Umwelt zur Entfaltung kommen. Entwicklung, wie Leben überhaupt, braucht immer beides. Gestritten wird darum, *welche* Rolle sie spielen, ob etwa die Gene ein festes Programm liefern oder nur Spielräume für Umwelteinflüsse, ob die Umwelt eine eher passive oder aktive Rolle spielt, und inwieweit die Person selbst als dritte Instanz ein steuernder Faktor ist.

In gewissem Grade ist dies letztlich eine Frage des philosophischen Menschenbildes. Empirische Forschungen können wohl kaum eine allgemeingültige Entscheidung herbeiführen. Doch können sie zu vielen Einzelfragen hilfreiche Beiträge liefern. Von besonderem Interesse sind von jeher Untersuchungen gewesen, die zu ermitteln suchen, wie weit die Unterschiedlichkeit von Menschen auf Unterschiede der Erbanlagen oder Unterschiede der Umwelt zurückzuführen sind (vgl. Montada

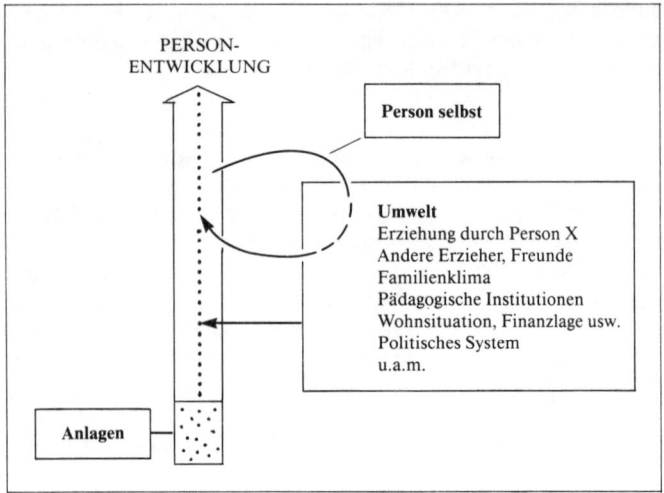

Abb. 6: Faktoren der Person-Entwicklung – nur ein Teil ist erzieherischer Art

1982, Asendorpf 1988). Die dabei gewonnenen Befunde beziehen sich allerdings immer nur auf einzelne Personmerkmale – Intelligenz, Extraversion, Werthaltungen usw. –, nicht auf die Gesamtpersönlichkeit, und immer nur auf die untersuchte Population (meist westliche Industrienationen), nicht auf die gesamte Menschheit. (Wo etwa die Umweltunterschiede sehr groß sind, z. B. in Ländern mit elitärer Bildung neben Analphabetentum, da ist auch ihr rechnerischer »Anteil« an bestimmten Personunterschieden größer). Des weiteren scheint es kaum möglich, neben Anlage und Umwelt den Anteil der »Person selbst« an den Entwicklungsunterschieden abzugrenzen und quantitativ zu erfassen.

Nach alledem ist eine generelle Aussage über den Stellenwert der Erziehung bei der Person-Entwicklung nicht sinnvoll. Einer einseitigen Betonung des einen oder anderen Faktors ist sicherlich mit Vorsicht zu begegnen. Auch die »Macht« der Erziehung hat zwangsläufig ihre Grenzen (ausführlich Dollase 1984). Das Zusammenspiel mit anderen Umweltfaktoren, mit Erbanlagen und der Eigendynamik der »Person selbst« darf nicht außer acht gelassen werden. Und der Spielraum des einzelnen Erziehers wird auch durch andere Erziehungseinflüsse und evtl. durch starre pädagogische Institutionen begrenzt (Prenzel & Schiefele 1986; zum gesamten Faktorengefüge s. auch Abb. 6). Wieviel Veränderungen die persönliche pädagogische Einflußnahme erreichen kann, wird von Fall zu Fall verschieden sein. Der verbleibende Spielraum, wie groß oder klein auch immer, ist aber das pädagogisch Interessante, und er fordert dazu heraus, zu probieren, was möglich ist. Damit stellt sich dann die Frage, wie die Lernprozesse aussehen, die von der Erziehung potentiell gesteuert werden können.

3.1.3 Arten von Lernprozessen

Lernen selbst kann man nicht sehen, sondern nur die Lerneffekte. Wie kommen sie zustande? Hierzu gibt es in der Psychologie verschiedene Theorien, wobei sich die Ansicht durchgesetzt hat, daß keine Theorie alle Lernphänomene erklären kann, sondern daß es sinnvoll ist, von unterschiedlichen Arten von Lernprozessen auszugehen. Die Einteilungen variieren allerdings und ebenso die Bezeichnungen, unter denen eine Lernart geführt wird. Im folgenden skizzieren wir häufig genannte Typen (vgl. Weinert et al. 1974, Gagné 1980, Gage & Berliner 1986, Edelmann 1986, Schermer 1991):

1. Die sog. *klassische Konditionierung* (auch: Signallernen, reaktive Konditionierung). Bei dieser Lernart lernt ein Organismus neue Auslöser für bestimmte unwillkürliche – insbesondere emotionale und vegetative – Reaktionen. So kann etwa ein an sich harmloser Reiz (z. B. ein weißer Kittel) durch Kopplung mit einem schmerzauslösenden Reiz (z. B. der Spritze eines Arztes) selber zu einem Auslöser von Angst werden. Ebenso könnte gelernt werden, sich bei bestimmten Personen (z. B. der Mutter) oder an bestimmten Orten ruhig und sicher zu fühlen, weil diese Reize mit entsprechenden Erfahrungen gekoppelt waren.

Pädagogisch bedeutsam ist an dieser Lernart, daß die Umwelt bestimmte Kopplungen (z. B. Vater – Schläge) vermeiden und andere (z. B. Vater – Zuwendung) herstellen kann. Das Individuum ist an solchen Lernvorgängen gewöhnlich nicht aktiv beteiligt, sondern unterliegt ihnen eher passiv. Allerdings kann es – ggf. unter Anleitung – lernen, bestimmte Reiz-Reaktions-Verbindungen durch »Gegenkonditionierung« zu verändern, indem es sich bestimmten Kopplungen absichtlich aussetzt. Im Beispiel der Angst kann das etwa so aussehen, daß man sich in entspanntem Zustand schrittweise mit immer stärkeren Angstauslösern konfrontiert (sog. »systematische Desensibilisierung«).

2. Das Individuum lernt aus den Konsequenzen seines Tuns. Dies ist das *Lernen am Effekt* (auch: Lernen am Erfolg und Mißerfolg, instrumentelles Lernen, operante Konditionierung oder Lernen durch Bekräftigung/Verstärkung). Dabei lassen sich fünf Typen von Effekten (Konsequenzen) unterscheiden:

- Ein positives Ereignis tritt ein: Dies ist die sog. positive Bekräftigung oder »Belohnung«, wie beispielsweise Beachtung, Zuwendung oder Nachgeben durch andere Menschen. Es können auch selbstproduzierte äußere Erfolge sein (z. B. wenn ein Kind den Umgang mit einer Schere probiert) sowie angenehme innere Effekte (z. B. Stolz oder Nervenkitzel).

- Ein negativer Zustand hört auf oder wird vermieden: Dies ist die sog. negative Bekräftigung, die aber ebenfalls positiv erlebt wird, nämlich als »Erleichterung«. Beispiel: Ein Kind vermeidet eine Bestrafung, indem es sich entschuldigt, oder ein Erwachsener reduziert seine Angstgefühle durch Alkohol.

- Ein negatives Ereignis tritt ein: Dies ist die Bestrafung Typ I (aversive Bestrafung) wie etwa Prügel, Tadel oder böse Blicke. Im erweiterten Sinne eine »Bestrafung« sind auch manche selbstproduzierten Mißerfolge (z. B. ein falscher Ton beim Üben auf einem Musikinstrument).

- Etwas Positives wird aufgehoben: Dies ist die Bestrafung Typ II, die Bestrafung durch Verlust. Auch sie kann von anderen Personen erteilt (z. B. Abwendung, Taschengeldkürzung) oder selbst herbeigeführt (z. B. Geld verlieren) werden.

- Das Verhalten bleibt ohne Konsequenzen: die sog. Nichtbekräftigung oder »Löschung«. Beispiele: Ein Verhalten wird nicht beachtet, an der Angel beißt kein Fisch an.

Die Übergänge zwischen den Typen sind zuweilen fließend. Auch ist es möglich, daß auf dasselbe Verhalten mehrere Konsequenzen zugleich folgen. Für das Lernergebnis gilt die Regel: Die positive und negative Bekräftigung erhöhen die Wahrscheinlichkeit, daß das Verhalten wieder auftritt, die Bestrafung (Typ I und II) und die Nichtbekräftigung senken sie. Das Lernen am Erfolg entwickelt mithin Dispositionen im Sinne von Neigungen und Gewohnheiten, zumindest für bestimmte Situationen. Bedeutsam ist es unter anderem für soziale Verhaltensweisen und die Ausbildung von Motiven (Vorlieben, Interessen u. ä.).

Das Lernen aus Konsequenzen spielt seit jeher in der Erziehung eine zentrale Rolle, insbesondere in Form von Belohnung und aversiver Bestrafung. Auf Probleme der pädagogischen Anwendung geht Kap. 4 näher ein.

3. Das *Lernen am Modell* (Lernen durch Beobachtung) ist eine weitere grundlegende Lernart. Durch Modelle kann man außerordentlich ökonomisch – sozusagen mit einem Schlage – recht komplexe Verhaltensmuster erwerben (wenngleich anfangs oft noch unvollkommen). Dies mögen z. B. soziale Verhaltensweisen (aggressive, helfende u. a.), sprachliche Wendungen oder technische Handgriffe sein, ggf. auch emotionale Reaktionstendenzen wie Aversionen oder Ängste. Das Lernen am Modell ermöglicht den Erwerb von Verhaltensweisen, die für das Individuum vollkommen neu sind, während das Lernen am Effekt ein Verhalten, das bereits aufgetreten ist (sonst könnte es nicht bekräftigt werden), bezüglich seiner Auftretenswahrscheinlichkeit beeinflußt.

Die pädagogische Relevanz des Modell-Lernens ist ebenfalls offenkundig. Erzieher wirken vielfältig als Modelle, ob sie es wollen oder nicht. Es wäre daher wichtig, daß sie unerwünschtes Verhalten nicht vormachen und für erwünschtes ihr eigenes Verhalten gezielt als Vorbild einsetzen. Das Lernen am Modell geschieht zum Gutteil unbewußt, kann aber auch vom Lernenden bewußt angestrebt werden (z. B einen guten Bekannten beobachten, der geschickt mit Konflikten umgeht).

4. Das Individuum lernt, mehrere Vorstellungen oder sprachliche Elemente »mechanisch« miteinander zu verbinden. Hier geht es um das Lernen von *sprachlich-gedanklichen Assoziationen.* Beispiele: »Ludwig van ...«, »Morgenstunde hat Gold ...« – jeder weiß hier, wie es weitergeht, und zwar »automatisch«. Zum Großteil eignet man sich solche Verbindungen ganz beiläufig an. Durch zufällige raumzeitliche Nähe können dabei manchmal seltsame Assoziationen zustandekommen. Wer z. B. einmal ein »Micky Maus«-Heft las, als er Zahnschmerzen hatte, wird möglicherweise in Zukunft beim Anblick solcher Hefte an Zahnschmerzen denken. Andere Verbindungen werden planmäßig durch Unterricht oder Werbung vermittelt oder vom Lerner absichtlich eingeprägt (»auswendig gelernt«, vgl. Kap. 5.2). Solch ein Assoziationslernen ist zwar ein ähnlich mechanisches Verbinden wie die klassische Konditionierung (weshalb man beide auch als »assoziatives Lernen« zusammenfassen kann, vgl. Edelmann 1986). Doch während dort ein äußerer Reiz mit

einer vegetativen/affektiven Reaktion gekoppelt wird, geht es hier um die Verbindung von Bewußtseinsinhalten und insofern um Anfänge von kognitivem Lernen.

5. Gewöhnlich ist mit kognitivem Lernen primär das nicht-mechanische, *sinnhaltige* Lernen, das mehr oder minder »einsichtsvolle« Verarbeiten von Inhalten gemeint. Das Spektrum solcher Lernprozesse ist recht groß, eine feste Unterteilung hat sich nicht eingebürgert. Wohl am häufigsten erwähnt wird das *Lernen von Begriffen und Regeln.* Sie machen den überwiegenden Teil dessen aus, was man als »Wissen« bezeichnet, wenngleich mit »Wissen« auch mechanische Assoziationen gemeint sein können. Ein Beispiel: Man mag mechanisch auswendiglernen, daß »Geschenk« im Französischen »cadeau« heißt. Aber etwas anderes ist der Begriff des Geschenkes, nämlich der Bedeutungsgehalt des Wortes – das, was man darunter »versteht«. Gewöhnlich sind Begriffe gedankliche Kategorien, die die Vielzahl von Erscheinungen nach gemeinsamen Merkmalen ordnen und zusammenfassen (Kategorie »Geschenk« oder »Blume«). Im erweiterten Sinne kann sich ein Begriff aber auch auf Einzelerscheinungen beziehen, so wie man z. B. einen »Begriff« von Rom, von Kopernikus oder von sich selbst (Selbstkonzept) haben mag.

Es ist leicht erkennbar, daß demselben Wort sehr unterschiedliche Bedeutungsgehalte zugeordnet werden können. Für ein kleines Kind mag z. B. ein Geschenk etwas sein, was schön eingewickelt ist, und es erfährt dann allmählich, daß auch andere Merkmale den Begriff ausmachen. Des weiteren kann ein Begriff (z. B. »Währung«) für manche Menschen aus wenigen Vorstellungen bestehen, während ein »Experte« damit große, gut geordnete Wissensgebäude verbindet. Kein Begriff steht für sich allein, sondern ist Bestandteil eines größeren Begriffsgefüges. Die Verbindung mehrerer Begriffe zu einer neuen sinnvollen Aussage kann man mit Gagné auch als Regel bezeichnen (z. B. »Im Herbst verwelken die Blätter der Laubbäume«). Stets gilt als zentrales Prinzip des Wissenserwerbs, daß neue Informationen mit dem bereits vorhandenen Wissen verknüpft werden, daß jeder kognitive Lernvorgang auf den früheren aufbaut (näheres s. Kap. 5.2). Die kognitiven Strukturen in unseren Köpfen beziehen sich übrigens nicht nur auf Sachkenntnisse im üblichen Sinne, sondern z. B. auch auf Wertordnungen, Überzeugungen, Vorurteile oder zwischenmenschliches Handeln.

Es ist eine typische pädagogische Tätigkeit, planmäßig kognitive Lernprozesse anzuregen, insbesondere über sprachliche Kommunikation (Unterricht, Bücher usw.). Zweifellos geschieht kognitives Lernen aber auch durch die direkte Auseinandersetzung eines Kindes (oder Erwachsenen) mit seiner Umwelt, durch die Verarbeitung unmittelbarer Erfahrungen, wobei die Erziehung eventuell nachhilft, indem sie entsprechende Lerngelegenheiten schafft (Spielmaterialien, Zoobesuche usw.). Manche Forscher (wie der Entwicklungspsychologe Jean Piaget) halten die eigene Auseinandersetzung mit der Umwelt für weitaus bedeutsamer als alle Versuche des »Unterrichts«.

Auch ohne daß man diese grundsätzliche Gewichtung teilen muß, wird in der Lernpsychologie gewöhnlich eine weitere kognitive Lernart aufgeführt, bei der die Eigenleistung des Lernenden jedenfalls eine besondere Rolle spielt:

6. Beim sog. *Problemlösen* lernt die Person aus ihren eigenen Entdeckungen. Sie findet selbst eine Regel für eine Anforderung, für die sie bisher kein abrufbares Wissen verfügbar hatte. Dabei können Versuch und Irrtum zwar eine Rolle spielen, doch letztlich wird nicht eine zufällige Lösung gefunden, sondern ein Prinzip erkannt. Die Person gewinnt »Einsicht« in einen Zusammenhang, ein Vorgang, der häufig als »Umstrukturierung« bezeichnet wird, da sich das Zueinander (die »Struktur«) der Situationselemente verändert. Was bisher in einem zusammenhanglosen Nebeneinander stand, kommt jetzt z. B. in ein Verhältnis von Ursache und Wirkung oder von Mittel und Zweck. In jedem Fall wird etwas subjektiv Neues geschaffen, weshalb man statt von Problemlösen auch von produktivem Denken spricht. Von Bedeutung ist das Problemlösen keineswegs nur für die Bewältigung von Sachproblemen (Schulfächer, Technik usw.), sondern ebenso für zwischenmenschliche Probleme (z. B. Gründe für das Verhalten von Menschen erkennen, Konflikte lösen) oder für den Umgang mit sich selbst.

Im Prinzip lernen schon Kleinkinder »von selbst« aus eigenen Entdeckungen – lange vor jeglichem »Unterricht«. Zunächst ist dies immer an überschaubare, konkrete Handlungen gebunden. Da die Fähigkeit zum selbständigen, systematischen Problemlösen, auch bei abstrakteren und komplexeren Problemen, weithin als wichtiges Lehrziel angesehen wird, erhebt sich aber auch die Frage nach der pädagogischen Förderung (s. hierzu Kap. 5.3).

3.2 Der soziale Aspekt: Erziehung ist zwischenmenschliches Geschehen

Bisher haben wir die Erziehung unter dem Aspekt betrachtet, daß sie Lernprozesse steuert – Erzieher bieten Modelle, bekräftigen Verhalten, lehren Begriffe und Regeln, stellen Problemlöseaufgaben usw. In den Vordergrund soll nun der Tatbestand rücken, daß sich all dies gewöhnlich im Kontakt zwischen Erzieher und Lerner abspielt. Zuweilen besteht dieser Kontakt nur indirekt, nämlich dort, wo über Medien »erzogen« wird, über Bücher, Filme, Spielmaterialien usw., die von Erziehern ausgewählt und dem Lerner präsentiert werden. Größtenteils aber geschieht Erziehung in direktem Umgang miteinander.

Auf das Grundmodell (S. 15, Abb. 1 a) bezogen geht es hier um die horizontale Achse, um aktuelles Geschehen zwischen Erzieher und Lerner. Diese sind jeweils ein situativer Faktor füreinander, und demgemäß kann man das Grundmodell so abwandeln, wie es in Abb. 7 geschieht. Hervorgehoben wird dort, daß das aktuelle Verhalten des Lerners vom Erzieher auf-

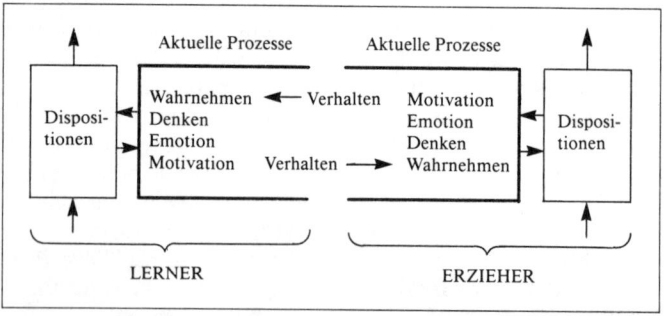

Abb. 7: Erziehung als zwischenmenschliches Geschehen

genommen wird und umgekehrt. Verhalten und innere Prozesse beider Personen hängen irgendwie miteinander zusammen, und eben das ist das »Zwischenmenschliche« an dem Geschehen.

Die Kernbegriffe, die in diesem Problemkreis häufig verwendet werden, lauten »Interaktion« und »Kommunikation«. Sie werden manchmal gleichbedeutend verstanden. Doch in der

Regel setzen die Begriffe, bei aller Nähe, in der Fachliteratur durchaus unterschiedliche Akzente. In der Gesamtüberschrift ist daher lediglich von »sozial« und »zwischenmenschlich« die Rede; die näheren Erläuterungen gliedern sich dann jedoch nach den Begriffen Interaktion und Kommunikation.

3.2.1 Erzieher und Lerner in Interaktion

Den Begriff der Interaktion findet man in unterschiedlichsten Zusammenhängen. So spricht man etwa von der Interaktion verschiedener Variablen innerhalb einer Person (z. B. zwischen Ängstlichkeit und Intelligenz) oder von der Interaktion eines Menschen mit der nichtmenschlichen Umwelt (z. B. Mensch-Maschine-, Kind-Spielzeug-Interaktion). In unserem Kontext geht es um die pädagogische Interaktion, genauer: um die *Erzieher-Lerner-Interaktion,* und sie ist, wie gesagt, ein Spezialfall *sozialer* Interaktion.

Als soziale Interaktion versteht man gewöhnlich die wechselseitige Beeinflussung verschiedener Personen. Einige Autoren bemängeln daran allerdings, daß sich nicht immer hinreichend feststellen lasse, wer wen wirklich »beeinflußt«, und sprechen daher – unabhängig von Kriterium der Wirkung – schon von Interaktion, wenn sich Menschen in ihrem Verhalten »aufeinander beziehen« (Perrez et al. 1986, S. 363, angeregt durch Brezinka). Soziale Interaktion könnte man dann kurz mit »Verhalten zueinander« umschreiben. Unabhängig davon, ob man diese abgeschwächte Definition bevorzugt oder nicht, sind allerdings Fragen nach Ursache-Wirkung-Zusammenhängen bzw. nach Beeinflussungen sicherlich von besonderem pädagogischen Interesse.

Durch den Zusatz »sozial« wird der Interaktionsbegriff inhaltlich spezifiziert. Darüberhinaus wird in formaler Hinsicht häufig zwischen »statischer« und »dynamischer« Interaktion unterschieden. Bei der »statischen« Interaktion werden die interagierenden Größen als im Zeitverlauf unveränderlich gedacht. Interaktion heißt dann, daß A und B »zusammenwirken« und sich daraus das Ergebnis C ergibt (»produktzentrierte« Interaktion; Brunner & Huber 1989, S. 22). Beispiel: Mangelnde Befähigung eines Kindes und hohe Leistungsansprüche der Erzieher erzeugen zusammen Angst vor Mißerfolgen. Auch Aussagen über stabile Wirkungen bestimmter Erziehermerkmale auf den

Lerner (z. B. emotionale Wärme fördert Selbstakzeptierung des Kindes) sind in der Literatur zuweilen unter der Überschrift »Pädagogische Interaktion« zu finden.

Überwiegend wird pädagogische Interaktion heute als *dynamisch* verstanden. »Dynamisch« heißt hier, daß die an der Interaktion beteiligten Einflußgrößen selbst wieder Veränderungsprozessen unterliegen (Brunner & Huber 1989). Diese dynamische Interaktion, die fortlaufende Beeinflussung im Sinne von Wirkung und Rückwirkung, wird häufig auch als Transaktion bezeichnet. Für die pädagogische Interaktion würde das z. B. bedeuten, daß nicht nur die Eltern auf die Kinder »einwirken«, sondern die Kinder auch auf die Eltern – und dies in jedem Augenblick des Miteinanders. Eine Mutter tut etwas (z. B. ermahnen) und hat damit Erfolg (z. B. das Kind räumt auf), woraufhin die Mutter wieder etwas tut (z. B. das Zimmer verläßt) usw. Hat ihr Verhalten eine andere Wirkung (z. B. das Kind »überhört« die Ermahnung), wird dies auch eine andere Rückwirkung auf ihr Verhalten haben (z. B. sie beginnt zu schimpfen) und so fort. Über das aktuelle Geschehen hinaus können sich – als beiderseitiges Lernen – auch die Erzieher- und Lernermerkmale (Dispositionen) unter dem wechselseitigen Einfluß verändern.

Mit der dynamischen Interaktion wird eine einseitige kausale Interpretation von »Erziehungsergebnissen« – Erzieher bringen bestimmte Erzogenenmerkmale hervor – aufgegeben. Beispielsweise ist dann Unselbständigkeit des Kindes nicht mehr nur eine Folge von Überbehütung, sondern die Unselbständigkeit regt auch überbehütendes Verhalten der Mutter an. Beides zusammen könnte in einen Kreisprozeß münden, und dieser könnte (z. B. durch Therapie) auf beiden Seiten durchbrochen werden, nicht nur bei der Mutter, auch beim Kind.

Allerdings ist damit nicht ausgeschlossen, daß die Macht zur Veränderung der Erzieher-Lerner-Interaktion ungleich verteilt ist. Dieser Aspekt kann mit den Begriffen Selbststeuerung versus Fremdsteuerung beschrieben werden (vgl. Perrez et al. 1986). Faktisch ist es wohl so, daß in den ersten Lebensmonaten das Verhalten von Eltern weit mehr vom Kind gesteuert wird als umgekehrt. Danach erhalten die Eltern zunehmend Spielraum, nicht nur zu reagieren, sondern nach den eigenen Erziehungsvorstellungen zu agieren. Wie weit sie ihn tatsächlich zur direkten Steuerung des kindlichen Verhalten nutzen, kann individuell und auch situativ recht unterschiedlich sein.

Die interagierenden Personen, die in einer relativ dauerhaften Beziehung zueinander stehen, werden heute meist als *soziales »System«* bezeichnet. Allgemein läßt sich ein System verstehen als »eine Menge von Variablen, die durch ein Netzwerk von kausalen Abhängigkeiten miteinander verbunden sind«, woraus sich ergibt, »daß man im Grunde nichts in diesem System beeinflussen kann, ohne nicht alles andere auch zu beeinflussen« (Dörner 1989, S. 109). Soziale Systeme im pädagogischen Feld sind beispielsweise »Mutter und Kind«, »Familie«, »Schulklasse«, »Lehrerkollegium« usw. Wie leicht zu erkennen ist, läßt sich ein größeres System (z. B. die Schule) in kleinere Systeme (Subsysteme) aufgliedern, diese in weitere Subsysteme usw. Unterhalb der Ebene sozialer Interaktion ist dann die einzelne Person ein System (mit Subsystemen der Wahrnehmung, der Motivation usw.). Kein System steht also für sich allein, sondern ist in andere Systeme eingebettet. Bei der sozialen Interaktion nimmt die systemische Betrachtungsweise nicht die einzelnen Personen, sondern eine Verbindung von mindestens zwei Personen in den Blick.

So viel zur Beschreibung von pädagogischer Interaktion. Wie kann man *erklären,* warum konkrete Interaktionen so oder so ablaufen? Die Sozialpsychologie bietet hierzu zahlreiche theoretische Ansätze. Wir müssen uns hier auf wenige Gesichtspunkte beschränken, die im Zusammenhang mit pädagogischer Interaktion häufiger erwähnt werden:

- »Systeme« statt einzelner Personen zu betrachten, ist schon in gewissem Maße eine theoretische Position, sofern man damit das individuelle Verhalten aus seiner systemischen Einbettung, also aus dem Wechselwirkungsgefüge des Verhaltens aller Beteiligten erklärt (vgl. Brunner & Huber 1989).
- Des weiteren wird das Verhalten des einzelnen häufig aus seiner sozialen »Rolle« erklärt (z. B. Hargreaves 1976, Jahnke 1982): In bestimmten Situationen sieht sich eine Person »als Mutter«, »als Lehrer«, »als Schüler« angesprochen, und richtet ihr Verhalten nach den Erwartungen, die vom Umfeld an die Träger dieser Rollen gerichtet werden. Die Person tut z. B. die Dinge, die man in einer Schulklasse üblicherweise als Lehrer, als Schüler, als Hospitant zu tun hat. Im Rahmen der früher erwähnten grundlegenden Aspekte des psychischen Systems (vgl. S. 14) kommt bei dieser Erklärung der »Situation« relativ hohes Gewicht zu.

- Demgegenüber dominiert der Aspekt der »Person«, wenn man den Umgang eines Erziehers mit einem Lerner aus seinen »Eigenschaften«, »Einstellungen«, »Fähigkeiten« usw. erklärt. Dies würde man wohl vor allem dann tun, wenn man verstehen will, warum etwa verschiedene Mütter auf dasselbe Verhalten eines Kindes (z. B. auf sein Weinen) unterschiedlich reagieren. Auch in einer bestimmten Auffassung von der eigenen Rolle (»Ein Lehrer muß vor allem ein guter Kamerad sein«) kommt der personale Aspekt zur Geltung. (Mehr zum Person-Aspekt s. S. 62 ff).

- Man kann weiterhin die Entwicklungsgeschichte dieser Dispositionen untersuchen und dabei verschiedene Arten von Lernprozessen heranziehen. Häufig erwähnt wird das Lernen am Erfolg (vgl. S. 50). Beispiel: Das Kind weint, weil es gelernt hat, daß die Mutter dann seinen Wunsch erfüllt; die Mutter reagiert mit Nachgeben, weil sie die Erfahrung gemacht hat, daß das Kind dann zu weinen aufhört.

- Die auf diese Weise lerntheoretisch erklärten Verhaltensdispositionen könnte man ihrerseits als eingeschliffene »Gewohnheit« oder auch als mehr oder minder bewußtes »Wissen« verstehen. Im zweiten Falle könnte man etwa sagen: Die Mutter »erwartet« aufgrund ihrer Erfahrungen, daß das Kind ruhig wird, wenn sie jetzt seinen Wunsch erfüllt (Erwartung als Disposition bzw. in einer konkreten Situation als aktueller Prozeß). Solche und weitere kognitive Aspekte wie Ziele, Interpretationen, Attributionen (Ursachenzuschreibungen), Handlungspläne usw. werden naturgemäß besonders in kognitivistischen Ansätzen betont (z. B. Perrez et al. 1985).

- Vorrangig auf der Ebene der aktuellen Prozesse – und ebenfalls mit stark kognitivem Akzent – liegt auch die Erklärung der Interaktion durch »Kommunikation«. Da wir hierin eine auch pädagogisch besonders ergiebige Betrachtungsweise sehen, gehen wir darauf im folgenden ausführlicher ein.

Grundsätzlich sei aber betont, daß sich u. E. die verschiedenen genannten (und andere nicht genannte) Erklärungen zur sozialen Interaktion in der Regel nicht gegenseitig ausschließen, sondern sich sinnvoll ergänzen können.

3.2.2 Kommunikation in der Erziehung

Zum Verständnis eines konkreten Interaktionsablaufs ist es sehr hilfreich, sie unter dem Aspekt der Kommunikation zu betrachten. In diesem Begriff ist, wie bei der sozialen Interaktion, ebenfalls das Aufeinander-bezogen-sein enthalten. Aber der Akzent liegt auf der Übermittlung von »Informationen«, »Nachrichten«, »Botschaften«, »Bedeutungen«. Knappe Definitionen lauten etwa, Kommunikation sei »Bedeutungsvermittlung zwischen Lebewesen« (Maletzke 1972) oder »gerichtete Informationsübertragung« (Ellgring 1986; diese Definition ist durch den Zusatz »gerichtet« etwas enger als die erste).

Zunächst zu den psychischen *Prozessen* in der Kommunikation. Zu einem vollständigen Kommunikationsvorgang gehört, daß eine Person etwas Gemeintes in Signale umsetzt und eine andere Person diese »versteht«. In Fachausdrücken: Ein »Sender« verschlüsselt (enkodiert) eine Nachricht und ein »Empfänger« entschlüsselt (dekodiert) sie. »Sender« oder »Empfänger« ist eine Person dabei jeweils nur in bezug auf eine bestimmte Nachricht; an sich übt sie nämlich beide Funktionen gleichzeitig aus (z. B. sie »empfängt« durch Zuhören und »sendet« durch Stirnrunzeln). Genau besehen beschränken sich die Sende- und Empfangsprozesse allerdings nicht auf das (gedankliche) Enkodieren und Dekodieren. Sender und Empfänger kommunizieren als »ganze Menschen« mit allen aktuellen Prozessen (vgl. S. 54), also z. B. auch mit ihren Emotionen.

Eine konkrete Kommunikation gilt als gelungen, wenn B die Botschaft von A genau so versteht, wie sie von A »gemeint« war. Ob sie gelingt, hängt von vielen Faktoren ab, unter anderem von der Deutlichkeit der Zeichen, der Aufmerksamkeit des Empfängers und der Übereinstimmung über die Bedeutung der Zeichen (z. B. verstehen beide dasselbe unter »partnerschaftlich« oder »demnächst«?). Auch undeutliche und »unübliche« Zeichen können ggf. richtig verstanden werden, wenn der Empfänger den Sender »gut kennt«. Gerade für den Umgang mit kleinen Kindern, die kaum sprechen können, ist dies oft sehr wichtig.

Wird die Mitteilung von B nicht oder anders verstanden als von A gemeint, so liegt eine »Kommunikationsstörung« vor. Allerdings ist es wohl nicht sinnvoll, schon dann von einer Störung zu sprechen, wenn beim Empfänger »mehr« ankommt als die Botschaft, die der Sender bewußt übermitteln wollte. Wenn eine Mutter aus der Frage ihres Kindes »Kommst Du mit, wenn ich zum Zahnarzt muß?« heraushört, daß es wohl Angst hat, wäre dies vermutlich »richtig verstanden«, selbst wenn das Kind dies lieber verbergen wollte. Man muß also immer damit rechnen, daß das eigene Verhalten auch Bedeutungen übermittelt, die man nicht absichtlich senden wollte.

Damit kommen wir zu den *Inhalten* der Kommunikation: Was für Botschaften werden übermittelt? Konkret betrachtet können dies natürlich unendlich viele sein. Doch lassen sie sich nach verschiedenen Kriterien ordnen. So entwickelte Schulz von Thun (1981, 1983) ein »Nachrichtenquadrat« aus vier Aspekten:

- Sachaspekt: Informationen über Sachverhalte (Hergänge, Theorien usw.);
- Selbstoffenbarungsaspekt: Kundgabe eigener Gedanken, Gefühle usw.;
- Beziehungsaspekt: Haltung gegenüber dem Empfänger (Sympathie, Mißtrauen, Überlegenheit usw.);
- Appellaspekt: Versuch, den Empfänger zu etwas zu veranlassen.

Die Unterscheidung solcher Nachrichtenaspekte ist ein Hilfsmittel zur Analyse zwischenmenschlicher Kommunikation und ihrer Störungen. Fragt man sich, auf welche Seite einer Nachricht jemand möglicherweise reagiert hat, kann dies wesentlich zum Verständnis der Interaktion beitragen.

Ein Beispiel: Ein Schüler sagt zur Lehrerin »Ich verstehe nicht, warum wir das lernen sollen«. Darin könnten folgende Botschaften stecken: (a) Sachaspekt: »Was sind die Lernziele, die Nutzanwendungen usw.?«, (b) Selbstoffenbarungsaspekt: »Das macht mir keinen Spaß« oder »Ich bin jemand, der kritisch über solche Fragen nachdenkt«, (c) Beziehungsaspekt: »Mit Ihnen kann man über sowas offen reden« oder »Sie sind keine gute Lehrerin«, (d) Appellaspekt: »Erklären Sie es mir« oder »Machen Sie lieber was anderes«. Die Reaktion der Lehrerin (Empfänger) offenbart, welcher Aspekt vorrangig bei ihr angekommen ist. Antwortet sie (a) »Dieser Stoff ist deshalb wichtig, weil…«, so nimmt sie die Sachseite auf. Antwortet sie (b) »Du hast wohl keine Lust« oder »Du willst auch für alles eine Erklärung haben«, so bezieht sie sich auf die Selbstoffenbarung. Eine (c) ärgerliche Reaktion von der Art »Was wichtig ist, weiß ich sicher besser als Du«, zeigt an, daß sie zuallererst einen negativen Beziehungsaspekt ihr gegenüber herausgehört hat. Und (d) die Bemerkung »Dann müssen wir mal die Lernziele miteinander erörtern« oder »Wir hören ja schon bald damit auf« wäre so zu erklären, daß sie die Äußerung des Schülers als entsprechenden Appell verstanden hat.

Kommunikationsstörungen kann es einerseits auf jeder der vier Ebenen geben, etwa indem ein Sachverhalt oder ein Wunsch (Appell) falsch verstanden wird. Andererseits können auch Störungen darin liegen, daß sich die Ebenen verschieben: Der Sender »meint« z. B. primär den Sachaspekt (»Du hast hier einen Fehler gemacht«) und der Empfänger hört primär einen Beziehungsaspekt (»Der hat was gegen mich«), und zwar ohne sich über die Verschiebung im klaren zu sein.

Aus der Unterscheidung der Nachrichtenaspekte ergibt sich auch ein Leitgedanke zur Kommunikationsverbesserung: Um Störungen zu beheben oder zu vermeiden, wäre es wichtig, die vier Aspekte auseinanderhalten, d. h. »vierohrig« empfangen bzw. jede Seite explizit mitteilen zu können.

Am Sachaspekt ist vor allem der Grad der Verständlichkeit von Interesse, etwa beim Unterrichten oder bei Lehrtexten (vgl. Kap. 5.2). Der Beziehungsaspekt hat in der Erziehung eine herausragende Bedeutung. Die typischen Dimensionen zur Beschreibung des Erzieherverhaltens – die emotionale Haltung und das Ausmaß an Lenkung (s. hierzu S. 66) – können kommunikationspsychologisch als Beziehungsaspekte aufgefaßt werden. Ein kritischer Punkt ist auch der Appellaspekt, da Aufforderungen, Anweisungen usw. einen Großteil erzieherischer Kommunikation ausmachen – einen zu großen, wie manche meinen. Als Alternative zu unerfreulichen Beziehungsbotschaften (negativen Bewertungen der anderen Person) und direkten Anweisungen werden verschiedentlich »Ich-Botschaften« vorgeschlagen (z. B. Gordon 1972, Schwäbisch & Siems 1974). Sie akzentuieren die Selbstkundgabe, und zwar in Form einer deutlichen Mitteilung eigener Empfindungen (»Ich sorge mich, wenn Du ...«, »Mir ist wichtig, daß ...«).

Die *Mittel,* mit denen kommuniziert wird, werden Signale (oder Zeichen) genannt, und es wird hier hauptsächlich zwischen verbaler und nichtverbaler Kommunikation unterschieden. Zu den verbalen Formen zählen die mündliche und schriftliche Sprache, zu den nichtverbalen das Ausdrucksverhalten (Mimik, Gestik usw.) sowie Handlungen (z. B. sich abwenden, etwas überreichen, jemanden anspucken).

Dabei ist von Interesse, daß zwischen der Seite der Nachricht und der Art der Signale ein Zusammenhang besteht. So werden etwa Sachaspekte vorwiegend verbal, Beziehungsaspekte hingegen vorwiegend nichtverbal (Körperhaltung, Mimik u. a.) vermittelt. Des weiteren liegen wichtige Funktionen von nichtverbalen Signalen im Ausdruck von Emotionen (besonders durch Mimik) oder auch in der Steuerung der verbalen Kommunikation (z. B. Signalisieren von Zuhörbereitschaft durch das Blickverhalten) (vgl. Ellgring 1986, Forgas 1987).

Aus alledem wird leicht verständlich, daß nonverbale Kommunikation auch für die Wirkung von Erzieherverhalten große Bedeutung hat (vgl. Rosenbusch & Schober 1986). So reagieren Säuglinge schon auf den Tonfall, wenn sie den Inhalt der Worte noch nicht verstehen können. Auch ist die Übereinstimmung von verbalem und nichtverbalem Verhalten wesentlich für die Eindeutigkeit, wenn nicht gar für die Glaubwürdigkeit von Erzieherverhalten. Die nichtverbale Kommunikation müßte daher in die berufliche Pädagogenausbildung stärker einbezogen werden (z. B. Motivieren durch lebendige Stimmführung, Prävention von sog. Disziplinproblemen im Unterricht durch Blickverhalten und Gestik). Eine rein verbal ausgerichtete Ausbildung, wie sie für Hochschulen typisch ist, läßt jedenfalls wesentliche Komponenten des Erzieherverhalten außer acht. Freilich ist das Verbale leichter zu thematisieren und zu üben, weshalb hierauf gewöhnlich das Schwergewicht von Kommunikationstrainings für Eltern und professionelle Erzieher liegt (s. hierzu Kap. 6).

3.3 Der Person-Aspekt: Erzieher wie Lerner sind unterschiedlich

Wie im ersten Kapitel ausgeführt (S. 14), ist das Verhalten und Erleben von Menschen unterschiedlich je nach Person und Situation. Verstehen wir unter *Situation* die aktuelle Umgebung, die momentanen äußeren Faktoren, so gehören dazu beispielsweise für Lehrer und Schüler der Lehrstoff, das Lehrmaterial, die Räumlichkeiten u. a. m. Zusätzlich gehört für den Lehrer auch das Verhalten der Schüler zur Situation, für den Schüler auch das Verhalten des Lehrers und der Mitschüler. Von diesem Einfluß »der anderen« auf das eigene Verhalten war bereits bei der »Interaktion« die Rede, und insofern ging es dort schon in gewissem Grade um die Rolle von Situationsfaktoren.

Mit *Person* (oder Persönlichkeit) ist hier das Gefüge der individuellen Dispositionen eines Menschen gemeint, die Merkmale, in denen er sich von anderen Menschen unterscheidet (z. B. Fähigkeiten, Kenntnisse, Einstellungen). Diese Dispositionen sind einerseits das Ergebnis der bisherigen Entwicklung, andererseits bestimmen sie selbst die weitere Entwicklung mit (vgl. S. 45). Auf der aktuellen Ebene bestimmt das Dispositionsgefüge die Art der sozialen Interaktion mit. Und da dies sowohl für das eigene Verhalten wie für das Verhalten der anderen gilt, ergeben sich Unterschiede in der Art der Interaktion zum Teil aus den Unterschieden der beteiligten Personen. (Allerdings nur zum Teil, da ihr Verhalten auch von Dritten und anderen Situationsbedingungen abhängen kann, und nicht zuletzt von dem »Zusammenspiel« ihrer Verhaltensweisen, worauf Interaktionstheoretiker besonderes Gewicht legen.)

In diesem Abschnitt stehen personale Faktoren, also die individuellen Unterschiede von Erziehern und Lernern, im Vordergrund. Um zugleich dem Eindruck entgegenzuwirken, daß einseitig Personfaktoren für das jeweilige Verhalten und Erleben verantwortlich seien, werden wir allerdings auch relativierende Hinweise auf Situationseinflüsse hinzufügen.

3.3.1 Erziehungseinstellungen und -praktiken

Da man sich Erziehung primär in der Richtung vom Erzieher zum Lerner vorstellt, fällt zunächst die Unterschiedlichkeit der Erzieher ins Auge. Damit verbindet sich meist die Annahme, daß diese Unterschiede sich auf die Lerner auswirken; daß es z. B. für die Entwicklung eines Kindes nicht gleichgültig ist, ob es bei den Eltern AB oder bei den Eltern XY aufwächst oder daß man bei Lehrer A »mehr lernt« als bei Lehrer B.

Die Forschung zu diesen Unterschieden ist gewöhnlich unter dem Begriff »Erziehungsstil« (ggf. auch »Unterrichtsstil«) zu finden. Besonders in den sechziger und siebziger Jahren wurden – vor allem im deutschsprachigen Raum – zahlreiche Untersuchungen zu dieser Thematik durchgeführt, insbesondere zum elterlichen Erziehungsstil (z. B. Tausch & Tausch 1977, Schneewind & Herrmann 1980). Die »Erziehungsstilforschung« ist dabei zu einem lockeren Sammelbegriff für einen größeren Problembereich geworden, der sich vor allem mit folgenden Aspekten befaßt: (a) Erziehermerkmale: In welcher Hinsicht unterscheiden sich Erzieher? (b) Erziehungswirkungen: Welche Erziehung wirkt wie? und (c) Bedingungen des Erziehungsstils: Warum erzieht jemand so oder so? An dieser Stelle soll es vor allem um den ersten Punkt gehen, um die Erziehermerkmale, zum Teil auch um deren Erklärung (Bedingungen). Von den Wirkungen wird in den jeweiligen Schwerpunktkapiteln »Erziehung« und »Unterricht« die Rede sein.

In die Unterschiedlichkeit von Erziehern fließen selbstverständlich ihre Unterschiede »als Person« mit ein (also Merkmale wie Ängstlichkeit, Intelligenz usw.). Gegenstand der Pädagogischen Psychologie sind jedoch nur die direkt erziehungsrelevanten Unterschiede. Es werden dabei häufig drei Arten von Erziehermerkmalen unterschieden:

- Erziehungsziele (z. B. »mein Kind soll ein zufriedener Mensch werden«);
- Einstellungen zur Art des Erziehens (z. B. »man sollte es immer mit gutem Zureden versuchen«) einschließlich sog. instrumenteller Überzeugungen (Mittel-Zweck-Annahmen wie z. B. »tägliches Kopfrechnen fördert die Konzentrationsfähigkeit«);
- Erziehungspraktiken, d. h. die tatsächlichen Verhaltensweisen (z. B. ein Verbot aussprechen).

In der Forschung geht es überwiegend um Einstellungen und Verhaltensweisen. Dabei werden die Einstellungen (wie auch Ziele) gewöhnlich durch Fragebögen oder Interviews erhoben, die Erziehungspraktiken durch direkte Beobachtung. Die Beobachtungen lassen sich in öffentlichen Einrichtungen wie Schule oder Kindergarten relativ leicht durchführen, schwerer hingegen in der Familie. Als Ausweg werden daher zuweilen auch sog. halbprojektive Verfahren eingesetzt: Man gibt konkrete Erziehungssituationen vor (Beispiel: »Ihr Kind trödelt bei seinen Hausaufgaben«) und bittet die Befragten, sich in die Situation hinzuversetzen und ohne langes Überlegen zu reagieren. Eine weitere Möglichkeit ist, die Kinder und nicht die Erzieher zu befragen (Beispiel aus dem Fragebogen von Stapf et al. 1972: »Wenn ich nicht sofort tue, was meine Mutter sagt, wird sie böse«: fast nie – selten – manchmal – oft – fast immer).

Es ist nun keineswegs unwichtig, ob man Ziele, Einstellungen oder beobachtbares Verhalten erfaßt. Denn von dem einen Merkmal kann man nicht ohne weiteres auf die anderen schließen. So können zwischen den Einstellungen zu bestimmten

Erziehungspraktiken und den tatsächlichen Verhaltensgewohnheiten durchaus große Diskrepanzen liegen (vgl. Nickel, Heller & Neubauer 1976). Eltern mögen es z. B. wünschenswert finden, ein Kind häufig zu ermutigen, praktizieren es jedoch nur selten. Was man mit Interviews und Fragebögen erheben kann, ist daher nicht mit beobachtbarem Verhalten gleichzusetzen. Die Antworten aus halbprojektiven Befragungen zu konkreten Situationen liegen wohl »zwischen« Einstellungen und Verhaltensgewohnheiten. Weiterhin macht es einen Unterschied, ob man die Erzieher selbst nach ihrem Verhalten befragt, ob man die Kinder befragt oder ob man das Verhalten gar durch neutrale Beobachter ermitteln läßt. Die Angaben aus den drei Quellen liegen zuweilen recht weit auseinander (vgl. Stapf 1980). Das reale Verhalten wird am besten durch geschulte Beobachter zu erfassen sein, aber für die Entwicklung eines Kindes ist möglicherweise wichtiger, wie dieses die Eltern erlebt (wobei allerdings bereits vorhandene Dispositionen des Kindes in dieses Erleben mit einfließen können).

Welches sind nun pädagogisch bedeutsame *Einstellungen und Verhaltensmerkmale,* in denen sich Eltern, Lehrer, Kindergärtnerinnen und andere Erzieher unterscheiden? Im Grunde können dies unübersehbar viele sein, und deshalb sucht man nach besonders wesentlichen Merkmalen, die den »Stil« von Erziehern ausmachen. Die Zusammenfassung verschiedener Merkmale zu einem Stil erscheint dann sinnvoll, wenn die Merkmale untereinander eng zusammenhängen, und wenn man aufgrund der Kenntnis dieses Stils die Merkmale der Erzogenen besser vorhersagen kann als anhand einzelner Merkmale (Nickel et al. 1976, S. 200).

Besonders deutlich wird das Prinzip der Gruppierung von Einzelmerkmalen bei den sog. *Typenkonzepten,* mit denen in den ersten Untersuchungen zum Erziehungsstil gearbeitet wurde. In den berühmten Experimenten von Lewin, Lippitt & White (1939) unterschied man den *»autokratischen«,* den *»demokratischen«* und den *»laissez-faire«* Stil. Diese Typen wurden intuitiv gebildet; jeder Typ wurde durch eine Verbindung mehrerer Merkmale charakterisiert, die im wesentlichen mit dem Ausmaß an Lenkung zu tun hatten (z. B. beim »autokratischen« Stil: jeweils nur über den nächsten Schritt informieren, Anweisungen geben u. a.; beim »demokratischen«: vorausschauend informieren, Vorschläge machen u. a.).

Obwohl sich mit »Typen« zweifellos einige bedeutsame

Unterschiede in erzieherischen Einstellungen und/oder Verhaltensweisen herausstellen lassen, haben sie sich für die Beschreibung von Erziehermerkmalen insgesamt doch als zu undifferenziert erwiesen. Erzieher lassen sich selten eindeutig dem einen oder anderen Typ zuordnen. Häufig sind sie z. B. in einer Hinsicht »demokratisch«, in anderer Hinsicht hingegen nicht. Des weiteren ist es möglich, daß die Merkmale, die zusammen als ein Typus gedacht werden, im Erziehungsalltag gar nicht so eng zusammengehören. Einen »autoritären« Stil etwa stellt man sich meist als dirigistisch und zugleich wenig liebevoll vor, einen »demokratischen« als wenig lenkend und freundlich. Gibt es aber nicht auch Erzieher, die dirigistisch und liebevoll sind (zusammen etwa »überbehütend«) oder wenig lenkend und zugleich wenig liebevoll (etwa »vernachlässigend«)?

Diese Nachteile führten dazu, die Typen durch sog. *Dimensionen* abzulösen. Die Dimensionen sind globale Kriterien, nach denen sich die Einstellungen und Verhaltensweisen charakterisieren lassen, und zwar nicht als »Entweder-oder-Entscheidung«, sondern durch Angabe des Ausprägungsgrades auf einer Schätzskala. Besonders häufig erwähnte Dimensionen sind *emotionale Wärme versus Kälte* (auch: Wertschätzung–Geringschätzung, Liebe–Feindseligkeit) sowie das *Ausmaß der Lenkung* (ähnlich: Kontrolle–Autonomie, Restriktivität–Permissivität). Sie wurden in vielen Untersuchungen als bedeutsame Merkmale ermittelt, in denen sich Erzieher unterscheiden, und zwar nicht nur Eltern, sondern auch Lehrer, Ausbilder im Betrieb u. a. Wichtig ist: Die Dimensionen sind unabhängig voneinander. Bei der Beschreibung eines Erziehers werden also das Ausmaß an Lenkung und das Ausmaß an emotionaler Wärme getrennt eingeschätzt. Hohe Lenkung beispielsweise kann daher ebenso mit Kälte kombiniert sein wie mit hoher Wärme.

Die Dimensionen werden nicht einfach intuitiv, sondern auf empirischer Grundlage gebildet, indem man mit einer Vielzahl von Beschreibungen beginnt und sie dann aufgrund des Zusammenhanges untereinander (mittels des statistischen Verfahrens der Faktorenanalyse) auf wenige Aspekte reduziert – eben auf die Dimensionen. Es gibt allerdings nicht »die« allgemeingültigen Dimensionen; denn welche man findet, hängt unter anderem davon ab, welche Einzelmerkmale im Ausgangsmaterial überhaupt berücksichtigt und welche Erhebungsmethoden verwendet werden. Der emotionale und der Lenkungsaspekt wurden, wie gesagt, häufig ermittelt. Doch haben verschiedene

Autoren aufgrund ihrer Befunde noch weitere Dimensionen vorgeschlagen, z. B. »gelassene Distanziertheit« vs. »ängstliches Engagement« für die elterliche Erziehung (Becker 1964) oder »ideenreiches« vs. »langweilig-routinemäßiges« Verhalten für den Lehrstil im Unterricht (Ryan, zit. nach Hofer 1974).

Während Dimensionskonzepte von einer möglichst großen Palette von Merkmalen ausgehen, bevor diese zu wenigen globalen Grundaspekten zusammengefaßt werden, wählt man bei sog. *Apriori-Konzepten* von vornherein nur bestimmte Merkmale aus, nämlich solche, die man aufgrund einer Theorie (meist Lerntheorie) für pädagogisch bedeutsam hält, und zwar wiederum für ausgewählte Merkmale des Lerners (»Teilbereichstheorien« nach Krohne 1988). Ein bekanntes Beispiel ist das Zwei-Komponenten-Modell der Marburger Gruppe (Stapf et al. 1972). Es kennzeichnet den elterlichen Erziehungsstil durch das *Ausmaß von positiven Bekräftigungen* (»Unterstützung«) und das *Ausmaß von Bestrafungen* (»Strenge«) und setzt diese mit »Gebotsorientierung« vs. »Verbotsorientierung« des Lerners in Verbindung (Näheres s. S. 86 f). In analoger Weise läßt sich das Unterrichtsverhalten nach bestimmten, theoretisch begründeten Merkmalen charakterisieren (z. B. Gebrauch von Strukturierungshilfen; Ausubel u. a. 1980).

Wie immer man die individuellen Unterschiede im »Erziehen« charakterisieren mag – nicht unproblematisch ist eine Annahme, die durch den Begriff des »Stils« nahegelegt wird: daß nämlich Erzieher sich durchweg in einer persontypischen und gleichbleibenden Weise verhalten. Neutraler ist es da, von Erziehungs*verhalten* zu sprechen und zunächst offen zu lassen, wie weit es außer von der Person auch von Situationsfaktoren bestimmt wird.

Als verhaltensbestimmende Faktoren in der *Person* sind dann unter anderem die Erziehungseinstellungen und -ziele sowie die pädagogischen Kenntnisse und Fertigkeiten anzusehen. Diese könnte man ihrerseits aus der individuellen Entwicklungsgeschichte erklären (Erfahrungen in der eigenen Herkunftsfamilie, in der jeweiligen Kultur, der weltanschaulichen Bezugsgruppe usw., vielleicht auch Einflüsse von Büchern, Fernsehen usw.).

Das Verhalten von Erziehern hängt aber zweifellos – wie jedes andere Verhalten – nicht nur von ihren individuellen Dispositionen ab, sondern auch von den *externen, situativen Faktoren.* Hieran zu erinnern, ist keineswegs überflüssig, denn alltagspsychologisches Denken tendiert dazu, das Verhalten anderer Menschen primär personal zu erklären und externe Faktoren wenig zu beachten, während bei der Erklärung des eigenen Verhaltens die Tendenz eher umgekehrt ist (vgl. Jones & Nisbett 1971). Im Falle von Erzieherverhalten könnte sich dies etwa so äußern, daß ein außenstehender Beobachter stark lenkendes und restriktives Verhalten beispielsweise auf »autoritäre Einstellungen« des Erziehers zurückführt, während der Betreffende selbst vielleicht auf situative Faktoren verweisen würde (»Bei dieser disziplinlosen Klasse muß man hart durchgreifen, sonst geht man völlig baden«). Zwar sind dies nur Tendenzen, weil neben der Beobachterperspektive (von außen auf eine handelnde Person schauen bzw. von sich selbst aus auf die Situation schauen) auch andere Momente (etwa die Folgen für das Selbstwertgefühl) in die Art der subjektiven Erklärung (Attribution) hineinspielen. Aber der Gefahr einer Überschätzung personaler Faktoren beim Verhalten anderer Menschen sollte man sich bewußt sein und daher stets auch situativen Faktoren Beachtung schenken.

Die Rolle der Situation ist bereits in der Vorstellung von sozialer Interaktion, wie sie zuvor erörtert wurde, mitenthalten: Die anderen bestimmen mit, wie ich mich verhalte, und zwar sowohl als vorangehende Bedingung (Anregung durch ihr Verhalten) wie auch als nachfolgende Bedingung (ihre Reaktion auf mein Verhalten). Weitere situative Faktoren kommen ins Spiel, wenn man etwa fragt: Bei welchen Anlässen, in welcher Umgebung usw. verhält Erzieher X sich so restriktiv? Je nachdem ob es z. B. um Probleme bei den Hausaufgaben, um Konflikte mit anderen Kindern, oder um »störendes« Verhalten des Kindes gegenüber den Eltern geht, schlagen Eltern oft ganz unterschiedliche Erziehungsmaßnahmen vor (Genser et al. 1980 in einer halbprojektiven Befragung). Und für das Lehrerverhalten finden sich Hinweise, daß das Ausmaß der direkten Lenkung (wie Anweisungen, Fragen, Aufrufen) nicht einfach eine stabile Lehrerkonstante ist, sondern durchaus mit dem jeweiligen Unterrichtsfach, der Unterrichtsform und der momentanen Stimmung variieren kann (Nickel & Fenner 1974). Dies schließt natürlich nicht aus, daß bestimmte Erzieher ein über viele Situationen hinweg gleichbleibendes Verhalten praktizieren.

Die Situationsbezüge zu berücksichtigen, ist oft sehr hilfreich, wenn es um die Veränderung von Erziehungsverhalten geht. Hier macht es einen Unterschied, ob man allgemein »weniger Lenkung«, »mehr Ermutigung« o. dgl. zum Ziel setzt oder aber konkretes Verhalten für konkrete Situationen.

All diese Anmerkungen bedeuten nicht, daß der Person-Aspekt beim Erziehungsverhalten gering einzuschätzen wäre, sondern nur, daß sein Gewicht zu relativieren ist.

3.3.2 Alter und Persönlichkeit der Lerner

Wie jeder weiß, sind Kinder und andere Lerner unterschiedlich je nach Alter, aber auch innerhalb einer Altersstufe. Eltern, die mehrere Kinder haben, sind oft erstaunt, wie verschieden Geschwister sein können. In jeder Schulklasse (also der gleichen Altersstufe) gibt es große Unterschiede zwischen Schülern sowohl in ihren Leistungen als auch in ihrer »Persönlichkeit«.

Diese Unterschiedlichkeit verdient in zweierlei Hinsicht besondere Beachtung: (a) Das Verhalten der Erzieher ist nicht gegenüber allen Lernern gleich. Denn es wird, wie erörtert, in der aktuellen Interaktion auch vom Verhalten der Lerner mitbestimmt. Und dieses hängt eben zum Teil von deren individuellen Dispositionen ab. (b) Dieselben Erziehungsverhaltensweisen werden nicht bei allen Lernern dieselben Wirkungen haben, weil sie eben auf unterschiedliche Dispositionen treffen.

Der zunächst offenkundigste Unterschied zwischen Lernern ist der *Altersunterschied.* Hier ist die differentielle Wirkung wohl auch allen Erziehern geläufig. Es ist selbstverständlich, daß man Sechsjährigen das Lesen beibringt, nicht aber Zweijährigen, oder daß man bei Grundschulkindern anschaulicher erklären muß als bei Jugendlichen.

Der alterstypische Entwicklungsstand läßt sich als alterstypisches Dispositionsgefüge verstehen: Bestimmte geistige und motorische Fähigkeiten, soziale Bedürfnisse usw. würde man in gewissem Grade einfach aufgrund der erreichten Altersstufe erwarten. Die alterstypische Entwicklung ist der klassische Gegenstand der Entwicklungspsychologie (z. B. Nickel 1982, Oerter & Montada 1987) und hat von jeher auch pädagogisches Interesse gefunden. Beispiele sind etwa die Frage nach der »Schulreife«, nach Stadien der Denkentwicklung oder Veränderungen in der Pubertät. Man versucht, die alterstypische Entwicklung präzise zu erfassen, um daraus Konsequenzen abzuleiten, sei es für den persönlichen Umgang mit einzelnen Kindern (z. B. bei »Trotz« oder bei der Ablösung vom Elternhaus), sei es für gesellschaftspolitische Entscheidungen (Einschulungsalter, Mündigkeit, Jugendstrafrecht usw.).

Doch innerhalb jeder Altersstufe gibt es wiederum große *individuelle Unterschiede* – die Personmerkmale im engeren Sinne. Das Alterstypische hat mithin seine Grenzen. Man kann nicht sagen, wie »die« Dreijährigen oder »die« Siebenjährigen sind. Vielmehr findet man eine breite Streuung des »normalen« (des medizinisch und psychologisch unauffälligen) Entwicklungsstandes. Einige Beispiele (aus Asendorpf 1988, S. 66 ff): Zum ersten Mal alleine gehen können Kinder in der Spanne von 9 bis 17 Monaten. Oder: 4- und 5jährige im Kindergarten unterscheiden sich außerordentlich in der Art ihrer Kontaktaufnahme: »Manche tun es fast nie in schüchterner Weise, manche sind dabei fast immer schüchtern, nur wenige nehmen überhaupt aggressiv Kontakt auf, aber unter diesen wenigen Kindern gibt es einige mit sehr hoher Aggressivitätsrate«.

Wenn man also eine größere Zahl von Menschen verschiedener Altersstufen miteinander vergleicht, wird man häufig feststellen, daß die Unterschiede *innerhalb* einer Altersstufe weit größer sind als der durchschnittliche Unterschied *zwischen* den Altersstufen. Das macht es ratsam, Lerner primär als Individuen zu betrachten und nicht nur als Sechsjährige usw.

Ähnliches gilt für *geschlechtstypische* Unterschiede. Mit ihnen hat sich die Forschung wieder vermehrt beschäftigt, wobei es darum geht, welche psychischen Unterschiede überhaupt zu finden sind und welche Rolle dabei Anlage und Umwelt spielen. Häufiger erwähnte Unterschiede sind beispielsweise, daß (im großen und ganzen) die sprachlichen Fähigkeiten von Mädchen/Frauen größer sind als von Jungen/Männern, während diese bezüglich des räumlichen und mathematischen Denkens überlegen sind (vgl. Bierhoff-Alfermann 1977, Pervin 1981). Wichtig ist nun aber, daß dies Durchschnittswerte (!) sind. Sie sagen wenig über den Einzelfall aus. Der Unterschied zwischen den Durchschnittswerten ist bei weitem nicht so groß wie die Unterschiede innerhalb der Kategorie Mädchen bzw. innerhalb der Kategorie Jungen. Für die Erziehung bedeutet dies wiederum: *Welchen* Jungen bzw. *welches* Mädchen man vor sich hat, ist viel bedeutsamer als das Geschlecht per se.

Zur Kennzeichnung der individuellen Unterschiede von Lernern gibt es keine gebräuchlichen Klassifikationssysteme von der Art, wie sie bei den Erziehermerkmalen vorgestellt wurden. Die dort genannten Typen und Dimensionen sollten die Personen auch lediglich in ihrer Funktion »als Erzieher« charakterisieren, während die Unterschiedlichkeit der Lerner praktisch

»in jeder Hinsicht« von Interesse ist, z. B. bezüglich Intelligenz, Ängstlichkeit, Extraversion, Hilfsbereitschaft, Selbstkonzept u. a. Allerdings: Je nachdem was ein Erzieher für wichtig hält und als Ziel verfolgt und/oder was Probleme bereitet, können Lerner bevorzugt nach diesen oder jenen Merkmalen charakterisiert werden.

So treten unter der Leistungsperspektive von Unterricht zum einen die intellektuellen Fähigkeiten, Fertigkeiten und Kenntnisse hervor, zum anderen Unterschiede bezüglich der Ausprägung von Lernmotiven (z. B. Interessen, Leistungsstreben u. a.). Bei der Erziehung im engeren Sinne, die sich auf die sozial-emotionale Entwicklung richtet, mögen z. B. Merkmale wie Aggressivität, Unruhe, Ängstlichkeit, Selbstsicherheit, für manche Eltern vielleicht auch schlichte »Gehorsambereitschaft« im Vordergrund stehen. Eine empirische Untersuchung an Lehrern ergab als typische Dimensionen, nach denen sie Schüler charakterisieren, die folgenden fünf Merkmale: Begabung, Anstrengung, Diszipliniertheit, soziale Aktivität und seelische Robustheit (Hofer 1986, S. 84). Besonders leicht rücken Merkmale in den Blick, die von Sozial- oder Leistungsnormen abweichen und als »Störungen« beurteilt werden (s. hierzu Kap. 4.7 und 5.8).

Nach welchen Kriterien auch immer man die Merkmale der Lerner beschreiben mag – um das aktuelle Verhalten, Denken, Streben usw. zu erklären, ist, wie schon bei den Erziehern, auch bei den Lernern das Gewicht der »Person« zu relativieren um den Einfluß externer, *situativer* Faktoren. Es ist ein großer Unterschied, ob man ein Kind als »aggressiv«, als »ängstlich« o. dgl. charakterisiert, oder ob man hinzufügt, bei welchen Anlässen, bei welchen Personen usw. das fragliche Verhalten und Erleben auftritt. Fragen, die dazu dienen, die Rolle der Situation mit zu erfassen, können also beispielsweise lauten: Wem gegenüber äußert das Kind seine Wünsche durch Jammern, Quengeln, Weinen, und wem gegenüber nicht (z. B. bei Vater, Mutter, Oma, Schwester)? Oder: Bei welchen Aufgaben, Themen, Lernmaterialien usw. verhält sich Schüler Y so teilnahmslos (redefreudig, fleißig usw.)? Hierdurch wird möglicherweise deutlich, daß die personale Disposition spezifischer ist als es ein Eigenschaftswort suggeriert (»ängstlich in bezug auf ...« statt »ängstlich«), oder daß ein Verhalten eher aus der sozialen Interaktion mit dem Erzieher (oder anderen Personen) entsteht als lediglich aus der Person des Lerners.

3.4 Pädagogisch-psychologische Tätigkeiten

Bei den vorangehend skizzierten Aspekten »Entwicklung«, »soziales Geschehen« und »Person-Unterschiede« ging es um grundlegende Tatbestände des psychischen Geschehens und ihre pädagogische Relevanz. »Grundlegend« – in dem Sinne, daß es sich durch alle Themenbereiche der Pädagogischen Psychologie hindurchzieht –, ist aber auch das, was man »tut«, wenn man sich mit psychologischen Fragen auseinandersetzt, d. h. wenn man Erkenntnisse zu gewinnen oder anzuwenden sucht. Bei diesen Tätigkeiten geht es sozusagen um formale Aspekte, während es zuvor um inhaltliche ging. Genaugenommen ziehen sich diese Tätigkeiten nicht nur durch die Pädagogische Psychologie, sondern durch die gesamte Psychologie hindurch. Wir behandeln sie hier aber wiederum mit pädagogisch-psychologischen Akzenten.

3.4.1 Fünf Grundtätigkeiten

Es lassen sich mehrere Arten von Tätigkeiten unterscheiden, von denen zumindest die ersten vier in Lehrbüchern manchmal unter »Aufgaben der Psychologie« zu finden sind (vgl. Nolting & Paulus 1990):
- Beschreiben (Wie verhält sich Kind X gegenüber seinen Mitschülern?);
- Erklären (Welchen Einfluß hat die elterliche Erziehung auf das schüchterne Verhalten?);
- Vorhersagen (Wird sich das Verhalten in der Pubertät vermindern oder wird es sich verstärken?);
- Verändern (Was kann man tun, um selbstsicheres Verhalten zu fördern?);
- Bewerten (Ist das jetzige Verhalten von X »unangemessen«?).

Diese Aktivitäten haben gewissermaßen universellen Charakter. Sie liegen jenseits aller Themen, Gebiete und Theorierichtungen, und es ist unmöglich, mit psychologischen Fragen umzugehen, ohne eine dieser Tätigkeiten auszuüben. Allerdings müssen nicht in jedem Fall alle gleichzeitig zum Zuge kommen.

Das *Beschreiben* ist sozusagen die elementarste Tätigkeit; ohne Beschreibungen sind auch die anderen Tätigkeiten nicht sinnvoll möglich. Beim Beschreiben macht man Aussagen über den Ist-Zustand von Sachverhalten, über Erscheinungsformen und Merkmale. Die Art der Beschreibung kann sehr konkret sein, wenn man bestimmte Beobachtungen mitteilt (»Max schreibt in seinem Heft«), schon abstrakter, wenn man verschiedene Beobachtungen zu einer Einschätzung zusammenfaßt (»Max ist fleißig«) und sehr abstrakt und allgemein, wenn man Definitionen formuliert (»Leistungsmotivation ist das Bestreben ...«). Zum Beschreiben können auch Messungen bzw. quantitative Angaben gehören (»X erhielt für räumliches Vorstellungsvermögen einen Wert von ...«) sowie das Ordnen und Klassifizieren (»Bei den Merkmalen des Erzieherverhaltens lassen sich folgende Dimensionen unterscheiden ...«).

Das *Erklären* besteht in Aussagen über das »Warum« von Sachverhalten, also über Ursachen, Bedingungen, Abhängigkeiten. Es setzt daher die Beschreibung von mindestens zwei Sachverhalten voraus, wobei der eine den anderen bedingen soll. Dabei ist es wichtig, daß die beiden Sachverhalte unabhängig voneinander beschrieben werden, sonst wäre es nur eine Pseudo-Erklärung. Die Aussage »X bemüht sich nicht, weil er faul ist«, wäre keine Erklärung, sondern eine erweiterte Beschreibung wenn man die Aussage »faul« ihrerseits nur mit dem Verweis auf das mangelnde Bemühen erläutern kann (»faul« = mangelndes Bemühen). Der erklärende Sachverhalt »faul« müßte also eigenständig definiert sein (z. B. »ohne Interesse am Lernstoff«), um überhaupt als Erklärung dienen zu können (ob die jeweilige Erklärung zutrifft, ist eine ganz andere Frage). Viele Sachverhalte in der Psychologie (z. B. Fähigkeiten, Motive) können allerdings nicht direkt beobachtet, sondern nur erschlossen und als gedachte Größe (»hypothetisches Konstrukt«) beschrieben werden.

Das *Vorhersagen* umfaßt ebenfalls die Beschreibung von wenigstens zwei Sachverhalten. Da ist einmal das, was vorausgesagt werden soll, das sog. Kriterium (z. B. der Schulerfolg), und zum andern das, worauf sich die Voraussage stützt, der sog. Prädiktor (z. B. ein Lehrergutachten, ein Test). Gewöhnlich wird der Vorhersage auch eine Erklärung, also die Annahme eines kausalen Zusammenhangs zugrundeliegen (z. B. zwischen der begutachteten »Strebsamkeit« und dem »Schulerfolg«).

Das *Verändern* gilt als die »eigentliche« pädagogische Aufgabe. Und stärker als die übrigen Tätigkeiten wird wohl das Verändern als »Handeln« empfunden. Obwohl es insofern einen anderen Charakter hat, enthält das Verändern doch auch Beschreibungen (Wie ist die Ausgangslage? Wie lautet das Ziel?), Erklärungen (Warum könnte diese Maßnahme eine Hilfe sein?), Vorhersagen (Was wird passieren, wenn wir dieses oder jenes tun?) und nicht zuletzt auch Wertungen (Was ist veränderungsbedürftig? Welches Ergebnis ist befriedigend?).

Kennzeichnend für das *Bewerten* ist ein Gütekriterium, nach dem man Urteile wie »angemessen« und »unangemessen«, »gut« und »schlecht« usw. fällt. Wertungen sind daher »Soll-Aussagen«, während Beschreibungen »Ist-Aussagen« sind. Sie sind immer subjektiv, während Beschreibungen sowohl subjektiv (Einschätzung eines Ist-Zustandes) als auch weitgehend objektiv (Beobachtungen) sein können. Weil beide subjektiv sind, werden Bewertungen und einschätzende Beschreibungen leicht verwechselt; vielleicht auch deshalb, weil für beide häufig der Begriff der Beurteilung verwendet wird. – Das Bewerten gilt übrigens in der Psychologie gewöhnlich nicht als wissenschaftliche Aufgabe. Wir fügen es aber hinzu, weil es quasi allgegenwärtig ist, meist in Zusammenhang mit einer anderen Aktivität. Gewertet wird z. B. schon dann, wenn man einen wissenschaftlichen Erklärungsversuch für »angemessen« oder eine Veränderungsmethode für »ungeeignet« erachtet. Überdies ist, wie früher schon erörtert, bei pädagogischen Fragen das Bewerten auch explizit eine wichtige Aufgabe; so bedeutet ja die Entscheidung, daß dieses oder jenes Erziehungsziel angestrebt werden »soll«, eine Wertung.

Die genannten fünf Tätigkeiten werden, wie gesagt, nicht nur in der wissenschaftlichen, sondern auch in der naiven Alltagspsychologie ausgeübt. Laien stellen allerdings weniger strenge Anforderungen an Sorgfalt und Präzision; ja, sie sind sich oft gar nicht bewußt, welche Art von Tätigkeit sie gerade praktizieren und halten sie nicht scharf auseinander. So können, wie im Falle von Pseudo-Erklärungen, Beschreibungen mit Erklärungen verwechselt werden, und besonders leicht werden Beschreibungen mit Wertungen vermischt. Wenn etwa die Frage »Welchen Erziehungsstil praktiziert Lehrer X?« die Antwort »Ich finde ihn zu autoritär« gegeben wird, so ist hier kaum noch zu unterscheiden, was »ist« und wie der Antwortende persönlich darüber denkt. Gerade weil im Erziehungsbereich so viele Wertungen getroffen werden, besteht die Gefahr, daß das Werten über das neutrale Beschreiben des Ist-Zustandes und die unvoreingenommene Suche nach seinen Bedingungen dominiert.

Das unbemerkte Vermischen und Verwechseln ist etwas ganz anderes als ein absichtliches Kombinieren verschiedener Tätigkeiten. Nimmt man das Beschreiben, Erklären, Vorhersagen, Verändern und Bewerten als Grundtypen, so können andere Aktivitäten als Zusammensetzung aus mehreren dieser Grundtypen verstanden werden.

So gehören zur *Forschung* fast immer mehrere oder gar alle fünf Aktivitäten. Die *Diagnose* als Tätigkeit (Diagnostizieren) ist meist eine Mischung aus dem Beschreiben von Sachverhalten und dem Erklären (von ihr wird anschließend noch ausführlicher die Rede sein). Auch der Begriff der *Evaluation* läßt sich den genannten Typen, nämlich dem Beschreiben und Bewerten, zuordnen. Die wissenschaftliche Evaluation meint eine empirische Erfolgskontrolle, mit der beispielsweise untersucht wird, welche von zwei Lehrmethoden bestimmte Lehrziele eher erreicht. Zwar läuft die Evaluation letztlich auf ein »Bewerten von Handlungsalternativen« hinaus (Wottawa 1986); die hauptsächliche Arbeit besteht aber zunächst im »Feststellen, was ist«, also in der Befunderhebung, etwa durch systematische Beobachtung und andere Beschreibungsverfahren. Und dieser Beschreibungsanteil muß wiederum von der eigentlichen Bewertung (im Beispiel etwa: ob die Vorteile von Methode A »stärker wiegen« als ihre Nachteile) unterschieden werden, weil auch bei derselben Befundlage die Wertungen von zwei Urteilern durchaus unterschiedlich ausfallen könnten.

3.4.2 Diagnostik

In der Praxis stellt sich häufig die Aufgabe, sich von einem bestimmten Problem ein »Bild« zu machen. Dabei geht es dann, anders als in der Forschung, nicht um eine Problemkategorie (z. B. Lernstörungen), sondern um einen ganz konkreten Fall (z. B. um die Lernstörung von Olaf M., die Disziplinlosigkeit in der Klasse 6 b). Alle Mittel und Maßnahmen, die der genauen Feststellung des fraglichen Sachverhaltes und seiner Bedingungen dienen, werden gewöhnlich unter dem Oberbegriff Diagnostik zusammengefaßt. Als Tätigkeit umfaßt das Diagnostizieren somit beschreibende und erklärende Anteile. Zwar ist mit »Diagnose« manchmal lediglich die Erklärung des betreffenden Sachverhaltes gemeint. Doch das diagnostische Tun (z. B. die systematische Beobachtung oder die Verwendung von Tests) hat zunächst einmal beschreibenden Charakter: Es wird ermittelt, welches Verhalten die Person zeigt, wie sie sich selbst einschätzt, welche intellektuellen Fähigkeiten stark oder schwach ausgeprägt sind usw. Eine »Erklärung« für diesen oder jenen Sachverhalt entsteht aus all diesen Befunden erst im Kopf des Untersuchers.

Die Diagnostik dient zwei sehr unterschiedlichen Zwecken, die man als Selektion und Zuordnung einerseits und Modifikation andererseits bezeichnen kann (vgl. Krapp 1986). Bei der Diagnostik zwecks *Selektion und Zuordnung* versucht man bestimmte Personmerkmale zu ermitteln und die Person dann ggf. bestimmten Umweltbedingungen zuzuordnen. Beispiele aus dem pädagogischen Bereich: Die Feststellung der Schulreife oder der Eignung für eine höhere Schule. Die Diagnose ist hier zugleich eine Prognose: Man sagt voraus, daß die untersuchte Person bestimmten Anforderungen gerecht bzw. nicht gerecht werden wird. Die Aussagen stützen sich dabei auf empirische Befunde zum Voraussagewert bestimmter Verfahren. Es sind allerdings immer nur Wahrscheinlichkeitsaussagen, sie treffen natürlich nicht in jedem Einzelfall zu. Fehlprognosen lassen sich auch bei großer diagnostischer Sorgfalt und guten Instrumenten nicht vermeiden. Das liegt zum Teil daran, daß diese Diagnostik Personmerkmale notgedrungen wie ziemlich statische Größen behandeln muß, eventuelle Weiterentwicklungen also schwer erfassen kann. Ob die Prognose eintrifft oder nicht, hängt außerdem von nicht-diagnostizierbaren Zufälligkeiten in den Umweltanforderungen ab (z. B. an welche Lehrer mit welchen Maßstäben ein Kind gerät).

Die diagnostische Arbeit kann immer nur ein Hilfsmittel sein, sie liefert nicht schon die pädagogischen Entscheidungen. Diese haben oft viele Für und Wider, Wünsche von Betroffenen, vielleicht auch Rechtsfragen, Aufnahmekapazitäten u. dgl. zu berücksichtigen. Selbst wenn die bestmöglichen diagnostischen Verfahren eingesetzt werden, mag es zuweilen fragwürdig sein, weitreichende Entscheidungen zu treffen, von denen vielleicht Lebenschancen abhängen. Wegen der vielfältigen Probleme spielt die Selektions-Diagnostik im pädagogischen Bereich (anders als etwa im wirtschaftlichen) eine eher untergeordnete Rolle (vgl. Krapp 1986).

Wichtiger ist die Diagnostik im Dienste der *Modifikation,* also der eigentlichen pädagogischen Aufgabe. Am geläufigsten ist hier die Feststellung von Lernerfolgen durch schriftliche und mündliche Prüfungen, wozu außer den bekannten Klassenarbeiten auch standardisierte Leistungstests gehören können (s. Kap. 5.7). Steht hier die Kontrolle am Ende einer Lernphase, so ist es für manche pädagogischen Maßnahmen erforderlich, schon vorher Diagnosen zu stellen. Dies gilt besonders bei Lernstörungen und Verhaltensauffälligkeiten. Denn äußerlich ähnliche Probleme, wie etwa schwache Schulleistungen oder antisoziales Verhalten, können sehr unterschiedliche Gründe haben. Liegen hierzu diagnostische Befunde vor, lassen sich oft leichter geeignete Therapie- oder Fördermaßnahmen auswählen. Diagnostik kann darüber hinaus als Begleitung dieser Maßnahmen sinnvoll sein, um rechtzeitig zu erkennen, ob sie tatsächlich hilfreich sind oder vielleicht ungewollte Nebenwirkungen zeigen.

Zu den *Methoden* der pädagogischen Diagnostik zählen hier nicht nur standardisierte psychologische Tests (z. B. Entwicklungstests, Fähigkeitstests, Tests zur Fehleranalyse der Rechtschreib- oder Mathematikleistungen), sondern auch gezielte Verhaltensbeobachtungen oder Gespräche, wie sie von Pädagogen in der Schule oder im Heim selbst durchgeführt werden können (vgl. etwa Wahl, Weinert & Huber 1984).

Inhaltlich kann sich die diagnostische Arbeit auf verschiedene psychische Bereiche richten (vgl. Klauer 1978, Ingenkamp 1985). Am häufigsten untersucht werden intellektuelle und sprachliche Fähigkeiten und Fertigkeiten, daneben auch emotional-motivationale Dispositionen (Ängstlichkeit, Interessen u. a.). In der Regel bezieht sich die Diagnose auf eine einzelne Person. Zuweilen geht es aber auch um Beziehungen zwischen verschiedenen Personen. Ein Beispiel hierfür wäre die Erstellung eines Soziogramms über die Beliebtheitsstrukturen in einer Schulklasse (vgl. Petillon 1980).

Die Qualität eines diagnostischen Verfahrens wird, unabhängig vom Inhalt, nach einigen formalen *Gütekriterien* bewertet (Lienert 1967). Hierzu gehört, daß das Verfahren von der Person des Untersuchers möglichst unabhängig sein soll (sog. Objektivität), daß die Meßwerte darüber hinaus möglichst wenig von Zufallsfaktoren abhängig sein sollen (Meßgenauigkeit oder Reliabilität), und last but not least, daß es möglichst genau das mißt, was es zu messen vorgibt (Gültigkeit oder Validität). Anders als bei »intuitiven« Diagnoseurteilen wird bei standardisierten diagnostischen Verfahren durch empirische Untersuchungen überprüft, in welchem Maße die genannten Kriterien erfüllt werden. Testbegleitbücher informieren den Benutzer über die Ergebnisse dieser Überprüfungen.

3.4.3 Förderung, Korrektur, Prävention

Das »Verändern« als das eigentliche pädagogische Tun läßt sich in verschiedener Weise untergliedern. Mehrfach wurden die Praxisfelder Erziehung (im engeren Sinn) und Unterricht erwähnt, und demgemäß kann man »Unterrichten« und »Erziehen« als zwei Haupttypen pädagogischer Tätigkeit ansehen. Weiterhin wird häufig das »Beraten« genannt. Obwohl sich Beratung im Rahmen von Erziehen und Unterrichten abspielen kann, mag man es eigens hervorheben, um damit eine besondere Art des Umgangs mit dem Lerner herauszustellen: Beim Beraten versucht man, Hilfen für sinnvolles Entscheiden und Handeln zu geben, doch liegen die Initiative und die Entscheidungen bei der Person, die beraten wird.

Eine andere Unterscheidung von Veränderungsaufgaben ist die in Förderung, Korrektur und Prävention. Diese Unterscheidung liegt sozusagen quer zu Erziehen und Unterrichten (auch zu Beraten). Die drei Typen stecken gewissermaßen in ihnen drin, und sie gelten auch nicht nur für den pädagogischen Bereich. Aus diesen Gründen und weil Erziehen und Unterrichten in den beiden folgenden Kapiteln ohnehin zur Geltung kommen, möchten wir die Grundtätigkeit des Veränderns an dieser Stelle in Förderung, Korrektur und Prävention differenzieren:

1. Pädagogische Tätigkeiten haben überwiegend den Charakter einer *Förderung* (oder Optimierung): Man versucht Dispositionen zu entwickeln, die als »höher« angesehen werden als der derzeitige Zustand des Lerners. Dabei sind nach oben im Prinzip keine Grenzen gesetzt; auch die besten Schüler können eine Begabtenförderung erhalten, auch ein selbständiges Kind kann noch selbständiger werden. Der Grund für die Förderung ist also nicht, daß der jeweilige Ausgangszustand unnormal erscheint. Vielmehr geht es um die positive Weiterentwicklung eines normalen und positiven Ausgangszustandes.

2. Beim Verändern als *Korrektur* hingegen gilt der Ausgangszustand als »unnormal«, »gestört« oder »problematisch«. Es geht also mehr darum, etwas Negatives (eine »Störung«) aufzuheben, als etwas Positives zu entwickeln. In diesem Sinne kann auch der Begriff der »Intervention« verwendet werden (z. B.

Huber & Schlottke 1986). Therapeutische oder heilpädagogische Arbeit dienen dieser Zielsetzung. Aber auch im normalen Rahmen von Erziehung und Unterricht kommt dies häufiger vor, etwa wenn Lehrer versuchen, Unterrichtsstörungen abzubauen, oder wenn Eltern versuchen, ihren Kindern »ungezogenes« Verhalten auszutreiben (vgl. Kap. 4.7 und 5.8 über »Verhaltensauffälligkeiten« bzw. »Lernstörungen«).

Allerdings: der Übergang vom Fördern zum Korrigieren ist zuweilen fließend, da nicht scharf zu definieren ist, wann ein Ausgangszustand noch normal ist. Im übrigen gibt es auch ein Korrigieren durch Fördern, wenn man weniger den Ausgangszustand als die Art des Herangehens betrachtet: Dasselbe Problem kann man zu überwinden versuchen, indem man das Unerwünschte direkt »bekämpft« (z B. durch Bestrafung), oder aber indirekt, indem man das Erwünschte fördert (z. B. durch Vorbilder und Belohnung). Das zweite Vorgehen hat für die sozial-emotionale Erziehung größte Bedeutung (vgl. Kap. 4).

3. Bei der *Prävention* (Vorbeugung) geht es darum, das zukünftige Eintreten eines unerwünschten Zustandes zu verhindern. Auch dies zählt zu den üblichen Zielen von Erziehung und Unterricht, sofern man beispielsweise durch gute Schulbildung verhindern will, daß Kinder später einmal »in der Leistungsgesellschaft scheitern« oder »auf die schiefe Bahn geraten«. Hier fallen Prävention und Förderung praktisch zusammen. Im engeren Sinne geht es bei der Prävention darum, spezifizierte Risiken zu vermindern, also z. B. Verkehrsunfällen, Drogenkonsum oder Gewalttätigkeiten in der Familie vorzubeugen.

Noch einmal sei betont, daß pädagogisches Verändern in jedem Falle nicht nur eine Frage von Wegen und Mitteln ist, sondern stets auch eine Auseinandersetzung mit Zielen erfordert. Des weiteren stellt die Praxis Anforderungen, die mit pädagogisch-psychologischen »Kenntnissen« allein nicht zu erfüllen sind. Erforderlich sind häufig auch die Beherrschung von Handlungsfertigkeiten und das Einschleifen neuer Gewohnheiten. Doch selbst beste Kenntnisse und Fertigkeiten können an Grenzen stoßen, die außerhalb des jeweiligen Erziehers liegen. So können z. B. mangelnde Kooperation im Lehrerkollegium oder Rechtsvorschriften bestimmte Maßnahmen undurchführbar machen, die psychologisch durchaus sinnvoll erscheinen. Nicht auf die Kenntnis und Beherrschung solcher Maßnahmen kommt es dann in erster Linie an, sondern auf Handlungswissen für das Überwinden und Umgehen solcher Hindernisse.

Literaturempfehlungen zu Kap. 3:

Asendorpf J. (1988). *Keiner wie der andere. Wie Persönlichkeitsunterschiede entstehen.* München: Piper.

Brunner, E. J. & Huber, G. L. (1989). *Interaktion und Erziehung.* München: Psychologie Verlags Union.

Dollase, R. (1984). *Grenzen der Erziehung.* Düsseldorf: Schwann.

Edelmann, W. (1986). *Lernpsychologie. Eine Einführung* (2., neu bearb. Aufl.). München: Psychologie Verlags Union.

Nickel, H., Heller, K. & Neubauer, W. (1976). *Psychologie in der Erziehungswissenschaft, Band II: Verhalten im sozialen Kontext.* Stuttgart: Klett-Cotta.

Schulz von Thun, F. (1981). *Miteinander reden: Störungen und Klärungen. Psychologie der zwischenmenschlichen Kommunikation.* Reinbek: Rowohlt.

Weidenmann, B., Krapp, A. u. a. (Hrsg.) (1986). *Pädagogische Psychologie. Ein Lehrbuch.* München: Psychologie Verlags Union.

4. Schwerpunkt: Erziehung

Wenn Pädagogische Psychologie als Psychologie von »Erziehung und Unterricht« umschrieben wird (vgl. Kap. 1), ist Erziehung nicht als Oberbegriff gemeint, sondern in einem engeren Sinne, der sich auf die sozial-emotionale Dispositionen der Lerner bezieht. Hiervon wird in diesem Kapitel die Rede sein, im nächsten Kapitel von »Unterricht«. Selbstverständlich sind in der Praxis häufig beide Schwerpunkte miteinander verbunden. So unterrichtet der Lehrer nicht nur, sondern »erzieht« auch. Da die Förderung der sozialen Entwicklung vornehmlich im Bereich der Familie stattfindet, werden wir in diesem Kapitel häufiger das Begriffspaar »Eltern-Kind« statt »Erzieher-Lerner« verwenden.

4.1 Kernthema: Welches Erziehungsverhalten hat welche Wirkung?

Viele Erzieher möchten gerne wissen, wie sich Kinder entwickeln werden, wenn sie dieses oder jenes Erzieherverhalten praktizieren. Oder sie versuchen rückblickend zu verstehen, inwieweit es an der häuslichen oder schulischen Erziehung gelegen hat, daß Person X (in Etiketten gesprochen) »strebsam«, »selbständig«, »aggressiv«, »hilfsbereit« usw. geworden ist. Für all dies interessiert sich auch die Pädagogische Psychologie. Doch die Frage: »Welches Erziehungsverhalten hat welche Wirkung?« klingt viel einfacher als sie ist und könnte Erwartungen wecken, die die Pädagogische Psychologie kaum erfüllen kann.

Wie kann man beispielsweise wissen, ob »strenge« Erziehung zu »Ängstlichkeit«, zu »Selbstvertrauen«, zu »Aggressivität« bei den Kindern führt? Das Problem beginnt schon damit, daß es gar nicht so leicht ist, »Strenge« auf der einen und »Ängstlichkeit« o. dgl. auf der anderen Seite psychologisch zu definieren und zu erfassen. Sodann liefert die Forschung häufig nur *Zusammenhänge* zwischen der Art des Erziehungsverhaltens und den Merkmalen der Erzogenen. Aber »Zusammenhänge« sind nicht dasselbe wie *Wirkungen* von A auf B. Sie sagen nicht ohne weiteres aus, daß die Erziehung die »Ursache« für das jeweilige Erzogenenmerkmal ist.

Hier ist erstens daran zu erinnern, daß die Entwicklung der Erzogenen von *vielfältigen* Einflüssen abhängt (vgl. Kap. 3.1), nicht nur von der Erziehung oder gar nur vom Erzieherverhalten einer bestimmten Person.

Eltern interagieren mit Kindern nicht nur in einem erzieherischen Sinne. Gleichwohl gehen davon stets auch Wirkungen auf die Entwicklung der Kinder aus. So mag es z. B. bedeutsam sein, daß Familien neben ihrer Erziehungs- auch Erholungs- und Freizeitfunktionen haben. Sie bieten Regenerations- und Rückzugsmöglichkeiten von den Leistungsansprüchen der Schule und Arbeitswelt.

Bedeutsam ist auch das psychosoziale Familienklima. Darunter ist der Stil des familialen Zusammenlebens zu verstehen, wie er von den Eltern und den Kindern erlebt wird. Moos & Moos (1981) unterscheiden drei grundlegende Dimensionen mit jeweils mehreren Unteraspekten: die Beziehungsdimension (z. B. Familienzusammengehörigkeit; Konfliktneigung), die Persönlichkeitsreifedimension (z. B. Selbständigkeit; Leistungsorientierung) und die Systemerhaltungsdimension (z. B. Organisation; Kontrolle).

Weitere Faktoren kommen hinzu, etwa die Wohnsituation der Familie, die finanziellen und sozialen Lebensbedingungen sowie andere Personen (Gleichaltrige, Verwandte, etc.). Neben all diesen Umwelteinflüssen dürfen auch die Erbanlagen und der Erzogene als Mitgestalter seiner eigenen Entwicklung nicht vergessen werden.

Der Einfluß des Erziehungsverhaltens auf die Erzogenen wird durch all diese Faktoren relativiert: Eltern und andere Erzieher können zwar die Entwicklung ihres Kindes mitbeeinflussen, haben sie aber nicht vollständig unter Kontrolle (vgl. Dollase 1984). Durch die komplexen Wechselwirkungen, in der diese Faktoren stehen, ist es auch möglich, daß ein bestimmtes Erzieherverhalten mal in dieser, mal in jener Weise wirkt.

Aus diesen Gründen sind auch die empirisch gefundenen Zusammenhänge zwischen Erzieherverhalten und Erzogenenmerkmalen nicht sehr eng. Immerhin: soweit es sie gibt, ist es natürlich sinnvoll anzunehmen, daß das eine mit dem anderen zu tun hat. Aber wie?

Hier ist nun zweitens daran zu erinnern, daß sich Erzieher und Erzogener *wechselseitig* beeinflussen (vgl. Kap. 3.2), und zwar in der aktuellen Interaktion wie auch in ihrer Entwicklung. Ein »Zusammenhang« könnte daher auch bedeuten, daß ein bestimmtes Erzieherverhalten Folge der kindlichen »Ängstlichkeit«, »Aggressivität« usw. ist (s. Abb. 8). In den meisten Fällen ist es sinnvoll, Kreisprozesse anzunehmen.

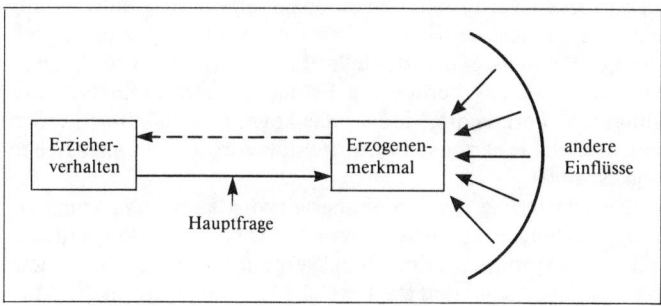

Abb. 8: Die Erforschung von Erziehungswirkungen auf die Erzogenen (Hauptfrage) wird erschwert durch Gegenwirkungen sowie durch andere Einflüsse auf die Erzogenen (Erläuterungen im Text)

Trotz dieser Schwierigkeiten interessiert sich die Pädagogische Psychologie natürlich für die Frage nach den *Erziehungswirkungen* auf die Lerner. Sie interessiert sich einerseits für langfristige Wirkungen auf die Personentwicklung, andererseits für kurzfristige Wirkungen in der aktuellen Interaktion (z. B. Reaktionen eines Kindes auf das »Helfen« der Mutter bei den Hausaufgaben, akute Konfliktbewältigung durch bestimmte Gesprächsformen).

Wir möchten uns in erster Linie mit den *langfristigen* Wirkungen, dem eigentlichen Anliegen von Erziehung, befassen. Wie kann die Pädagogische Psychologie trotz der genannten Schwierigkeiten zu Aussagen über Wirkungen kommen? Die Wirkung einer bestimmten Erziehung läßt sich am besten durch Längsschnittstudien und experimentell angelegte Untersuchungen aufklären (vgl. Kap. 2.3). In der erziehungspsychologischen Forschung wird aber vielfach auch auf Korrelationen zwischen bestimmten Erziehungs- und Erzogenenmerkmalen zurückgegriffen. Durch plausible Interpretationen der Korrelationen wird dann ein erzieherischer Einfluß auf die Erzogenenmerkmale nahegelegt. So erscheint es wohl plausibler, den korrelativen Zusammenhang von elterlicher Strenge und Ängstlichkeit des Kindes in dem Sinne zu interpretieren, daß die Strenge die Ängstlichkeit bewirkt als umgekehrt. Bei Strenge und Aggressivität ist die Deutung sicher komplizierter.

Wirkungen der Erziehung auf die individuelle Entwicklung (nicht nur auf momentanes Geschehen) werden letztlich über *Lern*prozesse vermittelt. Um die sozial-emotionale Entwicklung eines Menschen zu erklären, ist es mithin häufig sinnvoll, auf die (größtenteils experimentelle) Lernforschung zurückzugreifen und etwa das Lernen am Erfolg (Lernen' durch Bekräftigung), das Lernen am Modell, das kognitiv-sinnhaltige Lernen und andere Lernarten als vermittelnde Vorgänge heranzuziehen (vgl. S. 49 ff).

Die Erörterung der Erziehungswirkung kann man von *zwei Fragerichtungen* her strukturieren (s. Abb. 9): (a) Man geht von einem bestimmten Erziehungsverhalten aus (z. B. einem »demokratischen«) und fragt, welche Wirkungen es hat. (b) Man geht von einer bestimmten Zielvorstellung, dem gewünschten Erzogenenmerkmal aus (z. B. Hilfsbereitschaft) und fragt, durch welches Erziehungsverhalten es gefördert wird.

Wir werden die Thematik aus beiden Blickwinkeln behandeln: Zunächst werden wir im Kap. 4.2 (Erziehungsstilforschung) von Merkmalen des Erziehungsverhaltens ausgehen.

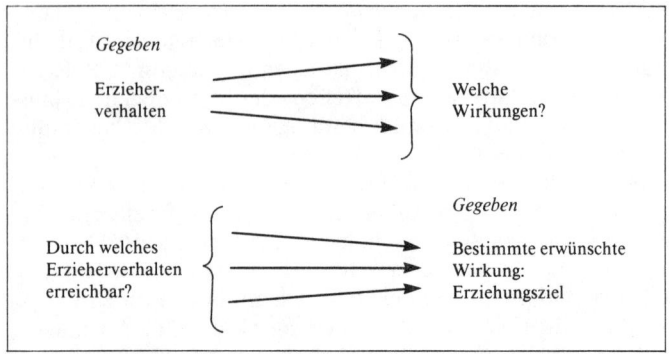

Abb. 9: Zwei Strukturierungen zur Frage der Erziehungswirkung

Vorrangig gliedern wir jedoch von den Zielen her (Kap. 4.3–
4.6), weil dies u. E. die »pädagogischere« Betrachtungsweise ist.
Welches sind nun die *Ziele* bzw. die erwünschten Erzogenenmerkmale, die die sozial-emotionale Erziehung anstrebt? Man
wird hierzu sicherlich im einzelnen keine einheitlichen Vorstellungen erwarten können. Auf einer abstrakteren Ebene lassen
sich aber Gemeinsamkeiten finden.

Aus Untersuchungen von Dietrich (1985) ist z. B. bekannt,
daß Eltern vorrangig zwei Gruppen von Zielvorstellungen nennen: Erziehung soll in ihren Augen die Kinder erstens auf Anforderungen, Werte und Normen der Gesellschaft vorbereiten. Sie
nennen Ziele wie Zuverlässigkeit, Gerechtigkeitssinn, Bereitschaft zur Befolgung allgemeinverbindlicher Normen, Recht-
schaffenheit und Arbeitsamkeit. Zweitens soll sie den Kindern
zu ihrer Selbstentfaltung und Selbstbestimmung verhelfen.

Diese grundlegenden Wertorientierungen in der elterlichen
Erziehung lassen sich erziehungspsychologisch unter dem Oberbegriff der *Sozialen Kompetenz* zusammenfassen. Man versteht
darunter, sich wirkungsvoll und in sozial akzeptierter Weise mit
seiner sozialen Umwelt auseinandersetzen zu können. Es bedeutet, eigene Bedürfnisse, Wünsche und Interessen erfolgreich zu
vertreten (z. B. Selbstbestimmung, Selbstdurchsetzung, Selbstverwirklichung), zugleich aber auch fähig zu sein, die Bedürfnisse anderer Personen und Gruppen im eigenen Handeln mit
zu berücksichtigen, also sozial verantwortlich zu handeln (vgl.
Schmidt-Denter 1988, Sommer 1977).

Wir werden in den nachfolgenden Abschnitten einige Aspekte
sozial kompetenten Verhaltens herausgreifen: Anpassung, Autonomie und prosoziales Verhalten. Psychische Gesundheit ist ein
weiterer Zielbereich, den wir behandeln werden. Er wird in den
Zielvorstellungen von Erziehung häufig nur implizit mitge-
dacht.

Soziale Erziehung verläuft vielfach nicht ohne Probleme. Aufgrund unterschiedlicher Interessen und Vorstellungen kann es in
der Familie oder der Schule zu Erziehungskonflikten kommen.
Soziale Erziehung hat weiterhin mit Verhaltensauffälligkeiten
der Kinder zu tun. Die Frage ist auch hier, welchen Anteil das
Erziehungsverhalten an ihrer Entwicklung und Bewältigung
haben kann. Mit diesen beiden Aspekten werden wir uns in den
Kap. 4.7 und 4.8 beschäftigen.

4.2 Erziehungsstilforschung

Von »Erziehungsstilen« war unter dem grundlegenden Aspekt der Unterschiedlichkeit von Personen bereits die Rede (vgl. S. 63 ff). Dort haben wir uns aber auf die Beschreibung des Erzieherverhaltens beschränkt. Jetzt geht es um die Wirkungen auf die Erzogenen, insbesondere um die sozial-emotionalen Wirkungen.

Viele Untersuchungen orientieren sich an dem *dimensionsanalytischen Ansatz,* der eine Vielzahl von Erziehermerkmalen zu wenigen Grundaspekten zusammenfaßt. Wie erinnerlich, lassen sich bei genügender Abstraktion zumindest zwei grundlegende Dimensionen identifizieren (Schaefer 1959, zit. n. Weinert 1974 b, Maccoby & Martin 1983; s. Abb. 10): Die erste, die emotionale Dimension, hat die Pole »Zuwendung/Wärme/Liebe« gegenüber »Zurückweisung/Kälte/Feindseligkeit« und umfaßt freundliches, akzeptierendes, helfendes, verständnisvolles, ermutigendes vs. gegenteiliges Verhalten. Die zweite Dimension betrifft das Ausmaß der Lenkung, etwa durch Befehle, Aufforderungen, Verbote, »Vorträge«; starke Lenkung, starke Kontrolle, Restriktivität stehen gegenüber geringer Lenkung, Autonomiegewährung und Permissivität. Es sei daran erinnert, daß Erzieher auf diesen Dimensionen nach einem »Mehr-oder-Weniger« charakterisiert werden.

Zum Zusammenhang mit den Erzogenenmerkmalen hat Becker (1964) eine vielzitierte Auswertung verschiedener Untersuchungen vorgestellt (s. Abb. 11). Es handelt sich dabei natürlich nur um grobe Trends, nicht um feste Gesetzmäßigkeiten, und die Frage der Kausalität (vgl. S. 82 f) läßt sich aus der Übersicht auch nicht schlüssig beantworten.

Andere Untersuchungen überprüften bestimmte Zusammenhänge, die aufgrund theoretischer Begründungen vermutet wurden (sog. *Apriori-Modelle*). Herrmann et al. (1971; vgl. auch Stapf et al. 1972) stützen sich in ihrem Marburger Erziehungsstil-Konzept auf die behavioristisch orientierte Lernpsychologie und gehen von einem Zwei-Komponenten-Modell des elterlichen Erziehungsstils aus: Es enthält das Ausmaß positiver Bekräftigungen und das Ausmaß von Bestrafungen. In der Wahrnehmung der Erzogenen erscheint das Verhalten einmal als elterliche Unterstützung, zum anderen als elterliche Strenge. Als Folge solchen elterlichen Verhaltens wird postuliert: Erlebte Unterstützung hat eine »Gebotsorientierung« und aktiv aufsu-

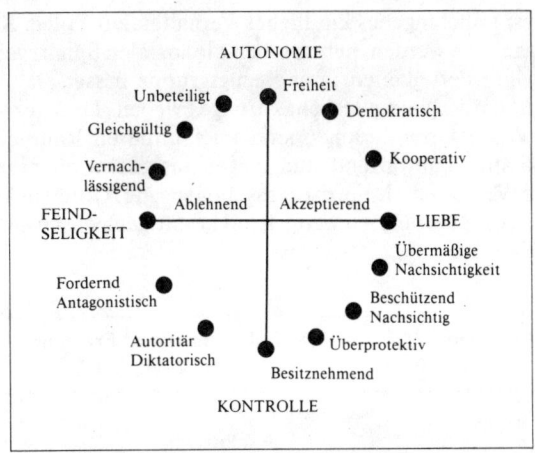

Abb. 10: Grundlegende Dimensionen des Erziehungsverhaltens strukturiert nach dem Modell von Schaefer für mütterliche Erziehungsstile (1959; deutsch nach Weinert 1974b, S. 381)

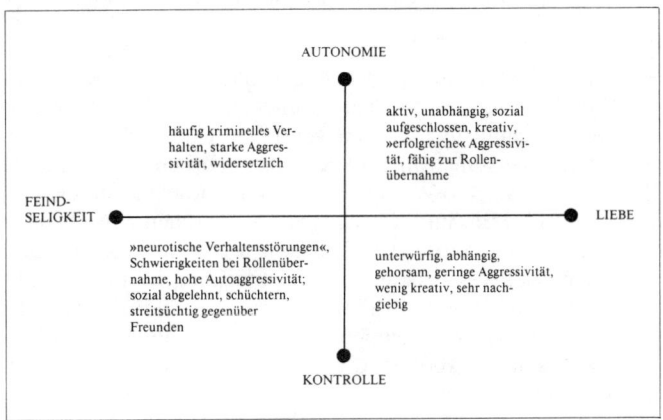

Abb. 11: Zusammenhang von elterlichen Erziehungsstilen mit Erzogenenmerkmalen nach Becker (1964; leicht modifiziert nach Weinert 1974b, S. 382)

chendes; unbefangenes kindliches Verhalten zur Folge. Kinder, die so erzogen werden, beherrschen die sozialen Spielregeln und kulturellen Fertigkeiten ihrer Bezugsgruppe besser als diejenigen, die vorwiegend elterliche Strenge erleben. Diese erwerben eine »Verbotsorientierung«, sind im familiären Rahmen eher zurückhaltend-abwartend und zeigen insgesamt eher vermeidendes Verhalten. Empirisch-psychologische Untersuchungen konnten die Hypothesen weitgehend bestätigen, wie aus Abb. 12 zu ersehen ist.

Streng Erzogene (Verbotsorientierte)	Unterstützend Erzogene (Gebotsorientierte)
ängstlich	
unsicher	selbstsicher
wenig aktiv	aktiv
pessimistische Zukunfts-erwartungen	optimistische Zukunfts-erwartungen
Furcht vor Mißerfolg	Hoffnung auf Erfolg
übertreten selten Verbote (wenn in der Situation Strafreize gegeben werden)	anstrengungsbereit

Abb. 12: Ergebnisse zum Marburger Erziehungsstilkonzept (aus: Stapf 1975, S. 37)

Ebenfalls in einem Apriori-Modell haben Tausch & Tausch (1977) klinisch-psychologische Grundlagen aus der personzentrierten Psychologie mit dem zentralen Konzept der »fully-functioning-person« von Carl R. Rogers aufbereitet (vgl. auch S. 29). Sie fragen: »Welche Haltungen und Aktivitäten von Personen fördern und erleichtern in zwischenmenschlichen Beziehungen bei anderen bedeutsame seelische Vorgänge und ihre konstruktive Persönlichkeitsentwicklung?« (S. 101). In Anlehnung an Rogers (1973) nehmen sie vier »förderliche Dimensionen in zwischenmenschlichen Beziehungen von Person zu Person« (S. 100) an, die anhand von Rating-Skalen (vgl. S. 33 f) gemessen werden:

(1) Achtung–Wärme–Rücksichtnahme vs. Mißachtung–Kälte–Härte;
(2) Vollständig einfühlendes Verstehen vs. kein einfühlendes Verstehen;

(3) Echtheit–Übereinstimmung–Aufrichtigkeit vs. Fassaden-haftigkeit–Nichtübereinstimmung–Unechtheit;
(4) Viele fördernde nichtdirigierende Tätigkeiten vs. keine fördernden nichtdirigierenden Tätigkeiten.

Tausch & Tausch (S. 111 ff) berichten über Untersuchungsergebnisse, die ihren konzeptionellen Vorüberlegungen entsprechen: Je mehr die Eltern, die Lehrer/innen und andere Personen, die für Kinder und Jugendliche von Bedeutung sind, von diesen als Menschen wahrgenommen werden, die die vier genannten Erziehungshaltungen ihnen gegenüber realisieren, desto mehr werden bei ihnen offenbar die seelische Funktionstüchtigkeit, die Selbstachtung, ein realistisches und positives Selbstbild, sensibles Offensein und das Sich-Auseinandersetzen mit dem eigenen Erleben gefördert.

Krohne (1988) hat sozial-kognitive Lerntheorien der Persönlichkeit für sein Apriori-Modell herangezogen. Er stellt die Ängstlichkeit und den Stil der Angstbewältigung beim Erzogenen in den Mittelpunkt und fragt nach den Erziehungsbedingungen im elterlichen Verhalten. In einer Erweiterung des Ansatzes von Herrmann, Stapf u. a. (s. S. 86) nimmt Krohne an, daß die Wirkungen des Erziehungsverhaltens, wie eben die Herausbildung von Ängstlichkeit, über die Beeinflussung von kognitiven Dispositionen des Kindes zustande kommen. So soll Ängstlichkeit neben unzureichenden kognitiven Kompetenzen und der Neigung, negative Konsequenzen zu erwarten, auf einem geringen Glauben an die Wirksamkeit des eigenen Handelns beruhen (geringe »Kompetenzerwartung«). Für diese kognitive Disposition sind nun nach Krohnes Forschungen inkonsistente, wenig berechenbare elterliche Rückmeldungen (Lob, Tadel usw.), Einschränkungen des Erzogenen sowie mangelhafte Unterstützung durch die Eltern mitverantwortlich.

Die Zusammenhänge zwischen dem Erziehungsverhalten und den Personmerkmalen der Erzogenen sind keine festen Wenn-Dann-Beziehungen, sondern Tendenzen. Überdies sind die Befunde oft uneinheitlich. Dies ist zum Teil forschungsmethodisch bedingt: Die Erhebungsmethoden (z. B. Interview oder Verhaltensbeobachtung), die Informationsquellen zum Erzieherverhalten bzw. zu Erzogenenmerkmalen (vgl. S. 64 f), die Erfassungszeitpunkte (Befragung zum gegenwärtigen Verhalten oder Rückblick auf die Kindheitsjahre) können sich beträchtlich voneinander unterscheiden. Zum Teil sind es auch »sachliche« Gründe, die eindeutigen und ausgeprägten Zusammenhängen entgegenstehen. Zu viele Faktoren spielen in das Entwicklungs-geschehen hinein und begrenzen den elterlichen Erziehungsein-fluß mehr oder weniger stark. Hierzu gehören nicht nur die Erbanlagen und zahlreiche materielle und soziale Umweltbedin-gungen, sondern auch die Tatsache, daß es neben den Eltern noch weitere Miterzieher gibt. Aus diesen Gründen können Unterschiede im Erziehungsverhalten der Eltern nicht allein für Unterschiede in der Persönlichkeitsentwicklung der Erzogenen verantwortlich sein (vgl. S. 42 ff und S. 82).

Der »Trendcharakter« der gefundenen Zusammenhänge, wie wir ihn hier für die Erziehungsstilforschung feststellen konnten, gilt auch für die verschiedenen Zielbereiche, mit denen wir uns im folgenden beschäftigen.

4.3 Zielrichtung: Soziale Anpassung

In der schon erwähnten Elternbefragung von Dietrich (1985) rangiert diese Zielrichtung an erster Stelle. Den Eltern geht es darum, daß ihr Kind ein »ordentlicher«, »anständiger«, ein »normaler« und »guter« Mensch wird. Es handelt sich hierbei um die eine Seite der sozialen Kompetenz: das eigene Verhalten – nicht nur, aber auch – nach sozialen Erwartungen auszurichten (Die andere Seite, Autonomie, wird im nächsten Abschnitt behandelt). Wir finden es nicht leicht, diese Zielrichtung tref-fend zu benennen. »Soziale Anpassung« wäre jedenfalls mißver-standen, wenn man darunter nur Gehorsam, Unterwürfigkeit, Disziplin u. dgl. im Sinne eines passiv-reaktiven Verhaltens ver-stehen würde. Vielleicht wären auch »Sozialwerdung« und »soziale Integration« adäquate Begriffe.

Die Erwartungen der Umwelt orientieren sich letztlich an *sozialen Werten und Normen.* Soziale Werte sind beispielsweise Solidarität, Gerechtigkeit, Toleranz, soziales Prestige. Soziale Normen sind Gebote des Verhaltens, die sich in Umgangsfor-men, Sitten, Gebräuche oder Gewohnheiten niedergeschlagen haben (z. B. Bekannte grüßen, in der Kirche leise sprechen, älte-ren Menschen den Vortritt lassen, demjenigen helfen, der einem geholfen hat etc.). Werte und Normen können in der Gesell-schaft je nach soziokulturellem Milieu (z. B. Jugendkultur, soziale Randgruppen, Kleinbürgertum) unterschiedlich sein, so daß sich nicht immer übereinstimmend festlegen läßt, welches

Verhalten sozial angemessen ist und welches nicht. Es gibt zwar einige übergreifende Werte und Normen, die von der großen Mehrheit geteilt werden. Doch unterscheiden sich beispielsweise Familien oft erheblich darin, was die Kinder »dürfen« und was für Pflichten sie haben. Für Eltern dürften Erwartungen wie diese typisch sein: daß ihr Kind »artig« ist, wenn Besuch da ist, daß es nicht mit »vollem Mund« spricht, daß es sein Geschwister nicht an den Haaren zieht etc. Es gibt auch typische Erwartungen an Personen in bestimmten Positionen und Situationen (»Rollen«): Von einem Schulkind erwartet man, daß es im Unterricht zuhört und nicht mit seinem Nachbarn spricht, daß es sich meldet, wenn es etwas sagen möchte, daß es während der Schulstunde an seinem Platz sitzen bleibt etc. Ebenso gibt es typische »rollenkonforme« Verhaltensmuster für Lehrer, für Eltern, für Ärzte, für Patienten im Krankenhaus etc.

Erziehung zur sozialen Anpassung setzt besonders dann ein, wenn die Erzogenen sich in den Augen der Erzieher normabweichend verhalten, und zielt dann auf eine Korrektur dieser Abweichung: Das Kind soll etwas *nicht* tun, etwas nicht kaputtmachen, nicht laut sein usw. In diesem Zusammenhang ist die *Bestrafung* als Erziehungsmittel besonders relevant, denn sie wird vielfach angewandt, um die Auftretenshäufigkeit des unerwünschten Verhaltens zu senken.

Bestrafungen bestehen entweder darin, daß etwas Negatives zugefügt (z. B. Beschimpfungen, Tadel, Züchtigung, böse Blicke) oder etwas Positives entzogen wird (z. B. Hausarrest, Fernsehverbot, Taschengeldentzug) (vgl. S. 50). Während die eigentli che Bestrafung für bereits ausgeübtes Fehlverhalten erteilt wird, können aversive Signalreize evtl. sein Auftreten verhindern. Ein »strenger Blick«, ein »drohender Finger«, ein »Ausholen der Hand« können allein schon ausreichen, das Verhalten zu unterbinden, denn ihrer Mißachtung könnte eine Strafe folgen.

Bestrafung ist aus mehreren Gründen ein problematisches Erziehungsmittel. Häufig verfehlt sie die beabsichtigte Wirkung. Sofern nämlich die Anreize für das »Fehlverhalten« fortbestehen, wird es meist nicht gelöscht, sondern lediglich in der spezifischen Situation unterdrückt, in der Bestrafung erwartet wird. Darüber hinaus können Bestrafungen zahlreiche Nebenwirkungen mit sich bringen. Sie können beim Kind Angst oder Feindseligkeit bewirken und die Beziehung zu den Erwachsenen beeinträchtigen. Wiederkehrende Bestrafung mit Liebesentzug und rigoroser moralischer Verurteilung des Kindes bewirkt nicht selten Gehemmtheit und Selbsterniedrigung für reale oder eingebildete Missetaten. Weiterhin können Erzieher mit ihrem strafenden Verhalten ein Modell präsentieren für aggressive, machtvolle Konfliktbewältigung. Denkbar sind zuweilen gar paradoxe Wirkungen, indem die Bestrafung die Auftretenshäufigkeit des unerwünschten Verhaltens erhöht, statt sie zu senken, vor allem dann, wenn sie vom Erzogenen als Beachtung empfunden wird, oder wenn er es darauf anlegt, den Erzieher zu provozieren (z. B. kann einem Schüler dieser »Erfolg« bei seinen Klassenkameraden Respekt einbringen).

Abb. 13: Erziehung zur sozialen Anpassung – mehr durch Aufbau des erwünschten als durch Abbau des unerwünschten Verhaltens (aus: Nolting & Bernath-Kaufmann 1983; Zeichnung: Hans-Otto Arnold)

Da Erziehung aber kaum ganz ohne Strafen auskommen wird, vor allem weil sie, zumindest kurzfristig, unerwünschtes Verhalten unterbinden kann, bleibt die Frage, wie sie in der Erziehung sinnvoll eingesetzt werden kann. Beachtenswert erscheinen besonders folgende Gesichtspunkte: Die Bestrafung sollte (a) wenig aggressiv und angsterregend sein, (b) sich nicht gegen die Person des Kindes richten, sondern gegen ein ganz bestimmtes, konkretes Verhalten, (c) dem Kind gegenüber begründet werden, (d) zu dem Vergehen in einem angemessenen Verhältnis stehen (z. B. »natürliche« Konsequenzen wie Schadensersatz), (e) konsistent und unmittelbar nach dem unerwünschten Verhalten erfolgen und nicht zuletzt, (f) gekoppelt sein mit Hinweisen auf erwünschtes Verhalten und dessen gezielter Förderung (vgl. Nolting 1987, S. 229 ff).

Alternativen zur Bestrafung sind die sog. Löschung und das Stoppen (Unterbrechen) des unerwünschten Verhaltens. Die *Löschung* besteht in der Nicht-Verstärkung (z. B. Nicht-Beachtung) einer gelernten Verhaltensweise (z. B. Clownerien eines Schülers). Probleme ergeben sich in der Praxis, wenn das Ignorieren nicht konsequent durchgehalten, sondern das Verhalten weiterhin von Zeit zu Zeit (»intermittierend«) verstärkt wird; dann wird es noch löschungsresistenter. *Stoppen* bedeutet, unangepaßtes Verhalten durch rasches Eingreifen schon »im Keime zu ersticken«, etwa mit Hilfe kurzer Signale wie scharfes Anschauen, Kopfschütteln oder einem entschiedenen »Nein« (vgl. Havers 1981, S. 186 f), oder es einfach zu beenden, z. B. durch Wegnehmen gefährlicher Gegenstände.

Alle genannten Maßnahmen dienen dem Abbau (der Korrektur) von unerwünschtem Verhalten. Aus lernpsychologischer Sicht ist aber gerade der andere Blickwinkel für die soziale Erziehung viel wichtiger: Das *erwünschte* Verhalten aufzubauen, statt nur das unerwünschte abzubauen (vgl. auch S. 86 über »gebots-« und »verbots«-orientierte Erziehung). Obwohl dies viel effektiver ist, wird von dieser Möglichkeit in der Erziehung u. E. zu wenig Gebrauch gemacht.

Beim Aufbau des erwünschten Verhaltens spielt das *Lernen durch Bekräftigung* (Lernen am Effekt) eine herausragende Rolle (vgl. S. 49). Bedeutsam sind vor allem soziale Bekräftigungen wie Anerkennung, Lob, Beachtung oder auch Körperkontakt (z. B. dem Kind die Hand auf die Schulter legen, es in die Arme nehmen). Sozial angepaßtes Verhalten wird weiterhin durch Vergünstigungen bekräftigt (z. B. darf das Kind für sein

Wohlverhalten abends länger aufbleiben) oder durch materielle Belohnung wie Spielzeug oder Süßigkeiten. Der planmäßige Einsatz von Bekräftigungen bildet den Kern der sog. Verhaltensmodifikation (vgl. etwa Adameit et al. 1983).

Zur Wirkungsweise von Bekräftigungen sind einige Anmerkungen notwendig: Bei der Auswahl von Bekräftigern ist zu bedenken, daß nicht alle in gleicher Weise wirksam sind. So wirken bei Kleinkindern Süßigkeiten oder Spielzeug gewöhnlich stärker als Lob oder Anerkennung. Der Erzieher wird aber die Wirkung im Einzelfall ausprobieren müssen. Des weiteren sollte ein deutlicher Zusammenhang zwischen Verhalten und Bekräftigung hergestellt werden, damit das Kind weiß, wofür es verstärkt wird. Am einfachsten geschieht dies dadurch, daß man die Bekräftigung unmittelbar auf das Verhalten folgen läßt. Schließlich ist es für die Dauerhaftigkeit einer Verhaltensmodifikation wichtig, daß von der zunächst kontinuierlichen Bekräftigung zu einer »intermittierenden« übergegangen wird, die in immer größeren Abständen erfolgt und sich schließlich ganz »ausblendet« – in der Erwartung, daß das neu gewonnene angepaßte Verhalten nun ohnehin von der Umwelt sozial verstärkt wird und/oder von der Person selbst als befriedigend erlebt wird (Selbstbekräftigung).

Erzieher erteilen unvermeidlich Bekräftigungen. Aber sie tun es gewöhnlich nicht planmäßig; sie tun es häufig sogar, ohne es zu wollen. Ein typischer »Erziehungsfehler« ist die (ungewollte) Bekräftigung unangepaßten Verhaltens, etwa durch Beachtung oder Nachgeben (z. B. dem lärmenden, den Unterricht störenden Verhalten wird Aufmerksamkeit geschenkt; dem drängelnden, nörgelnden Kind wird schließlich nachgegeben). Angemessener wäre statt dessen ein Ignorieren oder Stoppen des unerwünschten und ein positives Eingehen auf das erwünschte Verhalten (z. B. ordentliches Melden, Bitten äußern).

Sehr wichtig für den Aufbau sozial erwünschten Verhaltens ist auch das *Lernen am Modell*. Hierdurch kann sich der Erwerb komplexer sozialer Verhaltensweisen (z. B. Begrüßungsrituale, Tischmanieren, Umgangsformen, Höflichkeitsgesten) wesentlich rascher vollziehen, als wenn einzelne Verhaltenssegmente separat durch Bekräftigung gelernt werden müßten. Voraussetzungen dafür sind, daß das Verhalten des beobachteten Modells keine negativen Konsequenzen hat und der Lerner das Modell akzeptiert (vgl. Bandura 1976). Gerade die letzte Bedingung ist z. B. für das elterliche Vorbild nicht immer gegeben; so möglicherweise für einen Jugendlichen nicht, der sich vom Elternhaus zu lösen beginnt. Für ihn sind die Modelle seiner »Peergroup« oft relevanter als die elterlichen. In der Praxis bleiben die Chancen des Lernens am Modell allerdings oft ungenutzt, weil Erzieher das Verhalten, das sie von den Kindern erwarten (z. B. Freundlichkeit, aufmerksames Zuhören), nicht selber vorleben (vgl. Tausch & Tausch 1977).

Neben der Aneignung bestimmter Verhaltensweisen sind *soziales Verstehen und Wissen* (vgl. Silbereisen 1978, Schmidt-Denter 1988) weitere Komponenten der sozialen Anpassung. Um auf andere »eingehen« zu können, ist es vorteilhaft, z. B. ihre Beweggründe und Gefühle zu verstehen, und Wissen über Werte, Sitten und Gebräuche zu besitzen. Eine wichtige Form sozialen Verstehens ist die Fähigkeit zur Perspektivenübernahme (»Sich in jemanden hineinversetzen«, Einfühlung). Das Verständnis der Perspektive des anderen im Verhältnis zur eigenen macht es möglich, sich koordiniert zu verhalten (»Perspektivenkoordination«).

Die Aneignung von sozialem Wissen, Werten und sozialkognitiven Fähigkeiten, erfolgt zum Großteil durch *kognitives Lernen*. Das Kind erwirbt dadurch sozial relevante Begriffe (z. B. »kameradschaftlich«, »peinlich«) und Regeln (z. B. »Wenn man einen Besuch macht, dann ...). Dies kann direkt durch die inhaltliche Vermittlung von Normen und Werten geschehen, zum Teil auch durch die Diskussion moralischer Streitfragen. Weiterhin sind »induktive Erziehungsmethoden« (vgl. auch S. 102) von Bedeutung: Die Heranwachsenden lernen soziale Verhaltensorientierungen, indem sie auf die Folgen ihres sozialen Handelns sowie auf die möglichen Beeinträchtigungen sozialer Beziehungen aufmerksam gemacht und mit ihnen gemeinsam akzeptable Alternativen entwickelt werden.

4.4 Zielrichtung: Autonomie

Autonomie bzw. Selbstbestimmung ist ein komplexer und vieldeutiger Begriff. In der Erziehung hat er als Zielvorstellung seit Anfang der fünfziger Jahre immer mehr an Bedeutung gewonnen, wie z. B. die schon erwähnten Untersuchungen zu familialen Erziehungszielen zeigen (vgl. Jaide & Veen 1989).

Autonomie kann in dreifacher Weise akzentuiert werden. Im ersten Aspekt, der *Initiierung,* bedeutet Autonomie, daß eine Person sich selbst als Urheber ihres Handelns empfindet, sich sozusagen als »Herr ihrer selbst« erlebt. DeCharms (1968) hat auf diesen Aspekt aufmerksam gemacht und dem Menschen ein inhärentes Bedürfnis unterstellt, sich selbst als Verursacher des eigenen Handelns zu erleben.

Im zweiten Aspekt bezieht sich Autonomie auf die innerpsychischen Vorgänge bei der *Ausführung* der Handlung, nämlich auf die Steuerung des eigenen Verhaltens nach selbstgesetzten Zielen. Deci (Deci & Ryan 1985) nimmt in seinem Konzept der »Kausalitätsorientierung der Autonomie« darauf Bezug. Diese wird als eine individuell unterschiedlich ausgeprägte generalisierte Tendenz verstanden, das eigene Verhalten als selbstinitiiert (erster Aspekt) und selbstreguliert zu erleben, wobei situative Hinweisreize mitberücksichtigt werden. Beiden Aspekten der Autonomie wird auch im persönlichkeits- und klinisch-psychologischen Ansatz von Carl R. Rogers ein zentraler Stellenwert zuerkannt.

Im dritten Aspekt wird Autonomie im Zusammenhang mit den *Folgen* des eigenen Handelns gesehen. Autonom ist ein Handeln dann, wenn die betreffende Person erwartet, daß die Handlungseffekte selbstverursacht sind und nicht etwa durch fremde Mächte (z. B. einflußreiche andere Personen, Schicksal). Man spricht hier von *internaler Kontrollüberzeugung,* wenn es sich um generalisierte Erwartungen handelt. Diese Auffassung von Autonomie geht auf Rotter (1966) zurück. Autonomes Handeln wird als internal kontrolliert (»internal-locus-of-control«), heteronomes als external kontrolliert (»external-locus-of-control«) bezeichnet.

An einem Beispiel seien die drei Aspekte noch einmal deutlich gemacht: Ein Jugendlicher baut sich in sein Fahrrad eine neue Gangschaltung ein. Sofern dies sein freier Entschluß war, erlebt er sich als Urheber seines Verhaltens. Sofern er dann den Einbau entsprechend seinen Überlegungen ausführt, sich hin und wieder vergewissert, ob er noch ›nach Plan‹ arbeitet und eventuell auch seinen Plan ändert, fühlt er sich in seinem Handeln frei und selbstreguliert. Sofern er aufgrund seiner bisherigen Erfahrungen davon überzeugt ist, daß das Gelingen eines Einbaus der Gangschaltung das Werk seiner Fähigkeiten und Anstrengungen sein wird, sieht er es als »unter seiner Kontrolle stehend« an und führt es nicht etwa auf Glück oder Pech zurück.

Mit diesen drei Aspekten wollen wir uns im folgenden unter erziehungspsychologischen Gesichtspunkten etwas näher beschäftigen.

Zunächst zur Frage, wie Autonomie in der Handlungsinitiierung und Regulierung durch Erziehung gefördert werden kann. Um die ›kausale Autonomie‹ bei Kindern zu fördern, kann man sie beispielsweise dazu anregen, *Ziele* für den heutigen Tag zu formulieren, *Pläne* für die anstehenden Ferien oder für die nähere Zukunft zu machen. Man kann sie fragen, wie sie diese Vorsätze erreichen können, ob sie, bezogen auf ihre augenblickliche Lebenssituation und ihre eigenen Fähigkeiten, realistisch sind. Im nachhinein können Kinder angehalten werden, ihre Pläne zu überprüfen, sich zu überlegen, wie sie Erfolge und Mißerfolge erlebt haben etc. So kann die Fähigkeit gefördert werden, das eigene Verhalten selbst zu initiieren und nach selbstgesetzten Zielen zu steuern. Nach diesen Prinzipien haben DeCharms und Mitarbeiter (DeCharms 1979) ein Programm zur Förderung der Lernmotivation bei Schülern entwickelt (vgl. auch Zumkley-Münkel 1984).

Rogers (1973) hält eine bestimmte Art der Zuwendung von Seiten der Eltern und Erzieher, die er »*unbedingte Wertschätzung*« nennt, für besonders wichtig, d. h. eine nicht an Bedingungen geknüpfte »Achtung, Wärme, Rücksichtnahme«, wie Reinhard und Anne-Marie Tausch es in ihrer »Erziehungspsychologie« (1977) formulieren. Unbedingte Wertschätzung zu zeigen, bedeutet für die Erziehenden, das Kind in seiner Persönlichkeit zu achten und auf die konstruktiven Kräfte seines Organismus bei der Entwicklung zu vertrauen. Zuwendung der Eltern und Erzieher zum Kind bedeutet nach Rogers weiterhin, dem Kind zu helfen, seine Erfahrungen mit sich selbst angemessen zu verarbeiten, so daß das Bild, welches es von sich selbst entwickelt, den eigenen Erfahrungen entspricht und damit realistisch ist. Dies verlangt von den Erziehern Zuwendung in Form des »*einfühlenden Verstehens*« (auch: »aktives Zuhören«, partnerzentrierte Gesprächsführung). Abb. 14 zeigt durch eine Gegenüberstellung von zwei Gesprächsausschnitten zwischen einem Lehrer und einer Schülerin, was konkret damit gemeint ist. Im Gesprächsausschnitt A begegnet der Lehrer der Schülerin eher väterlich, versucht das Verhalten der Schülerin aus seiner Sicht zu erklären, wirkt belehrend und banalisiert ihre Schwierigkeiten. Im Gesprächsausschnitt B spricht der Lehrer demgegenüber »partnerzentriert«; er versucht, sich in das Erleben der

Schülerin einzufühlen, ihre Schwierigkeiten ernst zu nehmen, ihr zur Selbstklärung und eigener Problemlösung zu verhelfen.

Wächst ein Kind in einer solchen Atmosphäre der unbedingten Wertschätzung und des einfühlenden Verstehens auf, in der die Erzieher sich ihm gegenüber auch als authentische Personen zeigen *(»Echtheit«)*, dann kann es sich nach Rogers zu einer »voll-funktionierenden Person« (»Fully-Functioning-Person«) entwickeln. Eine solche »reife«, sich selbst verwirklichende Person zeichnet sich unter anderem dadurch aus, daß sie sich selbst und die Umwelt nach eigenen Wertmaßstäben bewertet, sich akzeptiert und sich selbst bestimmt.

Die erziehungspsychologischen Annahmen von Rogers und Tausch & Tausch werden durch verschiedene empirische Befunde bestätigt. So weisen z. B. Erhebungen, in denen Kinder, Jugendliche und junge Erwachsene zu der von ihnen erlebten

Abb. 14: Ein Beispiel für einfühlendes Verstehen (»aktives Zuhören«) (aus: Kranz & Teegen 1973, S. 348 f).

A) Gespräch *ohne* einfühlendes Verstehen (Lehrer A, Karin)

LA: »Karin, bleibst du bitte noch ein paar Minuten hier?«

K: »Ja.«

LA: »Ja, Karin, das war ja nun schon die dritte Fünf, und im Mündlichen sieht's ja auch nicht viel besser aus, nicht?«

K: »Hm, ich weiß.«

LA: »Und ich hab auch mit den anderen Lehrern gesprochen; du beteiligst dich ja in den anderen Fächern wohl auch recht wenig. Arbeitest du vielleicht nicht genug zu Hause?«

K: »Do-och. Die Schularbeiten mach' ich immer alle.«

LA: »Ja, woran liegt's denn dann? Vielleicht mußt du einfach ein bißchen mehr aufpassen oder dich ein bißchen besser konzentrieren?«

K: »Das tu ich ja.«

LA: »Ja, Karin, dann kann's dir doch auch nicht so schwer fallen, das ein bißchen zu zeigen. Melde dich doch einmal häufiger, und ich nehme dich einfach mal häufiger dran, hm? Muß ja nicht gleich was Überragendes sein. Dann seh ich wenigstens, daß du da bist. Na, was meinst du?«

K: »Ja.«

LA: »Na woll'n wir's mal so versuchen?«

K: »Hm.«

LA: »Na prima, so und nu laß uns man nicht mehr dran denken.«

B) Gespräch *mit* einfühlendem Verstehen (Lehrer B, Karin)

LB: »Karin, bleibst du nach der Stunde noch ein paar Minuten hier? Ich würde gern noch mit dir sprechen.«

K: »Ja.«

LB: »Weißt du, ich mach mir etwas Sorge um deine Zensur. Ich hab so'n bißchen den Eindruck, daß dir Deutsch nicht so viel Spaß macht.«

K: »Doch.«

LB: »Ach so, irgendwie interessiert's dich schon, aber du kannst nicht so richtig mitmachen?«

K: »Ja, ich weiß auch nicht, so wie ich das dann so sagen soll.«

LB: »Ja, kannst du das dann nicht so richtig ausdrücken, was du denkst?«

K: »Ich weiß dann auch immer nicht so, ob das dann paßt und so.«

LB: »Wenn du dazu was sagen willst, dann hast du immer so'n bißchen Angst, daß es nicht so gut ist?«

K: »Ich denk dann immer so lange darüber nach, wie ich das ausdrücken kann, und dann geht die Zeit so schnell und in der Arbeit hab ich dann immer keine Zeit mehr, das dann richtig aufzuschreiben.«

LB: »Du traust dich dann nicht, das erst mal so ins Unreine zu sagen oder zu schreiben?«

K: »Ja, ich hab dann Schiß, daß ich so den Faden verliere und dann stotter ich da so rum . . .«

LB: »Hast du dann Angst, daß wir über dich lachen könnten oder dich nicht richtig verstehen?«

elterlichen Erziehung befragt wurden (›Perzipierte elterliche Erziehung‹), alle in die gleiche Richtung: Befragte mit hoch ausgeprägter Selbstverwirklichung erleben ihre Eltern übereinstimmend als ihnen emotional positiv zugewandt, und sie fühlen sich in ihren Ansichten und Meinungen von ihnen respektiert und akzeptiert. Des weiteren deuten ihre Berichte darauf hin, daß sie gleichberechtigt am Familienleben teilnehmen können, daß die Eltern nur geringe Kontrolle über sie ausüben, daß die Eltern ihre Einflußnahmen gegenüber ihren Kindern rational begründen, und daß in der Familie klare Verhaltenserwartungen der einzelnen Familienmitglieder zueinander existieren (vgl. Paulus 1984).

Soviel zu den ersten beiden Aspekten der Autonomie. Wie kann aber der dritte angesprochene Aspekt – die interne Kontrollüberzeugung – beim Kind aufgebaut werden? Schneewind (1983; Schneewind et al. 1983), der an 570 Familien mit Kindern zwischen 9 und 14 Jahren unter anderem das Autonomieerleben der Kinder, das Familienklima und die Erziehungseinstellungen der Eltern untersuchte, fand, daß hierfür direkte Selbstverantwortlichkeitserfahrungen von Bedeutung sind. Für solche Erfahrungen sind nach Schneewind vier Punkte wichtig: Erstens muß die Familie *Anregungsbedingungen zum Kompetenzerwerb* geben, z. B. intellektuelle Stimulierung und ein aktives, vielgestaltiges familiales Freizeitverhalten. Damit das Kind selbstverursachte Handlungskonsequenzen erfahren kann, muß die Familie zweitens einen *Handlungsspielraum* zur Entfaltung eigenständiger Aktivitäten gewähren, z. B. indem die Eltern ihre Kinder zu selbständigem Handeln ermutigen und dabei auftretende »Fehler« tolerieren. Drittens muß das familiale Zusammenleben ein gewisses Maß an *Planung* und *Organisierbarkeit* aufweisen; so stehen etwa inkonsistente, willkürlich und zufällig erscheinende Belohnungen und Bestrafungen der Entwicklung selbstverantwortlichen Handelns im Wege. Viertens sind Selbstständigkeitserfahrungen abhängig von einem *emotional positiven Familienklima,* von einer mitreißenden und stimulierenden Tätigkeitsfreude, die es dem Kind erleichtert, sich in vielfältige Aktivitäten verwickeln zu lassen, sowie dem sicheren Gefühl des Akzeptiertseins aufgrund warmherziger Zuwendung und Einfühlung (Schneewind 1983, S. 144 f).

Andere Ergebnisse lassen vermuten, daß Kinder, die in ihren Familien ein autonomieförderndes Familienklima vorfinden, in der Adoleszenz früher als andere selbstbestimmte Handlungsorientierungen erwerben und sich früher vom Elternhaus lösen (Schneewind & Braun 1988). Diesen Aspekt der Identitätsbildung, der zentralen Entwicklungsaufgabe des Jugendalters, bewältigen sie damit auch früher als andere.

Nickel et al. (1976) argumentieren für den außerfamilialen Bereich ähnlich. Zur Förderung der Selbstbestimmung von Kindern halten sie es für notwendig, eigenverantwortliche Entscheidungen zu ermöglichen, z. B. in der Schule durch Mitbestimmungs- und Selbstverwaltungsmöglichkeiten.

4.5 Zielrichtung: Prosoziales Verhalten

Begriffe wie prosoziales Verhalten, hilfreiches Verhalten oder auch Altruismus bezeichnen ein Verhalten von hohem moralischem Wert, das oftmals als wichtiges Ziel der Erziehung herausgestellt wird. Prosoziales Verhalten wird manchmal in einem weiten Sinn gebraucht, der z. B. auch »kooperatives« Verhalten mit einschließt. Wir meinen hier aber nur die Hilfeleistung. Im Kern geht es darum, daß man sich freiwillig für das Wohlergehen anderer Menschen einsetzt. Zuweilen wird der Begriff Altruismus auf Hilfe beschränkt, die völlig uneigennützig ist, während prosoziales Verhalten ansonsten auch eigennützige Motivationen (z. B. Erwartung von Belohnung, Anerkennung) zuläßt.

Hilfreiches Verhalten kann sehr verschiedene Formen annehmen. Wiederholt untersucht wurden: das Teilen und Abgeben von Gewinnen, Helfen in Notfallsituationen, Abgeben oder Zurücksenden von Fundsachen, Blut- und Organspenden, Spenden für soziale Zwecke.

Determinanten prosozialen Verhaltens sind zum einen situative Bedingungen, zum anderen personale Dispositionen des Helfenden. Als *Situationsfaktoren* für Hilfeleistungen sind vor allem bedeutsam (vgl. Staub 1982): Eindeutigkeit der Notlage, Ausmaß der Hilfsbedürftigkeit, Eindeutigkeit der Verantwortlichkeit, Höhe der Anforderung an Eigeninitiative, mutmaßliche Kosten der Hilfeleistung (Mühe, Zeit, materielle Aufwendungen, Risiken), soziale Erwünschtheit der Hilfe, Beziehung zur hilfsbedürftigen Person.

An *personalen Faktoren,* die Hilfeleistung begünstigen, werden bei verschiedenen Autoren (Staub 1982, Eisenberg & Fabes 1988) einige besonders hervorgehoben. Von zentraler Bedeutung für prosoziales Handeln ist die Fähigkeit zur »Perspektivenübernahme« bzw. zur Einfühlung in andere Personen (»Empathie«), da zur Initiierung einer Hilfehandlung zunächst die »Hilfsbedürftigkeit« erfaßt werden muß. Sie ist unter anderem bei »stiller Not«, bei seelischem Schmerz, Sorgen usw. keineswegs immer leicht zu erkennen.

Weiterhin werden Normen und Werte eines Menschen mit hilfreichem Verhalten in Verbindung gebracht (vgl. Bierhoff 1990). Vor allem sind es die Normen der »sozialen Verantwortung« und die der »Gegenseitigkeit«, die, falls »verinnerlicht«, das Individuum zu hilfreichem Verhalten motivieren. Die

Norm der sozialen Verantwortung besagt, daß man demjenigen helfen soll, der von einem abhängig ist. Nach der Norm der Gegenseitigkeit soll man demjenigen helfen bzw. keinen Schaden zufügen, der einem geholfen hat.

Ein dritter wichtiger Faktor ist die Neigung, sich selbst Verantwortung dafür zuzuschreiben, daß tatsächlich geholfen wird, und die Verantwortung nicht etwa nur bei anderen Menschen, bei »zuständigen« Institutionen oder bei den Hilfsbedürftigen selbst zu sehen.

Viertens sind Selbstkonzeptvariabeln wie z. B. hohe Selbstwertschätzung, internale Kontrollüberzeugungen und Selbstwirksamkeitserwartungen (vgl. Kap. 4.4) von Bedeutung. Manchmal sind auch besondere Kenntnisse und Fertigkeiten erforderlich (z. B. für erste Hilfe bei einem Menschen, der von einem Herzinfarkt betroffen ist).

Für den *Erwerb* dieser Dispositionen, die Hilfeleistung begünstigen, sind neben reifungsbedingten Entwicklungsvoraussetzungen bestimmte, durch die Sozialisationsinstanzen vermittelte Lernprozesse von entscheidender Bedeutung (vgl. Radke-Yarrow et al. 1983). Die Forschung bezieht sich bisher in erster Linie auf die familialen Erziehungseinflüsse.

Danach ist vermutlich das *elterliche prosoziale Vorbild* in Wort und Tat – dem Kind selbst wie auch anderen Personen gegenüber – die wichtigste Determinante zur Ausbildung einer »altruistischen Persönlichkeit« (vgl. Bierhoff 1980, Mussen & Eisenberg-Berg 1979). In vielen Untersuchungen über sehr engagierte Menschen (z. B. Menschen, die im Dritten Reich Juden retteten) wurde gefunden, daß sie wenigstens einen Elternteil als moralisches Vorbild empfanden. In welchem Ausmaß das elterliche Modell wirksam ist, hängt von weiteren Faktoren ab.

Hierzu gehört vor allem die *emotionale Wärme* gegenüber dem Kind. Ihre Bedeutung liegt möglicherweise nicht nur in der Erhöhung der Modellwirkung, sondern auch in der Stärkung des Selbstwertgefühls und der Selbstwirksamkeitserwartungen.

Die *Förderung von Einfühlung* und Perspektivenübernahme ist ein dritter Faktor. Einfühlung kann nach Schreiner (1983, S. 438) in der Familie auf unterschiedliche Weise gefördert werden:

- »Eingehen auf die Gefühle und u. U. noch beschränkte soziale Perspektive von Kindern durch Wiederholungen und Präzisieren (aktives Zuhören) kindlicher Äußerungen;

- Verdeutlichung der eigenen Gefühle und des eigenen Standpunktes durch Ich-Botschaften anstelle von abwertenden Etikettierungen und autoritativen Schuldzuschreibungen;
- Erläuterungen von zwischenmenschlichen Problemen und Konflikten aus Sicht aller Beteiligten;
- Beteiligung der Kinder, sofern sie schon zu einer selbstreflexiven Perspektivenübernahme fähig sind, an Gruppenentscheidungen;
- Förderung der Beratung jüngerer Kinder durch ältere Kinder«.

Förderlich sind auch *Selbstauskünfte über eigene Hilfeleistungen.* Damit ist gemeint, daß Eltern oder andere Erzieher das Kind an ihrem Erleben und Empfinden teilhaben lassen, wenn sie anderen Menschen helfen bzw. geholfen haben. Dies kann sich darin zeigen, daß sie dem Kind ihre persönlichen Beweggründe zu helfen offenbaren, über ihre Gefühle sprechen, die mit der Hilfeleistung verbunden waren, ihm verdeutlichen, woran sie die Hilfebedürftigkeit erkannt und welche Schlußfolgerungen sie daraus über die Notlage des Betroffenen gezogen haben (vgl. Mussen & Eisenberg-Berg 1979).

Als weiterer Faktor wird von Hoffman (1977) eine besondere Form des Argumentierens und Überzeugens bei Disziplinkonflikten hervorgehoben, die sog. *Induktion.* Damit ist gemeint, daß Eltern, statt mit Liebesentzug oder Machtausübung zu reagieren, ihr Kind auf die schädlichen oder schmerzlichen Folgen seines Tuns für andere hinweisen. Das Kind wird dabei angehalten, sich vorzustellen, wie es der betroffenen Person gehen mag, sich in deren Gefühle hineinzuversetzen und sich zu überlegen, wie der Schaden wiedergutzumachen ist (z. B. Entschädigung leisten, sich entschuldigen). Durch solche »Überzeugungstechniken« wird beim Kind sowohl Mitleid und Empathie für die Not und Bedrängnis von Hilfebedürftigen begünstigt als auch das Erleben von Schuld und Verantwortlichkeit.

Verantwortungsbewußtsein kann das Kind noch auf sehr direkte Weise erwerben: Durch das *Übertragen von Verantwortung.* Eltern können ihr Kind anhalten, Verantwortung für andere (z. B. notleidende Kinder; leistungsschwächere Mitschüler; Tiere) zu übernehmen und sich um sie zu kümmern. Durch ihr Vorbild und ihren Kommentar zu einer Hilfeleistung können Eltern überdies die persönliche Verantwortung deutlich machen und dem verbreiteten Phänomen der Verantwortungsdiffusion entgegenwirken.

Alle genannten Erziehungsprinzipien tragen vermutlich auch dazu bei, die Internalisierung humaner Werte zu fördern. Zusätzliche Impulse könnten hierzu *Gespräche zur moralischen Urteilsbildung* geben. Immerhin gibt es einen gewissen Zusammenhang zwischen dem Niveau moralischer Urteilsbildung (wobei das »Niveau« nach den Stufen von Kohlberg definiert wird) und prosozialem Verhalten (vgl. Eisenberg & Fabes 1988). Von pädagogischem Interesse zur Anhebung des moralischen Urteils ist vor allem Kohlbergs Methode, durch moralische Dilemmata (z. B. darf man, wenn man kein Geld hat, ein Medikament aus der Apotheke stehlen, um einem nahestehenden schwerstkranken Menschen zu helfen?) die Auseinandersetzung um moralische Werte und Normen anzuregen (vgl. Kohlberg 1986).

Für die Erziehung zur moralischen Urteilsbildung ist es weiterhin wichtig, von realen Problemen der Kinder und Jugendlichen auszugehen. Dies setzt bei den Eltern aber Kenntnis über deren Lebenswelt voraus. Darüber hinaus ist es nicht mit einzelnen Gesprächen getan. Es ist vielmehr notwendig, ein kontinuierliches Anregungsmilieu zu schaffen, in dem »die soziale Umwelt gerecht organisiert ist und die alltäglichen zwischenmenschlichen Beziehungen von Einfühlung und reflektierter Gegenseitigkeit durchdrungen sind«, wie Schreiner (1983, S. 445) schreibt. Beispiele, wie dies im familialen und schulischen Alltag umgesetzt werden kann, sind z. B. bei Lickona (1981) zu finden.

Prosoziales Verhalten ist schließlich auch konkretes Tun und setzt deshalb häufig, wie schon erwähnt, bestimmte *Kenntnisse* und *Fertigkeiten* voraus. Erziehern und Erzogenen fehlen aber vielfach die notwendigen Kompetenzen zur Hilfeleistung. So sind vor allem Notfallsituationen in der Regel seltene Ereignisse, für die kaum jemand persönliche Erfahrungen mitbringt. Deshalb ist es wichtig, sich mit Hilfesituationen und ihren Anforderungen vertraut zu machen. Hierzu können z. B. Filme oder auch Texte hilfreich sein (vgl. Bilsky 1989).

Mit Märchen, Geschichten oder Berichten von Erziehern, die vom Helfen handeln, können möglicherweise auch Merkmale *kognitiver Selbststeuerung* erzieherisch beeinflußt werden. Die Erfahrungen , die die »Helden« als Modelle in den Erzählungen mit dem Hilfeverhalten machen, könnten Kinder anregen, bezüglich eigener Hilfeleistungen Selbstwirksamkeits- und Kompetenzerwartungen auszubilden (vgl. auch Perrez et al 1985 a).

Die interne Selbstbewertung ist ein weiterer wichtiger Aspekt der Selbststeuerung und der uneigennützigen Motivation. Wenn Menschen entsprechend ihren verinnerlichten Normen handeln, bewerten sie sich positiv (eine Art »Selbstlob«), wenn sie ihnen zuwiderhandeln, bewerten sie sich negativ (»schlechtes Gewissen«). Eltern können ihre Kinder bei einer Hilfehandlung *zu positiven Selbstbewertungen anregen,* indem sie selbst als Vorbild fungieren und in Gegenwart des Kindes eigene Selbstbewertungen kundtun (z. B. während sie einen älteren Menschen über die Straße geleiten: »Siehst Du, das klappt wunderbar, wenn ich ihm etwas unter die Arme greife und langsamer gehe«). Kinder können so lernen, durch Selbstlob positive Gefühle bei sich selbst zu erzeugen und damit die eigene Motivation zu prosozialen Handlungen zu fördern und zu stabilisieren.

Es ist anzunehmen, daß die beschriebenen Prinzipien nicht nur in der Familie prosoziales Verhalten fördern, sondern ebenso in anderen Erziehungsbereichen (z. B. Jugendarbeit, Schule), auch wenn sie dort bislang weniger erforscht wurden.

Die Ergebnisse zur Förderung prosozialen Verhaltens durch elterliche Erziehung sind übrigens so übereinstimmend, wie man es bei anderen Zielbereichen kaum findet.

4.6 Zielrichtung: Seelische Gesundheit

Auch wenn es selten explizit als Erziehungsziel genannt wird: Erziehung soll die körperliche und seelische Gesundheit der Erzogenen fördern und erhalten. Dies wird kaum jemand für unwichtig halten. Bei der körperlichen Gesundheit prägt seit langem eine Gesundheitserziehung das Bild, die sich stark an der Vermeidung von Erkrankungen orientiert. Wir alle kennen die Maßnahmen, die von ihr propagiert werden: Information, Belehrung, Abschreckung, Verbote. Eine solche Gesundheitserziehung will die Menschen dazu bringen, Risikofaktoren zu vermeiden, was oftmals gleichbedeutend ist mit Verzicht.

Läuft die Erziehung zur seelischen Gesundheit, die hier im Vordergrund stehen soll, auf das Gleiche hinaus? Wird die seelische Gesundheit der Heranwachsenden dadurch entwickelt, daß man Risikofaktoren für eine psychische Erkrankung zu vermindern und auszuschalten sucht (wobei auch die Erziehung selbst zu diesen Risikofaktoren gehören kann)? Oder gibt es darüber hinaus erzieherische Möglichkeiten, die seelische Gesundheit direkt zu fördern?

Zunächst aber: Was ist unter *seelischer Gesundheit* zu verstehen? Man kann sie mit verschiedenen Begriffen umschreiben. Gebräuchlich sind z. B.: positive emotionale Befindlichkeit, hohes Energieniveau und Interesse, Expansivität, optimale Leistungsfähigkeit und Produktivität, Selbsttranszendenz, Autonomie, hohes Selbstwertgefühl (vgl. Becker 1986, S. 9 ff). Solche Begriffszusammenstellungen lassen sich reduzieren zu zwei Grundvorstellungen psychischer Gesundheit, nämlich: (1) *Produktive Anpassung* – damit ist die produktive und konstruktive Auseinandersetzung mit den unterschiedlichsten Anforderungen des Lebens gemeint; (2) *Selbstverwirklichung* – damit ist ein Selbstwerden gemeint, eine schöpferische Entfaltung des Individuums in der Interaktion mit seiner Umwelt und sich selbst (Paulus 1992).

Wovon hängt es nun ab, ob ein Mensch psychisch gesund bleibt bzw. psychisch erkrankt? Welche Faktoren sind hier maßgebend und können durch Erziehung eventuell beeinflußt werden? Die psychologische Forschung hat verschiedene Risiko- und Schutzfaktoren gefunden, die entweder der Person oder der Situation bzw. der Umwelt zuzurechnen sind.

Ein wichtiger *personaler Schutzfaktor* ist die bereits vorhandene seelische Gesundheit selbst. Der von Antonovsky (1979) beschriebene »Kohärenzsinn« hat sich dabei als eine bedeutsame psychologische Komponente seelischer Gesundheit erwiesen. Dieser »Sinn für Zusammenhang« ist eine »globale Orientierung, die zum Ausdruck bringt, in welchem Umfang jemand ein generalisiertes, überdauerndes und dynamisches Gefühl des Vertrauens besitzt, daß die eigene innere und äußere Umwelt vorhersagbar ist und daß mit großer Wahrscheinlichkeit die Dinge sich so entwickeln werden, wie man es vernünftigerweise erwarten kann« (Antonovsky 1979; zit. n. Becker 1982, S. 9). Der Kohärenzsinn weist Bezüge zum »Locus-of-Control«-Konzept von Rotter und zum »Autonomen Handeln« von Schneewind auf (vgl. S. 96).

Personale Risikofaktoren sind demgegenüber genetisch bedingte oder erworbene Verletzlichkeiten (»konstitutionelle Vulnerabilitäten«), die jemanden anfälliger für psychische Störungen machen, z. B. eine frühkindliche Hirnschädigung oder eine leichte Erregbarkeit des autonomen Nervensystems. Bei Schülern können es z. B. Leistungsschwierigkeiten sein, die zu weiteren Problemen führen. Belastungssymptome wie Drogen-konsum, delinquentes Verhalten, psychosoziale Störungen und psychosomatische Beeinträchtigungen sind häufig die Folgen (Hurrelmann 1990, S. 135).

Risikofaktoren in der Umwelt der Kinder sind z. B. psychische Krankheiten oder Eheprobleme der Eltern. *Schutzfaktoren* sind z. B. positive Haltungen der Eltern ihrem Kind gegenüber. Andere Faktoren der Umwelt, die die psychische Gesundheit gefährden oder schützen können, sind z. B. die Bedingungen am Ausbildungs- bzw. Arbeitsplatz, Wohnverhältnisse, sozio-kulturelle und politische Rahmenbedingungen. Für Schüler erweist sich der schulische Leistungsstreß als Gesundheitsrisiko, insbesondere vor dem Hintergrund der steigenden existentiellen Bedeutung von Schulabschlüssen bei gleichzeitigem persönlichen Bedeutungsverlust schulischer Lerninhalte, sowie angesichts schlechter Berufsaussichten und möglicher Arbeitslosigkeit (vgl. Hurrelmann 1990).

Mit Becker (1982, S. 282) kann man diese Faktoren in eine einfache »Gleichung« bringen (s. Abb. 15): Die Wahrscheinlichkeit psychisch zu erkranken, ist danach die – rechnerisch noch unbekannte – Funktion des Verhältnisses vom (a) Ausmaß konstitutioneller Vulnerabilitäten und (b) der Intensität und Dauer von Stressoren zum (c) Grad seelischer Gesundheit und (d) dem Ausmaß förderlicher Umweltbedingungen.

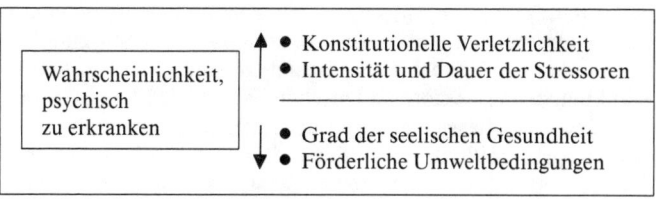

Abb. 15: Risiko- und Schutzfaktoren psychischer Erkrankung (in Anlehnung an Becker 1982)

Auch die *Erziehung* gehört zu den Umweltbedingungen, die die seelische Gesundheit gefährden oder fördern können. Als gefährdend werden häufig einzelne Faktoren besonders hervorgehoben, beispielsweise die »überbehütende Mutter« oder eine »kalt-restriktive« Erziehung. Ohne die Bedeutung solcher Fak-

toren in Frage zu stellen, müssen doch monokausale Erklärungs-
konzepte aufgrund der Forschung als unzureichend angesehen
werden (vgl. Becker 1984). Vielmehr zeichnen sich für einige
Störungen komplexe Zusammenhänge mit Merkmalen der
Erziehung bzw. des Erziehungsmilieus ab (vgl. Becker & Minsel
1986, Mattejat 1985). So scheint bei Schizophrenie – ohne sie
rein psychologisch erklären zu wollen – folgendes häufiger vor-
zukommen: »(a) Viele Schizophrene werden durch die Erziehung ihrer Eltern an der normalen Entfaltung ihrer Autonomie-
bestrebungen gehindert. Häufiger scheint es zu einer Art sym-
biotischer Bindung zwischen einem psychisch gestörten Elternteil und dem schizophrenen Kind zu kommen. (b) Viele Eltern
Schizophrener verwenden einen Kommunikationsstil, der
unklar und ›widersprüchlich‹ ist und eine Vielzahl von Doppel-
bindungen schafft. (c) Das gesamte erzieherische und familiäre
Klima wird durch schwere offene oder latente Eheschwierigkei-
ten der Eltern beeinträchtigt« (Becker 1984, S. 109 f).

Auch für die Entstehung und Entwicklung depressiver Ver-
stimmungen bei Kindern und Jugendlichen ist die bedeutende
Rolle der Familie bzw. der Eltern inzwischen gut nachzuweisen.
Nach Fend & Schröer (1989) zeichnen sich depressionsför-
dernde Familienmilieus aus durch (a) geringe kommunikative
Offenheit, (b) hohe Bestrafungsintensität, (c) latente Ableh-
nung, (d) ein problematisches Verhältnis zur Selbstwerdung und
Ablösung des Jugendlichen von der Familie, (e) eingeschränkte
Entfaltungsmöglichkeiten, (f) inkonsistentes Disziplinierungs-
verhalten, (g) geringe Anpassungsfähigkeit an lebensgeschichtli-
che Veränderungen und (h) geringe affektive Unterstützung.

Zahlreiche Aspekte des Familienlebens sind also potentiell als
krankmachende Faktoren anzusehen. Nicht nur Eltern, die ihre
Kinder vernachlässigen, körperlich oder seelisch mißhandeln
oder sexuell mißbrauchen, fügen ihnen schwere psychische
Schäden zu. Anhaltende ungünstige Umstände (z. B. chroni-
scher Streit der Eltern; psychische Probleme eines Elternteils;
Inkonsistenz im Erzieherverhalten) sind für die Entwicklung
des Kindes meist gewichtiger als ein frühes gravierendes Einzel-
ereignis (vgl. Draijer 1990, Paetzold 1989). Damit wird die vielfach vorgebrachte These relativiert, allein frühkindliche Beeinträchtigungen (z. B. Mutter-Kind-Trennung) seien für später im
Leben auftretende psychische Störungen verantwortlich.

In neuerer Zeit wird die Familie auch verstärkt als ein *Schutz*-
faktor der Gesundheit gesehen, etwa durch die Art der Kommu-

nikation oder durch die Hilfeleistung der Familienmitglieder untereinander. Wie Analysen zeigen (z. B. Lewis et al. 1976, Textor 1985), scheinen folgende Faktoren die seelische Gesundheit zu fördern: (a) klare Machtverteilung mit starkem elterlichen Bündnis, (b) Förderung der Individualität der Mitglieder (z. B. Respekt vor subjektiven Sichtweisen und Bewertungen; Akzeptierung von Intimität und Autonomie), (c) effektive Kommunikation (z. B. »Ich-Botschaften«, »Aktives Zuhören« etc.), (d) Offenheit im Ausdruck von Gefühlen, (e) verläßliche Verhaltensregeln, nach denen das Familienleben und die Erziehung gestaltet werden, (f) einige grundlegende Werte und Normen, die von allen Mitgliedern geteilt werden, und (g) soziales oder gesellschaftliches Engagement der Familie.

Ein Gutteil der genannten Aspekte läßt sich auch in Längsschnittuntersuchungen über sog. *»Unverwundbare«* wiederfinden. Als »unverwundbar« werden manchmal Menschen bezeichnet, die unter mehreren extrem ungünstigen sozialen und ökonomischen Bedingungen aufwachsen mußten (Arbeitslosigkeit der Eltern, schlecht ausgebildete Väter, Armut, Probleme während der Schwangerschaft, psychische Erkrankung von Vater oder Mutter u. a. m.) und die sich trotz der ungewöhnlichen Belastungen zu psychisch gesunden Persönlichkeiten entwickelt haben (vgl. z. B. Werner & Smith 1982; zusammenfassend: Bubert 1987, Ulich 1987, S. 163 ff).

Fragt man nach den protektiven Faktoren, die zu einer solchen »Unverwundbarkeit« eines Kindes beigetragen haben, dann lassen sich drei Gruppen nennen. Die erste umfaßt Merkmale des Kindes selbst, die beiden anderen betreffen Umweltbedingungen:

1. Als protektive *Persönlichkeitsmerkmale* des Kindes haben sich erwiesen: gutes soziales Verständnis; gute Impulskontrolle; Autonomie (d. h. Gefühl der Kontrolle über eigene Lebensumstände); gute Problemlösestrategien und die Fähigkeit, positive Reaktionen in der sozialen Umwelt hervorzulocken (z. B. durch »Charme«).

2. Beim *Erziehungsverhalten* haben sich einige Merkmale als förderlich erwiesen, die sich aus der Sicht der Erzogenen etwa in folgender Weise zusammenfassen lassen: Das Kind verspürt durch wenigstens eine Bezugsperson ein beständiges Interesse und persönliche Achtung, es erfährt eine ausreichende Unterstützung beim Erlernen von Selbstversorgung und Verständigung, und es hat Möglichkeiten, erfolgreich auf die eigene Situation Einfluß zu nehmen.

3. Schließlich schützen Merkmale des *sozialen Netzwerkes* wie die folgenden: zusätzliche Versorgungspersonen neben der Mutter (z. B. Vater, Großeltern, ältere Geschwister), gute Freunde in der Gleichaltrigengruppe, kontinuierliche Beschäftigung der Mutter außerhalb des Haushaltes, Strukturen und Regeln des familialen Zusammenlebens (für Jugendliche wichtig), in Krisen zur Verfügung stehende hilfreiche Personen (Verwandte, Freunde, Nachbarn, Lehrer).

Auch die *Schule* könnte eine schützende und fördernde Funktion für die seelische Gesundheit von Schülern und Lehrern übernehmen, vor allem durch ein gutes »Klima« zwischen Lehrkräften und Schülern und zwischen den Schülern. Auch wäre es denkbar, in Unterrichtseinheiten und in der persönlichen Beratung verstärkt die psychischen Belastungen der Schüler (z. B. Leistungsdruck, Beziehungskonflikte, Probleme mit den Eltern) zum Thema zu machen. Ihnen würde dadurch geholfen, konstruktiver mit den Belastungen umzugehen (vgl. auch S. 159 über den Abbau von Mißerfolgsängstlichkeit).

Faßt man die vorliegenden Untersuchungen zusammen, so zeigt sich immer wieder: Positive soziale Beziehungen zu anderen Menschen sind ein sehr wesentlicher Schutzfaktor für eine psychisch gesunde Entwicklung. Das müssen nicht die Eltern sein. Es können auch andere liebevolle und kompetente Bezugspersonen sein (vgl. Tress 1986). Bei Kindern, die von ihren Eltern mißhandelt wurden oder die zeitweilig in Konzentrationslagern leben mußten, boten z. B. die anderen mitleidenden Kinder den entscheidenden Schutz (vgl. Asendorpf 1988, S. 137 ff).

Um es abschließend pointiert zu sagen: Für die Förderung der seelischen Gesundheit innerhalb und außerhalb der Familie sind die *Be*ziehungen und das »soziale Klima« offenbar wichtiger als die *Er*ziehung im eigentlichen Sinne.

4.7 Verhaltensauffälligkeiten

Der Begriff der Verhaltensauffälligkeit oder Verhaltensstörung wird in der Psychologie häufig als Oberbegriff für problematisches Verhalten und Erleben von Kindern und Jugendlichen verwendet. Wann ist aber ein Verhalten oder Erleben »auffällig«? Sicherlich ist dies nicht eindeutig festzulegen. Hier spielt

z. B. eine Rolle, was man für »normal« hält. Manche Erzieher empfinden neben Leistungsmängeln vor allem aggressive und andere störende Verhaltensweisen als Problem, seltener hingegen ängstliches und zurückgezogenes Verhalten, obwohl dies für die weitere Persönlichkeitsentwicklung gravierender sein kann. Es kommt auch häufig vor, daß Lehrer A diese und Lehrer B jene Schüler als »gestört« empfindet. Dies kann an unterschiedlichen Verhaltensnormen der Lehrer liegen, aber natürlich auch daran, daß Schüler sich bei verschiedenen Lehrern unterschiedlich verhalten (s. u.). Bei der Frage nach der Normalität ist des weiteren die Perspektive des Urteilers wichtig: Sind es »Außenstehende« wie Psychologen oder Psychiater, sind es die betroffenen Eltern oder Lehrer, oder ist es das Kind, das sein Verhalten einschätzt?

Menschen neigen dazu, wenn sie Auffälligkeiten bei einem anderen Menschen wahrnehmen, diese seiner Person zuzuschreiben und situative Einflüsse unberücksichtigt zu lassen (vgl. S. 67). Dies kann bedeuten, daß Erzieher den eigenen Anteil an der Verhaltensauffälligkeit nicht erkennen. Das Kind mag andererseits aus seiner Perspektive eher dazu neigen, situative Faktoren (z. B. ungerechte Eltern, nervende Lehrer) für sein Verhalten verantwortlich zu machen und den eigenen Anteil (z. B. geringe Frustrationstoleranz) geringzuschätzen.

Inhaltlich lassen sich Verhaltensauffälligkeiten nach verschiedenen Kriterien ordnen. Ein einheitliches Klassifikationssystem hat sich bislang nicht durchgesetzt. Um einen Eindruck von der Vielfältigkeit zu vermitteln, sei hier nur hingewiesen auf: (a) Bewußtseins- und Wahrnehmungsstörungen, (b) Lern- und Leistungsprobleme (s. Kap. 5.8); (c) geistige Behinderungen, (d) emotionale Störungen (Ängste, Zwänge, Depressionen), (e) soziale Störungen (z. B. Schüchternheit, Aggressivität), (f) sexuelle Probleme, (g) psychosomatische Beschwerden (z. B. Ekzeme, Asthma, Magersucht), (h) schizophrene Störungen, (i) Substanzmißbrauch und -abhängigkeit (vgl. Pfingsten 1985).

Es wird häufig angegeben, daß 20–25 % aller Kinder in ihrem Erleben und Verhalten auffällig sind. Etwa 7–15 % haben psychische Störungen mit klinisch-psychiatrischem Krankheitswert, die beratungs- oder behandlungsbedürftig sind (vgl. Mattejat 1985, Weber et al. 1990). In der Häufigkeit überwiegen emotionale Probleme, gefolgt von Arbeits- bzw. Leistungsstörungen und sozialen Auffälligkeiten (vgl. Presting 1987).

Besonderes Interesse unter Erziehern findet (neben den Lernschwierigkeiten) vor allem aggressives Verhalten (vgl. Nolting 1987; Selg et al. 1988) sowie Angst (vgl. Bedersdorfer 1988). Es ist hier nicht möglich, auf einzelne Auffälligkeiten näher einzugehen (für Übersichten s. Tiedemann 1980, Havers 1981). Vielmehr möchten wir den Blick auf einige Aspekte lenken, die generell zu beachten sind, wenn Erzieher mit Verhaltensauffälligkeiten konfrontiert werden.

Im Einzelfall ist eine genaue *Beschreibung* der Auffälligkeit nötig; dadurch vermeidet man mögliche Pauschalisierungen (z. B. »Fritz ist ein Störenfried«). Beschreiben kann man als Außenstehender zunächst nur sichtbare Tatbestände, nämlich einerseits das beobachtbare Verhalten (»Was tut oder sagt die Person?«) und andererseits die Situationsbedingungen, unter denen es auftritt. Die inneren Prozesse der beobachteten Person (Was nimmt die Person wahr?; Wie interpretiert und bewertet sie ein Ereignis? Was fühlt sie? etc.) kann man nur erschließen, und dies oft erst am Ende langer diagnostischer Bemühungen. Auch die »auffällige« Person selbst ist meist nicht von vornherein in der Lage, ihr Innenleben umfassend zu beschreiben, sondern braucht dazu psychologische Hilfen.

Bei der Suche nach *Erklärungen* sind daher für Erzieher zunächst Fragen nach *situativen Bedingungen* nützlich: Bei welchen Fragen, Bemerkungen, Aufgaben, Themen etc. ist das Kind bzw. der Schüler verhaltensauffällig? Gegenüber welchen Personen (z. B. Angst beim strengen Lehrer XY; Schüchternheit gegenüber der attraktiven Mitschülerin)? Im Beisein von, im gemeinsamen Handeln mit wem (z. B. aggressives Verhalten in der Clique)? An welchen Orten, in welchen Räumen (z. B. Stehlen im Supermarkt; Angst in der Schule)? Welche Erfolge oder Mißerfolge (nachfolgende Bedingungen) hat das Verhalten, welche Reaktionen zieht es nach sich?

Auf diese Weise wird es auch möglich, die *personalen Dispositionen* zu spezifizieren, z. B. die Art der Ängstlichkeit, der Aggressivität, der intellektuellen (Un-)Fähigkeiten, der sozialen Kompetenzen und Defizite. Beispielsweise könnte sich als eine Disposition herausschälen, daß ein Kind oder Jugendlicher es nicht versteht, einen Konflikt argumentativ beizulegen, und statt dessen handgreiflich wird, weil er sich so besser durchzusetzen weiß. Letztlich sind die angenommenen Dispositionen, auch wenn sie mit psychodiagnostischen Tests ermittelt werden, immer nur »hypothetische Konstrukte« (vgl. S. 73).

Die personalen Anteile an den Verhaltensauffälligkeiten lassen sich wiederum aus den *Entwicklungsbedingungen* erklären, also aus den Anlage- und Umweltfaktoren sowie aus der Person selbst, denn sie ist ja auch Produzent ihrer eigenen Entwicklung (s. S. 45). Von den Umweltfaktoren interessiert hier vorrangig die *Familie* und der erzieherische Einfluß der Eltern: Welche Merkmale stehen mit der Entwicklung von Verhaltensauffälligkeiten in Zusammenhang? Kritische Ereignisse im Familienleben, wie z. B. Erstelternschaft, Einschulung des Kindes, schwere Erkrankung eines Familienangehörigen, Arbeitslosigkeit des Haupternährers usw.) können das Familienleben nachhaltig beeinträchtigen, wenn die Bewältigung nur unzureichend gelingt. Typische Probleme, die in der Phase der Erstelternschaft auftreten können, sind z. B.: Die Ehefrau erwartet vom Ehemann mehr Beteiligung an der Kinderpflege, als er tatsächlich in der Lage oder bereit ist zu geben; unterschiedliche Auffassungen über die Kindererziehung prallen aufeinander; die Mutter konzentriert sich auf das Kind, der Partner fühlt sich vernachlässigt. Diese Probleme können sich zu Belastungen für die Partnerschaft entwickeln und sich darüber hinaus auch auf die Entwicklung des Kindes auswirken. Dies gilt besonders dann, wenn das Kind in die aufkommenden Konflikte mit hineingezogen wird.

Problematisch für die kindliche Entwicklung wird es auch, wenn Eltern sich nicht angemessen auf kindliche Eigentümlichkeiten einstellen können und sich dadurch in der Erziehung überfordert fühlen. Dies ist z. B. häufiger bei einem »schwierigen Kind« (Thomas & Chess 1977) der Fall. Ein solches Kind hat unregelmäßige Tagesrhythmen, zieht sich vor neuen Reizen zurück, ist nur wenig anpassungsfähig und hat eine überwiegend negative Stimmungslage. Überfordert heißt hier, daß sich die Eltern dem »schwierigen Temperament« des Kindes schlecht anzupassen vermögen. Dieses Unvermögen der Eltern trägt dazu bei, daß »schwierige Kinder« ein bis zu dreimal höheres Risiko haben, in der mittleren Kindheit verhaltensauffällig zu werden und damit zu einer kontinuierlichen Quelle elterlicher Belastung zu werden (vgl. Grusec & Lytton 1988, S. 124 ff).

Die Entwicklung von Verhaltensauffälligkeiten der Kinder hängt auch mit bestimmten Charakteristika des familialen Systems zusammen. Nach Mattejat (1985) zeigt sich z. B., daß bei chaotischen Beziehungsstrukturen mit aggressiv-ausagierenden, bei sehr engen emotionalen Bindungen eher mit ängstlich-gehemmten Störungen zu rechnen ist.

Isoliert man individuelles Erzieherverhalten aus dem Kontext der systemischen Betrachtung der Familie, dann werden immer wieder Vernachlässigung, Verwöhnung, Überbehütung, autoritäre, antiautoritäre und inkonsistente Erziehung mit der Entstehung von Verhaltensauffälligkeiten in Zusammenhang gebracht. »In all diesen Fällen«, schreibt Textor (1991, S. 255), »werden den Kindern keine optimalen Entwicklungsbedingungen geboten. Sie fühlen sich abgelehnt und ungeliebt (bei Vernachlässigung), entwickeln keine Leistungsbereitschaft und kein Selbstvertrauen (bei Verwöhnung), bleiben von ihren Eltern abhängig (bei Überbehütung), werden in ihrer Individuation behindert (autoritäre Erziehung), lernen keine Selbstkontrolle (antiautoritäre Erziehung) oder sind orientierungslos (inkonsistente Erziehung).«

Neben der Familie kann auch die *Schule* zu Verhaltensauffälligkeiten beitragen, sei es durch das Verhalten einzelner Lehrer, durch ein ungünstiges »Klassenklima« oder durch Mißerfolge und Versagen bei den Schulleistungen.

Ziehen wir nun die verschiedenen Bedingungsfaktoren in Betracht und erwägen *erzieherische Möglichkeiten* zur Prävention und Bewältigung von Verhaltensauffälligkeiten, dann ergeben sich folgende Perspektiven: Die Einflußnahme kann an den situativen Bedingungen und bei der Person des Erzogenen ansetzen. Zu den situativen Bedingungen zählen, vom Erzogenen aus gesehen, die erziehenden Personen (zur Förderung ihres erzieherischen Verhaltens s. Kap. 6), aber beispielsweise auch die Veränderung von Leistungsanforderungen, eventuell auch von äußeren Bedingungen wie der Aufteilung der Wohnung oder der Sitzordnung im Klassenzimmer. Psychologische Hilfe für die auffällige Person selbst kann in vielfältiger Weise gegeben werden, wobei die Erzieher immer wichtig sind, es häufig aber allein nicht »schaffen« können. Ist die Störung zu schwerwiegend, sind die Erzieher selbst zu stark emotional in die Störung verstrickt oder liegen maßgebliche Bedingungen der Störung außerhalb ihrer erzieherischen Kontrolle (z. B. Auffälligkeiten in der Schule aufgrund starker Probleme im Elternhaus), dann ist die Unterstützung durch psychologisch geschulte Experten, etwa in einer Erziehungsberatungsstelle oder einem schulpsychologischen Dienst, erforderlich.

Zur Korrektur von Verhaltensauffälligkeiten sind in der Klinischen Psychologie zahlreiche Konzepte entwickelt worden, die vielfach auch in der Pädagogischen Psychologie Beachtung gefunden haben. Sie lassen sich auf die im Kap. 2 erwähnten psychologischen Theorierichtungen zurückführen.

Tiefenpsychologische Ansätze (z. B. Psychoanalyse, Individualpsychologie) sehen in den Verhaltensstörungen unproduktive Lösungen von unbewußten Triebkonflikten (Psychoanalyse) oder unproduktive Wege, Ansehen und Bedeutung zu erlangen (Individualpsychologie). Die psychoanalytische Arbeit mit verhaltensauffälligen Kindern besteht z. B. darin, zu ihnen eine intensive emotionale Bindung herzustellen, ihnen zu ermöglichen, ihre inneren Konflikte durch verschiedene Spiel- und Werkmöglichkeiten auszudrücken, ihnen Erlebnisse zu vermitteln, durch die sie sich in ihrem Selbstwertgefühl und in ihrer Fähigkeit, Probleme zu bewältigen, gestärkt fühlen. Beispiele für solch eine Arbeit mit Kindern, die auch humanistisch-psychologische Konzepte (s. u.) mit aufgreift, zeigen Behr & Walterscheid-Kramer (1986). Im indivdualpsychologischen Ansatz spielt die Ermutigung der Kinder eine zentrale Rolle (vgl. Dreikurs et al. 1976).

Verhaltenstherapeutische Ansätze gehen von situationsspezifisch gestörtem Verhalten aus. Das Anliegen der Verhaltenstherapie ist, auf der Basis verschiedener Lernarten (s. S. 49 ff) störende Verhaltensgewohnheiten abzubauen bzw. neue Fertigkeiten aufzubauen (zu Methoden vgl. Fliegel et al. 1981). Mittels »pädagogischer Verhaltensmodifikation« (vgl. Adameit et al. 1983) kann z. B. das störende Verhalten von Schülern systematisch beeinflußt werden, vor allem durch den sinnvollen Einsatz positiver Bekräftigungen. Verhaltenstherapeutische Prinzipien finden auch in der familialen Erziehung zur Veränderung auffälligen Verhaltens ihre Anwendung (z. B. Perrez et al. 1985 b).

Die Erzogenen können auch angeleitet werden, ihre Fähigkeiten zur Selbststeuerung zu verbessern und auf diese Weise ihre störenden Verhaltensweisen besser zu kontrollieren. Solche Methoden aus der sog. kognitiven Verhaltenstherapie sind auch für den pädagogischen Bereich entwickelt worden (vgl. Petermann 1989).

Kognitive Ansätze sehen in den Verhaltensstörungen Folgen verzerrter Wahrnehmungen, Interpretationen und Bewertungen der (sozialen) Wirklichkeit, beispielsweise in der Art: »Ich bin nur dann etwas wert, wenn ich in jeder Hinsicht kompetent, intelligent und erfolgreich bin« (vgl. Ellis 1962/1977). Auf dem Hintergrund einer solchen »irrationalen Annahme« können

z. B. schlechte Schulleistungen bei einem Schüler Angst, Minderwertigkeitsgefühle und Wut auslösen, die sich wiederum in Verhaltensweisen ausdrücken können wie: den Lehrer beschimpfen, sich mit Klassenkameraden schlagen, bei den Hausarbeiten pfuschen etc. (vgl. Knaus 1983). In der therapeutischen Arbeit mit dem Schüler würde dieser lernen, die irrationalen Gedanken durch rationale zu ersetzen. Dazu dient eine rationale Problemanalyse (z. B. »Was ist daran so schlimm, wenn ich nicht perfekt bin?«) und die Veränderung des »inneren Selbstgesprächs« in Richtung auf mehr Entlastung und Ermutigung (z. B. »Ich habe selbstverständlich einige Fehler, weil keiner vollkommen ist. Ich bin deshalb aber nicht weniger wert als andere«). Kognitive Therapien bedienen sich vielfach verhaltenstherapeutischer Prinzipien, so daß fließende Übergänge zu den kognitiven Verhaltenstherapien bestehen.

Humanistisch-psychologische Ansätze (z. B. klientenzentrierte Gesprächspsychotherapie) sehen in dem gestörten Verhalten Blockierungen von Wachstumsprozessen auf dem Wege zur Selbstverwirklichung. Ursache hierfür ist Mangel an Wertschätzung, einfühlendem Verständnis und an echten zwischenmenschlichen Beziehungen. Ziel erzieherischer Maßnahmen ist es hier, den Erzogenen dabei zu unterstützen, daß er ein positives Selbstwertgefühl und eine realitätsgerechte (Selbst-)Wahrnehmung entwickelt. Möglichkeiten für Eltern, Lehrer und andere Erzieher bieten »personenzentrierte« Gespräche mit dem Erzogenen, die besonderes Gewicht auf einfühlendes Verstehen bzw. »aktives Zuhören« legen (vgl. Tausch & Tausch 1977, Gordon 1972). Für verhaltensauffällige Kinder sind weiterhin nondirektive Spieltherapien geeignet (vgl. Schmidtchen 1989).

In *systemischer* Sichtweise rückt das Beziehungsgefüge in den Mittelpunkt. Mit therapeutischer Unterstützung z. B. durch »systemische Konsultation« (Voß 1990) können Eltern oder Erzieher Einsicht in diese Zusammenhänge gewinnen (Hennig & Knödler 1987). Sie hilft ihnen, in der Familie oder Schulklasse festgefügte Kommunikationsmuster zu durchbrechen.

Aus den bisherigen Betrachtungen ergeben sich auch vielfältige Ansätze zur *Prävention* von Verhaltensauffälligkeiten (vgl. Brandtstädter 1982, Sommer 1977). Auf die gesundheitsförderliche Bedeutung der Beziehungsvariablen einfühlendes Verstehen, positive Wertschätzung und Echtheit haben wir schon aufmerksam gemacht. Einige Befunde hierzu haben wir im Abschnitt zur seelischen Gesundheit zusammengetragen.

4.8 Erziehungskonflikte in Familie und Schule

Erziehungskonflikte entstehen dann, wenn Erzieher einerseits und die zu Erziehenden andererseits mit ihren Bedürfnissen, Interessen, Wertvorstellungen und den daraus folgenden Handlungstendenzen in Widerspruch zueinander geraten. Solche Konflikte drehen sich in der Regel um Werte und Normen des sozialen Verhaltens oder um Leistungen (Havers 1981). Erziehungskonflikte »stören« gewöhnlich die Interaktionen zwischen Erzieher und Erzogenem und sind für die Beteiligten zumeist emotional belastend.

Im Grunde sind Konflikte eine alltägliche und unvermeidliche Erscheinung des menschlichen Zusammenlebens – man kann nicht erwarten, daß auch nur zwei Menschen zu jeder Zeit die gleichen Bedürfnisse und Absichten haben. Daß gegensätzliche Handlungstendenzen zwischen Eltern und Kindern oder Lehrern und Schülern auftreten, ist daher völlig normal.

Wie allerdings mit Konflikten umgegangen wird, ob »konstruktiv« oder »destruktiv«, darin gibt es wohl große Unterschiede. Es ist also wichtig, zwischen Konflikt und Konfliktverhalten bzw. Konfliktfolgen zu unterscheiden. Im allgemeinen Sprachgebrauch wird beides oft vermischt, so daß man bei »Konflikt« gleich an das heftige Aufeinanderprallen denkt.

Welches sind nun die *Anlässe* und *Hintergründe* für Erziehungskonflikte? Aus der Sicht von Eltern sind es nach einer Repräsentativbefragung in Baden-Württemberg (Institut für Demoskopie Allensbach 1983) unter anderem die folgenden Verhaltensweisen ihrer Kinder: Ungehorsam, Unordnung, Trotz, Eigensinn, Widerstand gegen das Zubettgehen, großer Fernsehkonsum, Lärm, Streit um unordentliche Ausführung der Hausaufgaben, Genuß von zuviel Süßigkeiten. Speziell an Jugendlichen wird unter anderem moniert, daß sie aufsässig und überheblich seien und fortwährend auf eigene Rechte pochten (vgl. Textor 1991).

Einen Einblick in das Konfliktpotential zwischen Eltern und Kindern aus Sicht der Erzogenen geben Ergebnisse der Shell-Studie (Jugendwerk der Deutschen Shell 1985) »Eltern und Kinder«. Danach wollen ca. 50 % der Jugendlichen der achtziger Jahre ihre eigenen Kinder anders erziehen (mehr Selbständigkeit, Autonomie, Gleichberechtigung zwischen Eltern und Kindern) als sie selbst von ihren Eltern erzogen worden sind. In den sechziger Jahren waren es dagegen nur etwa 20 % (vgl. Hurrelmann 1990, S. 102 ff).

Erziehungskonflikte sind offensichtlich auch alterstypisch gefärbt, wie man schon aus der Elternbefragung ersehen kann. Entwicklungspsychologische Untersuchungen zeigen, daß es z. B. im zweiten Lebensjahr oft Konflikte gibt, die mit dem Selbstständigkeitsstreben des Kindes, seiner Durchsetzung gegenüber elterlichen Geboten und mit der Erprobung seiner Kompetenzen zusammenhängen (sog. »Trotzphase«).

Das Jugendalter ist eine weitere Phase, die als besonders konfliktträchtig angesehen wird. Den Jugendlichen geht es ganz wesentlich um die Identitätsbildung und dabei auch um die Auseinandersetzung mit den elterlichen bzw. gesellschaftlichen Werten, Normen und Lebensweisen. Früher wurde dies als schwerwiegende Krise und »Generationskonflikt« betrachtet. Neuere Untersuchungen zeigen aber, daß in der Adoleszenzphase eine positive Beziehung zu den Eltern überwiegend erhalten bleibt (vgl. Jaide & Veen 1989).

Manche belastenden Lebensbedingungen bilden einen Hintergrund für häufig wiederkehrende Konflikte in Familien. So können sich z. B. Alleinerziehende von den vielfältigen Anforderungen ständig überfordert fühlen. Andere Belastungen wie z. B. Arbeitslosigkeit, behinderte oder alkoholkranke Angehörige schaffen ebenfalls konfliktträchtige Lebenssituationen, die sich auf die Erziehung und das Heranwachsen der Kinder negativ auswirken können.

Erziehungskonflikte können sich ungünstig entwickeln, wenn die Beteiligten mit Konflikten schlecht umgehen können, z. B. zu schnell aggressiv werden, ausweichen oder ziellos »wie ein aufgeregtes Huhn« agieren. Erzieher sind manchmal auch geneigt, in Konfliktsituationen ihre Macht auszuspielen. Kinder erleben durch solch ein Erzieherverhalten ein Vorbild dafür, daß man Interessen mit Zwang und mit Drohungen durchsetzen kann, und sie empfinden Groll gegenüber den Erziehern, weil diese sie zu einem bestimmten Verhalten zwingen wollen. Selbstdisziplin und Selbstverantwortung können Kinder so nicht lernen, vielmehr müssen die Eltern weiterhin ständig kontrollieren, ob ihre Anordnungen befolgt werden. Rücksichtslose Machtausübung kann beim Kind überdies zu Passivität und Unterwürfigkeit oder auch zu ausgeprägter Ängstlichkeit und Gehemmtheit führen.

Welche Möglichkeiten für eine angemessene *Konfliktbewälti-*

gung gibt es? Nach Tausch & Tausch (1977) erweisen sich die Haltungen, die der humanistischen Psychologie von Rogers entlehnt sind – also einfühlendes Verständnis, positive Wertschätzung und Echtheit – als präventiv für destruktive Konfliktverläufe. Können Eltern, Lehrer und andere Erzieher solche humanen Haltungen im Umgang mit den Kindern leben, werden viele Konflikte schon im Anfangsstadium geklärt.

Hilfreich ist es auch, das eigene kommunikative Verhalten zu *überprüfen,* um Mißverständnisse und Konflikte frühzeitig zu erkennen und Auseinandersetzungen konstruktiver zu gestalten. Nach Schulz von Thun (1983) wäre es unter anderem wichtig, daß sich Erzieher um ein möglichst vollständiges Erfassen der Mitteilung des Kindes bemühen (»Vier Seiten einer Nachricht«, s. S. 60) und daß sie in Interaktionszusammenhängen denken, um so auch den eigenen Anteil an einer konflikthaften Situation erkennen zu können, statt lediglich nur das Kind als »trotzig«, »böse« etc. abzustempeln. Das Verhalten des Kindes kann nämlich Folge erniedrigender »Beziehungsbotschaften« sein und mit dem Erzieherverhalten zu einem »Teufelskreis« eskalieren: Der Trotz des Kindes ist Folge des Schimpfens der Mutter, das Schimpfen der Mutter ist Folge des Trotzes des Kindes usf.

Thomas Gordon (1972) hat verschiedene Elemente konstruktiver Konfliktlösungsprozesse zusammengefügt und die *»Niederlage-lose Methode der Konfliktlösung «* (gegenüber der auf Machtanwendung basierenden »Sieg-Niederlage-Methode«) als Strategie entwickelt. Sie ist als »Familienkonferenz« und »Lehrer-Schüler-Konferenz« populär geworden. Der Lösungsprozeß besteht aus sechs Stufen:

1. Schritt: Den Konflikt identifizieren und definieren
2. Schritt: Mögliche Lösungen entwickeln
3. Schritt: Die Alternativlösungen kritisch bewerten
4. Schritt: Sich für die beste Lösung entscheiden
5. Schritt: Die Entscheidung ausführen
6. Schritt: Nachfolgende kritische Bewertung

Als grundlegende Kommunikationsformen im gesamten Verlauf der Konfliktbewältigung empfiehlt Gordon »Aktives Zuhören« (vgl. S. 97 f) gegenüber den Problemen der Erzogenen, um deren verborgene Bedürfnisse und Gefühle erfahrbar zu machen, sowie »Ich-Botschaften« (statt »Du-Botschaften«), um ehrlich und offen eigene Interessen und Gefühle mitzuteilen (z. B. »Ich finde, ich komme mit meinen Bedürfnissen zu kurz« statt »Ihr seid alle so egoistisch«; »Das regt mich auf« statt »Du nervst mich«). Erzieher geben so zugleich ein Modell dafür, wie man selbst heftigen Ärger ausdrücken kann, ohne andere zu verletzen und ohne Widerstände zu provozieren (vgl. Perrez et al. 1985 a). Aktives Zuhören und Ich-Botschaften – von beiden Seiten – können nach Gordon allein schon viele kleine Konflikte lösen, während die sechs Stufen für kompliziertere Fälle erforderlich sind.

Speziell für Konflikte und Disziplinprobleme, die eine ganze *Schulklasse* (oder größere Teile von ihr) betreffen, wie etwa häufige Unruhe oder mangelnde Beteiligung, haben Redlich & Schley (1981) ein Konzept der *»Kooperativen Verhaltensmodifikation«* entworfen. In ihm werden die Konflikte als Probleme von Lehrern *und* Schülern gesehen und ihre Lösung daher gewissermaßen zu einem »Klassenprojekt« gemacht. Die Schüler sind bei der Diagnose und Lösung der Probleme aktiv beteiligt, und die Lehrer beziehen auch ihr eigenes Verhalten in die Änderungen mit ein.

Um Erzieher beim Erwerb von Kompetenzen zur konstruktiven Konfliktlösung zu unterstützen, kann es hilfreich sein, sie zusätzlich mit Methoden der *Selbstkontrolle* vertraut zu machen, vor allem, wenn sie dazu neigen, durch inkonsequentes Erzieherverhalten, durch zu häufigen Gebrauch von Bestrafungen oder zu starke Beachtung des unerwünschten Kindverhaltens eher zur Konfliktverschärfung als zur Minderung beizutragen (Innerhofer 1977, Minsel 1986). Schlottke & Wahl (1984) haben z. B. ein Trainingsprogramm entwickelt, in dem Lehrer für konflikthafte Unterrichtssituationen »Handlungs-Unterbrechungs-Strategien« erwerben können. Mit einem Training zur Selbstinstruktion (z. B. »Um was geht es hier?«; »Was muß ich tun?«; »Ich muß xy tun«; »Ich mache es langsam und sorgfältig« etc.) können nicht nur Erwachsene, sondern auch Kinder lernen, ihr Verhalten besser zu steuern (Meichenbaum 1979).

Kinder können entsprechende Kompetenzen auch durch *Problemlösungsgespräche* erweitern, wie sie von Shure & Spivack (1981) für vier- bis fünfjährige Kinder konzipiert worden sind. Die Methode der Problemlösungsgespräche, die auch auf andere Altersgruppen erweitert werden kann, zielt darauf ab, Kinder durch entsprechende *Fragen* (»Was könntest Du tun?«, »Hast Du noch eine Idee, was Du ...?«) dazu anleiten, in Konfliktsituationen selbständig mehrere alternative Lösungsmöglichkeiten ausdenken und die Konsequenzen der jeweiligen Handlung mitzubedenken (»Was wird passieren, wenn Du ...?«). Eltern,

Schwerpunkt: Aufbauen von erwünschtem Verhalten:

1. Verhalten vormachen
Selber Vorbild sein für das Verhalten, das man sich wünscht. Nach der Umkehrbarkeit fragen: Würde ich es akzeptieren, wenn das Kind sich so verhielte wie ich?

2. Positiv bekräftigen
Erwünschtes Verhalten durch Zuwendung, Lob, Vergünstigungen usw. »belohnen«. Ist es kaum vorhanden, auch kleine Ansätze bekräftigen. Anfangs regelmäßig, dann immer seltener bekräftigen.

3. Erläutern, überzeugen
Regeln des Zusammenlebens erläutern und begründen; mit dem Kind »diskutieren«, ggf. Vorschläge machen.

4. Nach Lösungsideen fragen
Problemlösendes (produktives) Denken des Kindes anregen. In Problemsituationen fragen: Hast Du eine Idee, was Du tun könntest?

5. Verantwortung übertragen
Das Kind mit Aufgaben betrauen, die es bei gewissem Bemühen gut bewältigen kann. Möglichst Aufgaben wählen, die das Selbstwertgefühl stärken (Ermutigung).

Schwerpunkt: Abbauen von unerwünschtem Verhalten

6. Verhalten ignorieren
Konsequentes Nichtbeachten bestimmter Verhaltensweisen (etwa Jammern, Nörgeln, Wutanfälle u. dgl.). Zu verbinden mit Beachtung des erwünschten Verhaltens (z. B. Bitten).

7. Verhalten stoppen
Unerwünschtes Verhalten in nichtaggressiver Form (ohne Strafen und Schimpfen) beenden, z. B. durch »Stopp«, durch Trennen von Streithähnen, durch Wegnehmen gefährlicher Gegenstände u. dgl.

8. Negative Konsequenzen tragen lassen
Im Grunde eine leichte Bestrafung, jedoch nicht durch irgendwelche Unannehmlichkeiten, sondern durch begründete Folgen des Fehlverhaltens (z. B. Dinge ersetzen müssen, Vergünstigungen verlieren usw.).

9. Aufmerksamkeit auf geschädigte Personen lenken
Statt Betonung der »Fehler« des Kindes eine »opferbezogene« Reaktion: z. B. auf Schmerz und Trauer der anderen Person hinweisen; Entschuldigung, Wiedergutmachung anregen.

Schwerpunkt: Sprachliche Kommunikation

10. Aktives Zuhören
Sich in die Empfindungen des Kindes einfühlen und sie mit eigenen Worten umschreiben (mit einer Haltung des Ernstnehmens
und des Bemühens um Verstehen; nicht technisch, nicht echohaft).

11. Ich-Botschaften
Die eigenen Gefühle, Wünsche, Gedanken deutlich vortragen statt
über das Kind Urteile abzugeben (Gegenstück zum aktiven Zuhören).

12. Gemeinsame Konfliktregelung
Umfaßt: Aktives Zuhören und Ich-Botschaften, Vortragen von
Lösungsideen duch alle Betroffenen und nachfolgende (!) Bewertung aller gesammelten Ideen, bis eine für alle akzeptable Lösung
übrigbleibt.

Abb. 16: Empfehlenswerte Erziehungspraktiken

Kindergärtnerinnen usw. werden unter anderem in dieser
Gesprächsführung trainiert.

Zum Abschluß dieses Kapitels haben wir in Abb. 16 eine Art
»Quersumme« für die Erziehungspraxis gebildet. Zusammenge-
stellt sind dort zwölf Prinzipien, die u. E. kaum umstritten sind
und als »empfehlenswert« gelten können. Es handelt sich um
Vorschläge auf einer relativ konkreten Verhaltensebene (»was
kann man tun?«); allgemeinere Haltungen/Verhaltensmerkmale
(Wärme, Echtheit, Offenheit o. dgl.) wurden hingegen nicht mit
aufgeführt. Wohl alle Verhaltensformen können für Konfliktsituationen von Interesse sein, doch haben sie auch darüber hinaus einen breiten Anwendungsbereich.

Literaturempfehlungen zu Kap. 4:

Havers, N. (1981). *Erziehungsschwierigkeiten in der Schule. Klassifika-
    tion, Ursachen und pädagogisch-therapeutische Maßnahmen.* Wein-
    heim: Beltz.
Lukesch, H. (1976). *Elterliche Erziehungsstile. Psychologische und sozio-
    logische Bedingungen.* Stuttgart: Kohlhammer.
Mussen, P. & Eisenberg-Berg, N. (1979). *Helfen, Schenken, Anteilneh-
    men. Untersuchungen zur Entwicklung des prosozialen Verhaltens.*
    Stuttgart: Klett-Cotta.

Redlich, A. & Schley, W. (1981). *Kooperative Verhaltensmodifikation im Unterricht.* München: Urban & Schwarzenberg.

Schneewind, K. A. & Hermann, Th. (Hrsg.) (1980). *Erziehungsstilforschung. Theorien, Methoden und Anwendungen der Psychologie elterlichen Erziehungsverhaltens.* Bern: Huber.

Shure, M. B. & Spivack, G. (1981). Probleme lösen im Gespräch. Stuttgart: Klett.

Tausch, R. & Tausch, A.-M. (1977). *Erziehungspsychologie. Begegnung von Person zu Person.* (8. Aufl.). Göttingen: Hogrefe.

Wahl, D., Weinert, F. E. & Huber, G. L. (1984). *Psychologie für die Schulpraxis. Ein handlungsorientiertes Lehrbuch für Lehrer.* München: Kösel.

Zumkley-Münkel, C. (1984). *Freiheit und Zwang in Erziehung und Unterricht.* Göttingen: Hogrefe.

5. Schwerpunkt: Unterricht

Beim Stichwort »Unterricht« denkt man wohl in erster Linie an die Schule. Doch gibt es Unterricht in fast allen Lebensphasen und Lebensbereichen: Erste-Hilfe-Kurse, Flötenstunden, Fahrstunden, akademische Vorlesungen usw. usw. Das Gemeinsame ist, daß systematisch Lernsituationen geschaffen werden, um Menschen zur Erreichung bestimmter Leistungen anzuleiten. In der unterrichtsbezogenen Pädagogischen Psychologie stehen – mit Blick auf das Praxisfeld Schule – kognitive Leistungen und ihre Förderung deutlich im Vordergrund, während Unterricht, der sich mit der Ausbildung motorischer Fertigkeiten befaßt, viel seltener thematisiert wird, von künstlerischen Leistungen (z. B. Musik, Malerei, Schauspiel) ganz zu schweigen.

Betrachtet man Unterricht unter psychologischem Blickwinkel, so werden alle in Kap. 3 erörterten »grundlegenden« Aspekte wieder relevant: Unterricht soll Lernprozesse fördern, Unterricht geschieht in zwischenmenschlicher Interaktion (beim Lernen aus Medien allerdings nur indirekt), und die Lernenden wie die Unterrichtenden sind in vieler Hinsicht verschieden. Das Spezifische des Schwerpunktes Unterricht liegt darin, *welche* Lernprozesse, welche Art der Interaktion und Kommunikation, und welche Unterschiede der Lernenden und Unterrichtenden von besonderem Interesse sind.

Das folgende Kapitel behandelt Unterricht an Hand von Themen, die in der Pädagogischen Psychologie häufig erörtert werden, wenngleich anzumerken ist, daß sich die Lehrbücher nicht an einem einheitlichen Themenkanon orientieren und auch wir eine in gewissem Grade subjektive Auswahl treffen. So beansprucht dieses Kapitel mithin keine thematische Vollständigkeit und einige Aspekte, die woanders vielleicht einen größeren Raum einnehmen, werden von uns nur knapp angesprochen, z. B. Intelligenzunterschiede oder das Lernen mit Medien.

Aufgenommen haben wir aber nicht nur die kognitiven Lernprozesse, um die sich der Unterricht dreht, sondern auch wichtige »Randbedingungen«. Jeder Pädagoge weiß, daß neben der intellektuellen Seite auch die Bedürfnisse und Gefühle von Lernenden zu berücksichtigen sind: Stichwort »Lernmotivation« (Kap. 5.6). Weiterhin stecken in der Art und Weise, wie der Lernerfolg festgestellt und bewertet wird, eine Reihe psychologischer Probleme (Kap. 5.7). Und schließlich gehen wir auf den Tatbestand ein, daß der Unterricht nicht alle Lerner reibungslos auf die angestrebten Ziele hinführt (»Lernschwierigkeiten«, Kap. 5.8). Jene Fragen hingegen, die die im engeren Sinne »erzieherische« Seite von Unterricht, also Fragen des sozial-emotionalen Verhaltens von Erziehern und Lernern betreffen, werden in diesem Kapitel nicht mehr erörtert (s. hierzu Kap. 4).

5.1 Kernthema: Förderung kognitiver Leistungen

Wenn man beim Unterricht zuschaut, fällt zunächst ins Auge, um welche Inhalte, um welche »Themen« es geht (z. B. das Dritte Reich, das Hebelgesetz) und welche Methoden (z. B. Stillarbeit mit Arbeitspapier, Filmvorführung) der Unterrichtende verwendet. Alle Studierenden eines Lehramtes lernen indes, daß sie sich zunächst mit der Frage beschäftigen sollten, was denn überhaupt das Ergebnis des Lernens sein soll, also welche »Lernziele« sie anstreben (besser »Lehrziele«, da die Lernenden vielleicht andere Ziele haben; vgl. Klauer 1973 a). Denn die Wahl eines Gegenstandes wie »das Dritte Reich« besagt noch wenig darüber, ob z. B. vorrangig Jahreszahlen und Personennamen gewußt werden sollen, ob das selbständige Interpretieren politischer Reden erlernt werden soll, ob Wertschätzung für die parlamentarische Demokratie vermittelt werden soll oder was sonst. Selbst bei unverrückbaren Inhalten wie den grammatischen Regeln einer Fremdsprache bleibt noch offen, ob die »Beherrschung« solcher Regeln sich primär beim Übersetzen zeigen soll (wie bei alten Sprachen üblich) oder beim bloßen Verstehen eines Textes oder beim aktiven Sprechen oder Schreiben. Je nachdem, welche Ziele man anstrebt, könnten andere »Methoden« des Unterrichts vorrangig von Bedeutung sein.

Wie früher schon ausgeführt (vgl. S. 11), ist es in erster Linie eine Aufgabe der Pädagogik, weniger der Psychologie, darüber nachzudenken, welche Ziele überhaupt angestrebt werden sollen. Die Psychologie kann aber unter anderem dazu beitragen, Ziele zu präzisieren (z. B. welche Denkleistungen könnte man als »geistige Beweglichkeit« verstehen?), oder untersuchen, ob die angestrebten Ziele tatsächlich erreicht werden.

An dieser Stelle möchten wir ein wenig auf die Präzisierung von Lehrzielen eingehen. Denn wenn die Förderung kognitiver Leistungen die vorrangige Problemstellung der unterrichtsbezogenen Pädagogischen Psychologie ist, so erhebt sich natürlich gleich die Frage, um *welche Arten von Leistungen* es dabei geht, wobei es hier nicht auf eine fachliche, sondern psychologische Präzisierung ankommt. Einige Einteilungen stellen wir kurz vor (hierzu auch Abb. 17).

Das gesamte Spektrum dessen, was Menschen lernen, wird von Gagné (1980) in fünf »Typen von Lernergebnissen« eingeteilt:

1. Verbale Informationen: Mitteilbares Sachwissen.
2. Intellektuelle Fertigkeiten: Die Anwendung geistiger Regeln, z. B. beim Sprechen, Lesen, Klassifizieren u. a. m.
3. Kognitive Strategien: Fertigkeiten, mit denen man das eigene Denken reguliert, z. B. beim Auswendiglernen oder Problemlösen.
4. Einstellungen: Vorlieben, Abneigungen u. dgl.
5. Motorische Fertigkeiten: manuelle, sportliche usw.

Die ersten drei Typen lassen sich als kognitive Leistungen verstehen und könnten entsprechende Arten von Lehrzielen darstellen.

Verschiedene Autoren (Anderson 1976, 1988, Kluwe 1979, u. a.) unterscheiden zwei Arten von Wissen:

1. Deklaratives Wissen: Wissen über Sachverhalte (»wissen, daß ...«), z. B. über Fakten, Theorien, Personen usw.
2. Prozedurales Wissen (»wissen, wie ...«): Ein Wissen, das die Ausübung kognitiver und motorischer Fertigkeiten (z. B. Lesen, Radfahren) steuert; es ist teilweise »unbewußt« und nicht mitteilbar (hierzu S. 138).

Stärker differenziert werden die kognitiven Leistungen in der »Lernziel-Taxonomie« von Bloom et al. (1972). Sie umfaßt sechs Ebenen:

1. Wissen: Das Erinnern von Fakten, Namen, Prinzipien, Methoden usw.
2. Verstehen: Sinngemäßes Erfassen bei einer gewissen Neuorganisation des Wissens; z. B. Begriffe interpretieren oder Texte zusammenfassen.
3. Anwenden: Selbständiger Gebrauch von Begriffen, Prinzipien u. dgl. in konkreten Fällen.

Typ	Beispiel

Nach Gagné

Typ	Beispiel
1. Verbale Information	Erläutere die Tätigkeit von Vulkanen Wovon handelt dieser Roman?
2. Intellektuelle Fertigkeiten	Lies diese englischen Wörter vor Wieviel ist 8×13?
3. Kognitive Strategien	Eselsbrücken zum Einprägen suchen Nach Brainstorming-Art Ideen sammeln

Nach Bloom u.a.

Typ	Beispiel
1. Wissen	Nenne einige Typen von Lernprozessen Was tut die Niere?
2. Verstehen	Was ist der Hauptgedanke des Textes? Was sagt diese Graphik aus?
3. Anwendung	Berechne das Dreieck mit a = 5 cm und . . . Welches Beispiel enthält das Hebelgesetz?
4. Analyse	Was sind hier Ursachen, was sind Folgen? Untersuche die Stilmittel des Dichters
5. Synthese	Schreibe einen Aufsatz über . . . Mache einen Spielplan für den Wettkampf
6. Bewertung	Ist dieses Werk Kitsch oder Kunst? Welcher Bewerber ist besonders geeignet?

Nach Guilford

Typ	Beispiel
1. Gedächtnis	Was sagte Jesus in der Bergpredigt? Wo in dieser Landkarte liegt Andorra?
2. Erfassendes Denken	Druckfehler: »Beilstift« – zu lesen als . . . Kohle und Erdgas sind beide . . .?
3. Konvergente Produktion	Welchen Rauminhalt hat dieser Ball? Baue aus diesen Teilen eine Pumpe
4. Divergente Produktion	Wozu kann man einen Backstein verwenden? Suche witzige Titel für diesen Text
5. Wertendes Denken	Welcher Titel paßt besonders gut? Ist diese Argumentation logisch?

Abb. 17: Einige Klassifikationen kognitiver Leistungen

4. Analyse: Zergliedern von Sachverhalten (Texten, Ereignissen usw.) in die wesentlichen Elemente und die Beziehungen zwischen ihnen.

5. Synthese: Zusammenfügen von Elementen zu einem Ganzen, z. B. zu einem Plan, einem Erklärungsmodell, einem Kunstwerk usw.

6. Bewertung (Evaluation): Das Bewerten von Ideen, Ergebnissen, Materialien usw. nach bestimmten Gütekriterien (z. B. Folgerichtigkeit, Zweckmäßigkeit).

Nach Ansicht von Bloom u. a. bilden die sechs Typen eine Hierarchie: Jede Ebene schließt die früheren mit ein, und die Leistungen werden zunehmend komplexer (empirische Befunde legen nahe, daß von Stufe 1 bis 4 die Komplexität tatsächlich ansteigt, während die Stufen 4, 5 und 6 in dieser Hinsicht nicht mehr verschieden sind; vgl. De Corte 1980).

Nicht von einem Lehrziel-Ansatz her, sondern aufgrund von Intelligenzforschungen kam Guilford (1964) zu einer häufig erwähnten Einteilung von Denkoperationen; sie kann auch für Unterrichtsziele von Interesse sein. Guilford unterscheidet:

1. Gedächtnis: Reproduktive Denkleistungen wie das Erinnern von sprachlichem oder optischem Material.

2. Erfassendes Denken: Verstehen, Erkennen, Interpretieren, sich räumlich orientieren usw.

3. Konvergierend-produktives Denken: Für ein Problem eine bestimmte Lösung suchen.

4. Divergierend-produktives Denken: In verschiedenen Richtungen Problemlösungen suchen (»kreatives« Denken wird häufig in diesem Sinne verstanden).

5. Wertendes Denken: Erfaßtes oder Produziertes nach bestimmten Gütekriterien bewerten; z. B. Stellungnahmen, Urteile über »Angemessenheit«.

Solche Einteilungen sind hilfreich, um den Gesamtkomplex »Lernen« im Unterricht durchsichtiger zu machen (s. auch Abb. 17). Denn Lernen und Lernen ist nicht dasselbe. Unterschiedliche Arten geistiger Anforderung verlangen möglicherweise unterschiedliche Arten der Vermittlung, unterschiedliche Lernvoraussetzungen (Dispositionen) der Lerner und unterschiedliche Arten der Lernerfolgskontrolle.

Die genannten Klassifikationen enthalten offenkundig einige Gemeinsamkeiten: In allen Fällen bildet Sachwissen einen eigenen Typ. Zweimal ist von Fertigkeiten die Rede (Gagné; ähnlich »prozedurales Wissen«), zweimal auch von Bewertungen

(Bloom, Guilford). Mehrfach wird produktives Denken besonders hervorgehoben: sehr deutlich bei Guilford, aber auch bei Bloom (dort steckt es vor allem in der Analyse und Synthese). Bei Gagné erscheint zusätzlich der Aspekt der Steuerung des eigenen Lernens und Denkens (Strategien).

Von dem vorgestellten Spektrum werden wir folgende vier Zielrichtungen näher erörtern (Kapitel 5.2 bis 5.5):
– Wissen über Sachverhalte;
– Fertigkeiten, Operationen;
– Produktives Denken;
– Lernen zu lernen.

Dabei steht das Lernen zu lernen gewissermaßen quer zu den anderen Zielrichtungen: Es bezieht sich durchaus auf Wissen, Fertigkeiten und produktives Denken, legt aber den Akzent auf die selbsttätige Steuerung des Lernens, was nicht schon automatisch durch den Unterricht für die anderen drei Zielbereiche geleistet wird. (Die Hervorhebung dieser Zielsetzung drückt unsere eigene pädagogische Wertung aus.) Im ganzen geben die vier Zielrichtungen wohl typische Themenbereiche der Pädagogischen Psychologie wieder (eine ähnliche Einteilung verwenden Mandl, Friedrich & Hron 1986).

Hat man die Unterrichtsziele psychologisch nach verschiedenen Leistungen definiert, so schließt sich daran die Frage an, *auf welchen Wegen* sie am besten *gefördert* werden können, wobei mit »Wegen« vielfältige Aspekte gemeint sein können:

● So kann man, wie es Gage & Berliner (1986) tun, die Lehrmethoden nach dem einfachen, aber bedeutsamen Kriterium der Zahl der Lerner unterscheiden; etwa: Vorlesung, Unterricht in der Klasse, Gruppendiskussion, Einzelunterweisung (z. B. mit Lernprogrammen).

● Es kann um Vorgehensweisen wie »darbietend« versus »entdeckenlassend« oder »induktiv« versus »deduktiv« gehen (vgl. S. 136).

● Es können speziellere Aspekte des Lehrverhaltens gemeint sein, wie etwa die Bevorzugung bestimmter Frageformen (z. B. nach Begründungen fragen) oder Merkmale der sprachlichen Verständlichkeit.

● Man kann Lehrformen im Auge haben, die Aebli (1983) als fünf »Medien« des Lehrens unterscheidet: Erzählen und Referieren, Vorzeigen, Anschauen und Beobachten, mit Schülern lesen, Schreiben/Texte verfassen.

● Man kann auch an Medien im engeren Sinne denken, etwa

Texte, bildliche Illustrationen, Filme, Computer (vgl. Weidenmann 1986).

Wie schon diese kurze Aufzählung zeigt, läßt sich das Wie des Unterrichtens offenkundig unter einer Vielzahl von Gesichtspunkten betrachten und ordnen, darunter auch solchen, die man nicht unbedingt als »Methode« bezeichnen würde. Zu erkennen ist auch, daß das Was und das Wie nicht immer voneinander zu trennen ist. Die Arbeit mit Texten etwa bedeutet natürlich nicht nur die Benutzung eines bestimmten Mediums, sie fördert auch sinnvolles Lesen als Befähigung, d. h. als Lehrziel.

Sucht man nach geeigneten Methoden zur Lernförderung, so muß man stets das angestrebte Ziel im Blick behalten. »Geeignet« heißt »geeignet für ein bestimmtes Ziel«. Nach Gage & Berliner (1986, S. 457) ist z. B. die Vortragsmethode gut geeignet für die Vermehrung von Wissen, aber wenig geeignet für die Ausbildung von Analyse-, Synthese- und Beurteilungsfertigkeiten, während für Diskussionen eher das Umgekehrte gilt.

»Geeignet« kann aber nicht nur heißen »geeignet für was?«, sondern auch »geeignet für wen?« Denn wie die Forschung gezeigt hat, kann eine Methode A für bestimmte Lernende gut geeignet sein, während andere nach Methode B besser lernen (sog. Aptitude-Treatment-Interaction, ATI). So hängt es etwa von den Vorkenntnissen, intellektuellen Fähigkeiten oder der Ängstlichkeit mit ab, auf welche Lehrverfahren Lernende gut ansprechen. Beispiele: »Klare und relativ detaillierte Strukturierung des Unterrichts ... hilft vor allem dem unsicheren, ängstlichen und schwächeren Schüler, oder auch dem weniger leistungsmotivierten; mehr erfolgsgewohnte, angstfreie und hoch leistungsmotivierte hingegen profitieren auf kurze und längere Frist mehr in einem Unterricht, der ihnen größere Freiheit läßt, einen Lernweg zu suchen und auch einen eigenen zu gehen« (Flammer 1975, S. 38).

Aus all diesen Gründen ist also nicht zu erwarten, daß es die »richtige« oder »beste« Lehrmethode geben könnte. Wichtig für effektives Lehren ist sicherlich, daß Lehrende ein großes Arsenal an Lehrformen beherrschen und flexibel einzusetzen verstehen. Im übrigen kann jede einzelne »Methode« in der Hand des einen Lehrers gute Ergebnisse bringen, in der eines anderen hingegen magere. Jede »Methode«, so wie sie etwa in Büchern beschrieben wird, muß eben in der Praxis »gehandhabt« werden. All dies zeigt, wie wichtig in jedem Fall der Faktor »Lehrer« bleibt.

5.2 Zielrichtung: Wissen über Sachverhalte

In Alltag, Schule und Ausbildung ist mit »Wissen« gewöhnlich Wissen über Sachverhalte (also deklaratives, seltener prozedurales Wissen) gemeint, und näher gekennzeichnet wird es meist nach inhaltlichen Kriterien (»Wissen über...« z. B. Elektrotechnik oder Kunstgeschichte). Aus lernpsychologischem Blickwinkel erscheint eine andere Differenzierung nützlich (in Anlehnung an Ausubel et al. 1980, Bloom 1972, Gagné 1980):

- Ein Teil ist *einfaches, mechanisch-assoziatives* Wissen (vgl. S. 51 über das Lernen von sprachlich-gedanklichen Assoziationen). Im Unterricht gehören hierzu vor allem Bezeichnungen (Tier- oder Pflanzennamen usw.) und diverse Formen isolierten Faktenwissens (z. B. Hauptstädte, Nebenflüsse, Geschichtszahlen), weiterhin feste sprachliche Ketten wie das Alphabet oder grammatische Sprachmuster. Solches Wissen bezeichnet man auch als *sinnarm.* Bei gezielter Aneignung spricht man von »Auswendiglernen«. Was in Schule und Ausbildung vermittelt wird, ist teilweise sinnarm und läßt sich nur auswendig lernen.

- Ein anderer Teil ist *komplexes, sinnhaltiges* Wissen. Es besteht aus einer größeren Zahl von Komponenten, die einen Sinnzusammenhang bilden. Das Spektrum reicht dabei von komplexem Tatsachenwissen (z. B. Lebensweise der Antilope) über Begriffe (Bedeutung von »Demokratie«, »Lernen« usw.) bis zu allgemeineren Regeln (z. B. Hebelgesetz) und abstrakten Grundideen (z. B. eines Buches, einer philosophischen Richtung) (vgl. Gagné 1980). Überwiegend ist das Wissen in Alltag und Ausbildung sicherlich mehr oder minder komplex. Der Erwerb solchen Wissens, das sinnhaltige Lernen (vgl. S. 52), stützt sich überwiegend, zumal im Unterricht, auf sprachliche Übermittlung (Texte, Vorträge, Gespräche usw.). Daneben gibt es aber auch sinnhaltiges Lernen aus eigenem Erleben (z. B. aus der Beobachtung von Ereignissen).

Zwischen den beiden Typen gibt es keine scharfe Grenze, und viele Lernaufgaben enthalten sowohl sinnarme als auch sinnhaltige Anteile. Vokabeln beispielsweise (vgl. Steiner 1988) sind für die meisten Lerner mehr oder minder mechanisch auswendig zu lernen, soweit es um die bloßen Wörter als Laut- und Schriftgebilde geht. Ihre Bedeutung hingegen, der zugehörige »Begriff«, erfordert sinnhaltiges Lernen (da sich beispielsweise der Bedeutungsbereich von »to go« mit dem von »gehen« nur teilweise überschneidet).

Wissen und Wissen ist also nicht dasselbe. Ohne hier auf einzelne Wissensformen (Begriffe usw.) besonders einzugehen, möchten wir den grundlegenden Aspekt der Sinnhaltigkeit (Bedeutungshaltigkeit) näher erläutern, da sich daran auch Konsequenzen für Lehr- und Lernstrategien knüpfen.

Bedeutungsgehalt ergibt sich im wesentlichen aus zwei Prozessen im Kopf des Lerners, die zugleich eine zentrale Rolle für den Wissenserwerb spielen: Elaboration und Organisation. Mit *Elaboration* – vom Wort her etwa »Ausgestaltung« – ist die Verknüpfung eines Inhaltes mit dem Vorwissen gemeint. Gelingt sie nicht, bleibt der Inhalt »ohne Sinn«. Ein fremdartiges Wort beispielsweise ruft in unserem Kopf kaum Assoziationen wach (außer vielleicht »das klingt so chinesisch«, was immerhin eine Minidosis von Sinngehalt wäre). Zu einem vertrauten Wort hingegen können wir allerhand Vorwissen aktivieren. Je mehr Bilder, Begriffe, Beispiele, Erlebnisse usw. jemand mit einem bestimmten Reiz verbindet, um so höher ist der – subjektive – Sinngehalt. In erster Linie sind damit also die »angeknüpften« Kognitionen gemeint. Im weiten Sinne gehören aber auch emotionale Anklänge dazu (z. B. bei »Schlange«). Sie bilden die sog. konnotative Bedeutung, die der »sachlichen«, sog. denotativen Bedeutung gegenübergestellt wird.

Aber nicht nur die Menge der Verbindungen macht den Sinngehalt aus. Ebenso bedeutsam ist die innere Ordnung, die *Organisation* (vgl. Mandl et al. 1986, Baddeley 1988). So mag jemand zu einem Begriff zwar eine Reihe von Vorstellungen assoziieren (bei »Energie« z. B. Kraft, Umweltprobleme, Elektrizität, Atomkraft, Albert Einstein u. a. m.), doch lediglich locker aneinandergereiht. Der Experte hingegen würde dieselben Wissenselemente systematisch ordnen können, etwa nach Ober- und Unterbegriff, nach begrifflicher Ähnlichkeit, nach »allgemein-speziell«, nach Ursache-Wirkungs-Beziehungen usw. Er hat weit mehr Einsicht in die Zusammenhänge zwischen den Einzelaspekten, weshalb sein Wissen mehr »Sinn macht«. »Unzureichendes« Wissen zu haben, muß also nicht immer heißen, daß man über zu wenig Wissenskomponenten verfügt – oft sind diese vielmehr nicht genügend geordnet.

Die Elaboration und die Organisation machen zusammen das *Verstehen* aus – sozusagen das Herstellen von Sinngehalten. Die

Abb. 18: Wie sich für einen Menschen der Sinngehalt eines Begriffes erweitern kann – ein Beispiel (Modifiziert nach Cronbach 1971; Zeichnung: Alois Thomas)

Sinnhaltigkeit hängt nur teilweise vom Material ab. Selbst ein zusammenhängender Text kann nur potentiell sinnvoll sein – ob er auch sinnvoll *gelernt* wird, ist eine andere Frage. Nicht selten kommt es vor, daß Schüler oder Studierende einen Inhalt einfach auswendig lernen, weil er ihnen »nichts sagt«, obwohl er an sich mit Verständnis gelernt werden *könnte*.

Wichtig ist nun, daß sinnhaltiges (und auch so gelerntes) Material viel besser behalten wird als sinnarmes. Nach der berühmten Vergessenskurve von Hermann Ebbinghaus (1885), dem Vater der Gedächtnisforschung, wird das meiste des Gelernten schon in den ersten Stunden wieder vergessen. Doch es gibt nicht »die« Vergessenskurve! Daß anfangs rasch und dann langsamer vergessen wird, ist zwar typisch, doch der Umfang des Vergessens kann sehr unterschiedlich sein. Die Befunde von Ebbinghaus bezogen sich auf das Auswendiglernen von sinnlosen Silbenreihen (löm – chin – jös ... usw.), auf Material also, mit dem man – einer völlig fremden Sprache vergleich-

133

bar – kaum Vorerfahrungen haben konnte. Obwohl es ein einleuchtender Gedanke ist, zur Erforschung des Gedächtnisses eben solches Material zu verwenden, das man »von Grund auf« neu lernen muß, ist damit doch das zentrale Prinzip, nach dem die Speicherung funktioniert, außer Kraft gesetzt: nämlich das Verknüpfen des neuen Inhaltes mit dem Vorwissen. Betrüblich hohe Vergessensraten kennen wir zwar alle aus eigener Erfahrung, z. B. bei Einzelheiten eines Textes oder einer Unterrichtsstunde. Doch niedrige Vergessensraten – zuweilen gar nach einmaligem Lernen – sind ebenso möglich, insbesondere bei (verstandenen) Prinzipien, zentralen Begriffen oder abstrakten Kerngedanken eines längeren Textes, aber auch bei anschaulichen Beispielen und erst recht bei vielen persönlichen Erlebnissen. (Zum Vergessen im schulischen und akademischen Bereich vgl. Thurner 1981, Gage & Berliner 1986).

Sucht man für das Wissensgedächtnis einen bildhaften Vergleich, so wäre nach dem Gesagten ein Abstellraum, in dem man allerlei Dinge lagern kann, gänzlich unangemessen. Denn entscheidend für das Behalten ist, daß die Inhalte nicht isoliert aufgenommen, sondern mit anderen verbunden werden, und zwar möglichst gut geordnet. Der Aspekt der Ordnung wird besonders herausgestellt durch den Vergleich mit einer Bibliothek, deren Bücher nach Rubriken geordnet sind (z. B. nach Oberbegriffen) und sich nur auf diesem Wege wiederfinden lassen.

Ein anderes Bild ist ein Netz, das endlos weitergeknüpft wird. Diese Vorstellung findet sich auch in der Theorie der sog. Propositionen (im Überblick Schermer 1991). Eine Proposition ist eine Bedeutungseinheit, die aus zwei »Argumenten« (z. B. Autos, Luft) und einer »Relation« (z. B. verpesten) besteht. Eine zweite Proposition knüpft, ähnlich einem Kreuzworträtsel, an einem der Elemente an (z. B. »Menschen atmen Luft«) usw. Die Darstellung von Wissensstrukturen als Netz von Propositionen ist sehr bekannt geworden, aber auch nicht ohne Widerspruch geblieben. Als Schwäche wird von manchen Autoren gesehen, daß sie zu elementenhaft sei, daß hierarchische Über- und Unterordnungen im Wissen (Allgemeines umfaßt Spezielles) und die Ganzheitlichkeit von Wissensgefügen (z. B. eine ungefähre Ahnung vom Gesamttext aufgrund der Überschrift) unberücksichtigt blieben (vgl. Steiner 1988).

Ein anderer viel diskutierter Aspekt der Wissensspeicherung ist der des *Schemas*. Schemata sind hier Ausschnitte aus dem semantischen Netzwerk, die relativ allgemeinen Charakter haben, z. B. Begriffe. Der Begriff »Haus« z. B. ist danach als ein Gefüge von Wänden, Dach, Türen und Fenstern gespeichert, nicht aber als konkretes Haus (Klinkerfarbe, Blumenkästen usw.). Wer den Begriff Haus als ein ganz bestimmtes Haus gespeichert hätte, würde Abweichungen davon nicht mehr als Haus einordnen. »Schema« bedeutet auch, daß das Wissen »Leerstellen« aufweist, die dazu führen, daß man (z. B. beim Lesen) bestimmte Informationen sucht und schema-gemäß verarbeitet. Der Schema-Charakter macht somit den Wissenserwerb als aktiven Prozeß verständlich. Lernen wird unter diesem Blickwinkel als Konstruktion, Veränderung und Neuverknüpfung von Schemata verstanden.

Nun zur Frage, auf welchem Wege der Erwerb von Wissen *gefördert* wird. Vorweg sei gesagt, daß die Förderung zum Teil in der Hand der Lehrenden liegt, zum Teil bei den Lernern selbst. Da das Lernen des Lernens noch gesondert zur Sprache kommt, gehen wir hier zunächst mehr auf die situativen, die unterrichtlichen Bedingungen ein.

Bei *sinnarmem, mechanisch zu lernendem* Material kommt es entscheidend auf stützende Elaborationen an, z. B. Bilder bzw. bildhafte Vorstellungen, Dinge zum Anfassen, Merkreime oder Schlüsselwörter (Gabel – ›Forke‹ – fork). Daß selbst sinnleere Silben durch Assoziationsstiftung »sinnhaltiger« werden können, macht uns die Werbung täglich vor (Fa, Pal, Viss usw.). Weiterhin ist auf genügende Wiederholungen zu achten. Und selbstverständlich sollte darüberhinaus, wann immer möglich, auch sinnarmes Material (z. B. einzelne Geschichtszahlen) in komplexere Zusammenhänge eingebettet werden.

Bei *komplex-sinnhaltigem* Material muß die Elaborationshilfe vor allem darin bestehen, es mit vielen bekannten Inhalten (Vorwissen) zu verbinden, also z. B. an Alltagserfahrungen anzuknüpfen, anschauliche Beispiele zu bringen, Fragen zu stellen, Übertragungen zu fordern. Solche Lernhilfen sind den meisten Lehrenden sicher geläufig. Genauso wichtig (nach unserem Eindruck aber häufiger mißachtet) ist das zweite Prinzip: die gute Organisation. Dazu gehört vor allem (vgl. Ausubel et al. 1980, Ballstaedt et al. 1981):

- die Informationsfülle hierarchisch zu ordnen und das Grundgerüst des komplexen Wissensbestandes, die sog. *Makrostruktur,* sichtbar zu machen durch die Hervorhebung von Grundgedanken und Kernbegriffen, durch klare Gliederungen, durch Gesamtübersichten in Text oder Graphik, u. a.

- die im Text oder Unterricht zwangsläufig nacheinander dargebotenen Inhalte immer wieder zu *integrieren* und zu vernetzen, z. B. durch Querverweise, Zusammenfassungen, graphische Netzpläne u. dgl. (statt sie jeweils nur an einer Stelle zu behandeln und »Überschneidungen« zu vermeiden).

Organisations- und Elaborationsaspekte findet man auch in dem Kriterium der *Verständlichkeit* wieder. Dieser kommunikative Aspekt wurde besonders an Texten untersucht. Nach dem sog. Hamburger Verständlichkeitskonzept (Langer, Schulz von Thun & Tausch 1990) sind es vier Merkmale, die eine Darstellung verständlich machen: (1) Einfachheit in Wortwahl und Satzbau, (2) Gliederung/Ordnung, (3) ein Mittelweg zwischen Kürze und Weitschweifigkeit und (4) eine gute Portion anregender Zusätze (persönliche Ansprache, Beispiele u. a.). Daß diese Merkmale das Verstehen und Behalten fördern, ist nach Angaben der Autoren nachgewiesen.

Ein weiterer vieldiskutierter Gesichtspunkt ist die Unterscheidung von *darbietenden vs. entdeckenlassenden* Lehrverfahren bzw. von rezeptivem vs. entdeckendem Lernen. Dabei geht es um die Steuerung der Lernschritte und die Aufbereitung des Materials. Beim darbietenden Verfahren (etwa durch Texte, Lehrervortrag, ergänzendes Gespräch) wird ein vorgefertigtes Wissensgefüge vermittelt. Der Lerner versucht dies aktiv nachzuvollziehen und in sein Wissen einzugliedern (rezeptiv heißt nicht passiv!). Ausubel (vgl. Ausubel et al. 1980) als bekanntester Vertreter dieses Vorgehens empfiehlt dafür vor allem Vorstrukturierungen zum Ganzen (»advance organizer«) zwecks Aktivierung relevanten Vorwissens, die zunehmende Ausdifferenzierung und das Integrieren der einzelnen Inhalte. Ähnliches empfiehlt Norman (zit. nach Kluwe 1979, S. 51) mit der Methode des »web-teaching«, die von einem zunächst grobmaschigen zu einem immer feiner gewebten Netz voranschreitet. Bei der entdeckenlassenden Methode, als deren Hauptvertreter meist Bruner (1973) genannt wird, sind entscheidende Wissensaspekte vom Lerner selbst zu finden. Der Unterrichtende hat die Aufgaben so zu gestalten, daß dies möglich ist. Zwischen beiden Verfahren gibt es sicherlich fließende Übergänge: In die Darbietung von Informationen kann man z. B. Fragen und Aufgaben einfügen, die zum eigenen Suchen anregen. Umgekehrt wird das entdeckenlassende Vorgehen gewöhnlich in einen allgemeineren Rahmen eingebettet.

Eine andere klassische Gegenüberstellung lautet: *induktiv vs. deduktiv.* Beim induktiven Vorgehen soll aus dem Speziellen das Allgemeine erkannt werden, beim deduktiven geht man von allgemeinen Aussagen aus und überträgt sie dann auf spezifische Fälle. Die Unterscheidung ist nicht gleichbedeutend mit entdeckenlassend und darbietend. Induktiv ist zwar das Entdecken eines Prinzips aus Beispielen, deduktiv aber ist das Übertragen des Entdeckten auf andere Fälle. Das darbietende Verfahren kann sowohl von allgemeinen Aussagen als auch von konkreten Fällen ausgehen.

Über den pädagogischen Wert dieser und anderer Lehrmethoden läßt sich viel streiten. Ein pauschales Urteil verbietet sich jedoch. Denn in jedem Falle muß man den Wert an der Zielsetzung messen (vgl. S. 130). So sind darstellende Verfahren wohl eher geeignet, wenn eine Einführung in ein größeres Wissensgebiet gegeben werden soll. Entdeckende Verfahren erscheinen zweckmäßiger, wenn selbständiges Analysieren und Problemlösen geübt werden sollen (vgl. Kap. 5.5). In der Praxis spielt zudem eine Rolle, wieviel Zeit, welches Lehrmaterial usw. man zur Verfügung hat. Nicht vergessen sollte man wiederum die Person des Lerners. Wer z. B. ein bestimmtes Vorwissen mitbringt, mag eine Lösung selbst entdecken, während andere vielleicht entmutigt würden und auf rezeptivem Wege besser zurechtkämen.

5.3 Zielrichtung: Fertigkeiten, Operationen

Bei dieser Zielrichtung geht es darum, zu diversen Formen motorischen und geistigen *Tuns* zu befähigen. Typische Begriffe aus diesem Problemkreis lauten: Fertigkeit, Operation und Handlung.

Am häufigsten ist wohl von *Fertigkeiten* die Rede (z. B. Gagné 1980, Mandl et al. 1986). Damit meint man gewöhnlich eine eingeübte und relativ festgefügte Verhaltenssequenz. Musterbeispiele sind motorische Fertigkeiten, wie sie beim Zeichnen, Schreiben, Klavierspielen, Bedienen einer Maschine usw. zur Geltung kommen. Daneben werden aber auch kognitive Leistungen als Fertigkeiten bezeichnet, z. B. so praktische Dinge wie Lesen oder Rechnen oder spezifische Denkleistungen wie Abstrahieren oder Klassifizieren. Den sinnvollen Gebrauch von Sprache und anderen Symbolsystemen sieht Gagné (1980) als Kernstück intellektueller Fertigkeiten an.

Nicht ganz dasselbe wie Fertigkeit meint der Begriff der *Handlung* (z. B. Edelmann 1986, Aebli 1983). Handlungen werden meist als ziemlich umfassende, zielgerichtete und flexibel steuerbare Verhaltensabläufe verstanden (z. B. ein Mittagessen zubereiten, ein Flugblatt herstellen, einen Turm basteln), während sich Fertigkeiten auf vergleichsweise kleine Verhaltenseinheiten (z. B. den Löffel halten, Buchstaben tippen) beziehen. Es geht hier allerdings nicht nur um begriffliche Unterschiede, sondern zum Teil auch um theoretische Auffassungen. Im Behaviorismus (vgl. S. 27 f) versteht man komplexe Verhaltenssequenzen eher als eine Kette von Fertigkeiten (was den Begriff der Handlung entbehrlich macht), während nach kognitivistischer Auffassung das Verhalten von übergreifenden Zielvorstellungen und Handlungsschemata geleitet wird, in denen Fertigkeiten als untergeordnete, mehr oder weniger automatisierte Komponenten eingebettet sind.

Der Begriff der *Operation* wird nur bei kognitiven Leistungen verwendet (nicht bei motorischen). Autoren aus der von Piaget begründeten kognitivistischen Richtung (z. B. Aebli 1983) verstehen eine Operation als »abstrakte (innere) Handlung«, die von Einsicht in Zusammenhänge getragen ist, selbst wenn diese bei routinemäßigen Ausführungen nicht jederzeit klar bewußt sein sollte. Eine mathematische Operation wie die Berechnung einer Fläche ist danach nicht einfach ein »Ausrechnen« aus Länge und Breite; vielmehr sind die Beziehungen zwischen Länge, Breite und Fläche für die Person nachvollziehbar. In diesem Sinne wird dann die Operation von der Fertigkeit deutlich abgehoben. Nicht überall werden allerdings die Begriffe streng unterschieden; so wird bei kognitiven Leistungen wie Klassifizieren, Vergleichen usw. häufig synonym von Operation und von intellektueller Fertigkeit gesprochen.

Wie früher schon erwähnt (S. 126), wird in neuerer Zeit den Fertigkeiten und Handlungen vielfach ein sog. *prozedurales Wissen* (Wissen über Vorgehensweisen) zugrundegelegt (vgl. Anderson 1988). Danach ruft man sich für die Ausführung der Tätigkeit eine Abfolge von Schritten (Wenn-Dann-Folgen) aus dem Gedächtnis ins Bewußtsein (»gewußt, wie«), z. B. spezifische Lösungsregeln wie mathematische Formeln (sog. Algorithmen) oder allgemeinere Problemlösestrategien. Selbst der Erwerb motorischer Fertigkeiten kann zumindest anfangs sehr bewußt gesteuert werden (man denke an die ersten Versuche im Auto oder an der Schreibmaschine), und für komplizierte Bewegungsabläufe kann es ausgefeilte Handlungspläne geben (vgl. Steiner 1988 über den Erwerb einer »Jongdier-Grammatik«). Mit der Übung gehen die Bewegungen dann allerdings zunehmend »in Fleisch und Blut« über, was bedeutet, daß die kognitiv geleitete Regelanwendung immer mehr zurücktritt und die Fertigkeiten den Charakter von eingeschliffenen, automatisierten Gewohnheiten gewinnen. Hier erscheint dann der Begriff des »Wissens« auch etwas überdehnt, weil man gar nicht mehr erkennen kann, gar nicht »weiß«, wie die Ausübung der Fertigkeiten zustande kommt. Bei manchen Fertigkeiten oder fertigkeitsartigen Gewohnheiten ist ein solches »Wissen« vielleicht auch nie vorhanden gewesen. Den Klang eines bestimmten Dialektes oder das Typische der eigenen Handschrift hervorzubringen – wer kann schon sagen, wie er das »macht«? Man würde hier eher von »Können« statt von »Wissen« sprechen.

Im Hinblick auf die früher erwähnten Typen des Lernens (vgl. S. 49 ff) kann man das prozedurale Wissen wohl dem Regellernen zuordnen, sofern es sich um sinnhaltige, in einem einsehbaren Zusammenhang stehende Wenn-Dann-Regeln handelt. Doch spielen beim Erwerb von Fertigkeiten noch andere Lernarten eine wichtige Rolle, insbesondere das Lernen am Erfolg und das Lernen am Modell. Dabei ist das Lernen am Modell für die erste Aneignung neuer Fertigkeiten (insbesondere motorischer Art) bedeutsam, während das Erfolgsprinzip einerseits beim Probieren (Versuch und Irrtum), andererseits bei systematischem Training (Verfeinerung, Optimierung) zur Geltung kommt. Nicht zuletzt entscheiden auch Erfolg und Mißerfolg über die Neigung, das Verhalten tatsächlich einzusetzen oder nicht.

Für den Erwerb von Fertigkeiten ist es typisch, daß sie sich mit der *Übung* verbessern (während für sinnhaltiges Sachwissen zuweilen gar eine einmalige Speicherung ausreichen kann). Die Lernforschung hat sich in zahlreichen Untersuchungen damit beschäftigt, welche Faktoren das Üben besonders wirksam machen (vgl. Cronbach 1971, Anderson 1988). Wiederholungen sind wichtig, bedeuten allein aber nicht ohne weiteres eine Verbesserung. Auch »falsche« Verhaltensweisen können sich durch bloße Wiederholung einschleifen.

Ein entscheidender Faktor ist daher die *Rückmeldung* über den Erfolg und Mißerfolg des Tuns. Als Faustregel gilt: Je schneller und deutlicher die Rückmeldung kommt, um so leichter wird die Fertigkeit gelernt. Gut erfüllt ist dies z. B. beim

Üben an der Schreibmaschine durch das Erscheinen des Buchstabens. Verzögert kommt die Rückmeldung beispielsweise, wenn Kinder bei Schreibübungen erst nach einigen Minuten durch den herumgehenden Lehrer eine Bestätigung oder Korrektur erfahren. Für Pädagogen selbst ist es ein Lernhindernis, daß entscheidende Erfolge ihres Tuns möglicherweise erst nach Monaten und Jahren erkennbar werden, während manche pädagogischen Alltagsgewohnheiten unmittelbar bekräftigt werden (z. B. durch kurzfristig eintretende Ruhe in der Klasse). Ebenso kann es an der Deutlichkeit von Rückmeldungen mangeln. Der Lerner weiß beispielsweise nicht immer, ob eine sportliche Bewegung, ein Geigenton oder eine sprachliche Äußerung »gut gelungen« ist oder nicht. Zum Teil sind es Trainer und andere Urteiler, die darüber Rückmeldungen geben. Manchmal setzt man auch technische Hilfsmittel ein, um die Rückmeldungen deutlicher zu machen (z. B. Videoaufnahmen vom eigenen Unterrichtsverhalten). Kann die lernende Person sich selber hinreichend beobachten und hat sie klare Vorstellungen davon, wann die Fertigkeit gut gelungen ist, so kann die Erfolgs-/Mißerfolgsmeldung per Selbstbewertung geschehen. Selbst-Bewußtheit und frühzeitige Selbstkorrektur sind offenbar ein typisches Kennzeichen der Tätigkeit von »Experten« (Cronbach 1971).

Eine alte Frage ist die, ob man die Fertigkeiten *als Ganze oder in Teilen* üben sollte. Eine generelle Empfehlung scheint nicht möglich (vgl. Aebli 1983, Mandl et al. 1986). Für zusammenhängende Inhalte (z. B. Gedichte, Melodien) ist offenbar die sog. G-Methode überlegen, sofern der Stoff nicht allzu umfanggreich ist: Man übt das Ganze in einem Stück. Bei relativ unverbundenen Teilen (z. B. fremdsprachliche Wörter oder Sätze), aber auch bei komplexen motorischen Fertigkeiten scheint das separate Üben von Teilfertigkeiten (T-Methode) günstiger. Weiterhin ist es in der Regel wirksamer, die Wiederholungen zeitlich zu verteilen (z. B. jeden Tag 10 Minuten), statt sie »massiert« auszuführen (z. B. eine Stunde lang). Ausnahmen sind vor allem Aufgaben, die eine längere Aufwärmphase brauchen, bis man »wieder reinkommt«. In der Regel sollte also auch die Unterrichtsplanung von vornherein Wiederholungen über einen längeren Zeitraum vorsehen.

Einige zusätzliche Probleme wirft das Lernen von *kognitiven* Fertigkeiten/Operationen, von Denkleistungen wie Abstrahieren, Folgern usw. auf. Gibt es so etwas wie eine »Denkschulung«? Eine volkstümliche Ansicht lautet, daß man an schwierigen Stoffen seinen »Geist trainieren« müsse. In der Pädagogik fand diese Vorstellung als sog. Formalbildungstheorie ihren Niederschlag. Sie hatte die Ausbildung allgemeiner Fähigkeiten und weniger die Aneignung bestimmter Inhalte zum Ziel; sie nahm aber (jedenfalls in der klassischen Fassung) zugleich an, daß bestimmte Inhalte besondere formalbildende Kraft besäßen. So war es (und ist es anscheinend heute noch) eine verbreitete Annahme, daß Fächer wie Latein und Mathematik besonders geeignet seien, logisches Denken zu schulen, und zwar »allgemein«, also mit unspezifischen Transfereffekten, was heißen würde, daß sich die Schulung auch bei ganz anderen Inhalten, z. B. technischen oder juristischen Problemen, auswirken müßte. Diese Vorstellung hat sich als irrig erwiesen (im Überblick Thurner 1981, Gage & Berliner 1986): Es ist offenbar nicht möglich, »den« Verstand, »das« Gedächtnis, »die« Beobachtungsgabe oder andere Funktionsbereiche zu schulen – weder (nach dem Vorbild des Muskeltrainings) durch bloßen anstrengenden Gebrauch noch durch bestimmte »Stoffe« (bestimmte Schulfächer, Schachspielen u. a).

Heißt das nun, daß so etwas wie eine formale »Denkschulung« generell unmöglich ist? Nicht unbedingt. Der Weg führt allerdings nicht über bestimmte Stoffe, sondern eher direkt über das Training formaler kognitiver Fertigkeiten. So übten Lompscher und Mitarbeiter (1972) im Schulunterricht mit 8- und 9jährigen Kindern elementare »geistige Fähigkeiten« wie Abstrahieren, Klassifizieren oder Definieren usw. Klauer (1988) trainierte mit einzelnen Kindern verschiedenen Alters an einer bunten Vielfalt von Aufgaben das Erkennen von »Gleich-Verschieden-Beziehungen«, das er als fundamentale Intelligenzleistung ansieht. Die Tendenz solcher und ähnlicher Forschungen scheint dahin zu gehen, daß durch solche Trainings in erster Linie »bereichsspezifische« Effekte zu erwarten sind, also eine Verbesserung bei solchen Aufgaben, die (a) formal ähnlich sind, also ähnliche kognitive Fertigkeiten erfordern, und (b) inhaltlich (materiell) ähnlich sind wie im Training. Ein Training für begrenzte Sachgebiete ist somit bedeutend leichter als für unspezifische Befähigungen. Psychologisch ist es daher auch kein Widerspruch, wenn beispielsweise »derselbe Schüler, der im Physikunterricht Hypothesen sorgfältig abwägt und analysiert, sich in Sozialkunde als sehr anfällig für die unkritische Übernahme von Vorurteilen erweisen (mag)« (Thurner 1981, S. 156).

Will man den »Bereich« der Trainingswirkung ausweiten, also relativ inhaltsunabhängige Effekte erreichen, muß man sich darum eigens bemühen. So ist es wichtig, die fraglichen Fertigkeiten an möglichst verschiedenartigen Inhalten zu üben. Bedeutsam für einen relativ unspezifischen Transfer scheint weiterhin zu sein, auch die gedankliche Selbststeuerung (wie Ziele setzen, strategisch planen, sich überprüfen) in das Training einzubeziehen (Belmont et al. 1982). Auf die Rolle solcher übergeordneter, »metakognitiver« Fertigkeiten wird auch unter der Thematik »Lernen des Lernens« zunehmend hingewiesen (vgl. S. 152).

Insgesamt ist die Schulung breit anwendbarer kognitiver Fertigkeiten sicherlich von größtem pädagogischem Interesse. Man denke etwa an Fertigkeiten zum effektiveren Lesen oder Schreiben von Texten. Auch eine solche Verbesserung formaler Fertigkeiten sollte man aber nicht, wie Brown & Campione (1982) in einem kritischen Forschungsrückblick resümieren, mit einer allgemeinen Steigerung der Denkfähigkeit oder der Intelligenz gleichsetzen (zumal der Intelligenzbegriff selber zu unbestimmt ist).

Zum Schluß noch eine Bemerkung zu »Handlungen«. An ihnen sind verschiedene kognitive und motorische Leistungen beteiligt, an ihrem Erwerb daher sicherlich auch verschiedene Arten von Lernvorgängen. Für den Erwerb von umfassenden Handlungsschemata, die den Gesamtablauf steuern, spielt die Übung nicht dieselbe Rolle wie bei einzelnen Fertigkeiten. Erworben werden können sie in gewissem Grade durch verbale Informationen wie Vorträge, Gebrauchsanweisungen u. dgl. oder durch das Beobachten von Vorbildern (Lernen am Modell). Unterrichtsmethodisch interessant ist wohl die Möglichkeit, die Lernenden zu einem bestimmten Projekt (z. B. eine Zeitung machen, einen Teich anlegen) selber Handlungspläne entwerfen und so weit wie möglich selbst ausprobieren zu lassen (vgl. Aebli 1983). Am Anfang solcher Handlungen stünde ein bestimmtes »Problem«, und die Lerner wären aufgefordert, dafür selbständig Lösungen zu suchen und zu bewerten. Insofern hätte dieses Lernen auch wesentlich mit produktivem Denken zu tun.

5.4 Zielrichtung: Produktives Denken

»Denken« ist ein Sammelbegriff für eine Vielzahl von Phänomenen (vgl. S. 126 ff). Als besonders erstrebenswert gilt vielen Lehrenden das »produktive« Denken, häufig als Gegenpol zum »reproduktiven« Abrufen von Wissen verstanden. Mit »produktiv« ist gemeint, daß man eine subjektiv »neue« Erkenntnis hervorbringt, daß man selber Wissen schafft bzw. Wissen in neuartiger Weise verwendet. Der Übergang zwischen »produktiv« und »nicht-produktiv« ist sicher fließend; der produktive Anteil an einer konkreten Denkleistung kann kleiner oder größer sein.

Produktives Denken wird in der Psychologie meist als *Problemlösen* bezeichnet. Denn wenn eine Person vor einer Aufgabe steht, für die sie aus dem Gedächnis keine Lösung abrufen kann, wenn mithin der Weg zum Ziel durch eine »Barriere« behindert wird, dann liegt im denkpsychologischen Sinne ein »Problem« vor (es muß sich nicht um eine emotional belastende Situation handeln).

Mit Gagné (1980) läßt sich Problemlösen als das Entdecken einer neuen Regel verstehen, wobei bereits bekannte Regeln miteinander verknüpft werden. Sofern die Person nicht nur aktuell das Problem löst, sondern die gefundene Regel in ihren Wissensbestand aufnimmt, handelt es sich zugleich um ein Lernen. Das produktive Denken oder Problemlösen wird daher manchmal auch als *entdeckendes Lernen* bezeichnet. Während es für das Lernen von Fertigkeiten typisch ist, daß sie sich durch Üben allmählich verbessern, ist es ein Kennzeichen problemlösenden Denkens bzw. entdeckenden Lernens, daß entscheidende Einfälle und Einsichten plötzlich auftreten und mehr oder minder deutlich von dem berühmten »Aha-Erlebnis« begleitet werden. – So weit die allgemeine Kennzeichnung.

Es lassen sich verschiedene *Problemtypen* unterscheiden, die produktives Denken erforderlich machen. Nach Dörner (1976) ist es sinnvoll, ein Problem nach zwei Kriterien zu charakterisieren: Nach der Klarheit der Ziele und der Klarheit der Mittel. Das erste Kriterium ist auch bei anderen Autoren zu finden, etwa in der Unterscheidung von »gut definierten« und »schlecht definierten« Problemen.

● Probleme haben ein klares Ziel (sind »gut definiert«), wenn sich eindeutig entscheiden läßt, wann das Ziel erreicht ist.

Dabei kann man (durch Hinzunahme des zweiten Kriteriums) zwei Typen unterscheiden: Im ersten Fall sind neben dem Ziel auch die Mittel bekannt und das eigentliche »Problem« besteht darin, die verfügbaren Mittel sinnvoll anzuordnen und zu koordinieren. Beispiele: Das Schachspiel oder manche Transportprobleme. Man könnte hier von einem »Organisierungsproblem« sprechen (bei Dörner: Interpolationsproblem). Im anderen Fall muß man die geeigneten Mittel zur Zielerreichung (z. B. ein technisches Werkzeug, eine List) selbst finden. Hier handelt es sich sozusagen um »Mittelfindungsprobleme« (Dörner: Synthetische Probleme).

- Probleme haben unklare Ziele (sind »schlecht definiert«), wenn es kein scharfes Lösungskriterium gibt und daher verschiedene Ergebnisse als Lösung verstanden (oder auch zurückgewiesen) werden können. Beispiele: Eine Wohnung »verschönern«, einen Aufsatz über die Heimatstadt schreiben. Die meisten pädagogischen, psychologischen, politischen und sonstigen Lebensprobleme sind von dieser Art. Man könnte vielleicht von »Gestaltungsproblemen« sprechen, wobei die Mittel bekannt oder auch unbekannt sein können (Dörner: dialektische bzw. dialektisch-synthetische Probleme).

Zwischen den verschiedenen Typen gibt es in der Praxis selbstverständlich Übergänge und Verbindungen. Während die Psychologie das Problemlösen lange Zeit an »kleinen«, klar definierten, denksportartigen Aufgaben erforscht hat, haben in den letzten Jahren komplexe, schlecht definierte Probleme zunehmend Interesse gefunden (im Überblick Neber 1987). Hierzu gehört unter anderem der Umgang mit hochkomplexen »Systemen«, wie etwa bei der Aufgabe, für das »Wohlergehen« eines Landes oder einer Stadt zu sorgen (vgl. Dörner 1989).

Verschiedene Problemtypen zu unterscheiden, ist deshalb wichtig, weil sie unterschiedliche Anforderungen an das Denken stellen. In begrenztem Maße läßt sich hier die bereits erwähnte Unterscheidung Guilfords (s. S. 128) in konvergente und divergente Produktion aufgreifen:

- Das *konvergent*-produktive Denken ist darauf gerichtet, eine bestimmte Lösung zu finden. Beispiele: Eine schwierige Rechenaufgabe lösen, das Funktionsprinzip eines technischen Gerätes herausfinden. Das konvergente Denken kommt wohl dem nahe, was im Alltag häufig mit »logischem« Denken gemeint ist. Gefordert ist es vorzugsweise bei klar definierten Problemen, und es ist typisch für Intelligenztestaufgaben.

- Bei der *divergenten* Produktion geht das Denken in verschiedene Richtungen; es sucht nicht eine bestimmte, sondern verschiedene mögliche Lösungen bzw. lösungsrelevante Informationen. Gefordert ist es stets bei Gestaltungsproblemen wie Aufsätzen oder Kunstwerken, aber auch bei manchen technischen und anderen Problemen, die zwar eindeutig definierte Ziele haben, doch durchaus verschiedenartige Lösungen zulassen (»wie kann man den jährlichen Ausstoß von Stickoxiden vermindern?«). Was gewöhnlich »kreatives« Denken genannt wird, ist zum großen Teil, wenn auch nicht ausschließlich, als divergente Produktion zu verstehen (vgl. Cropley et al. 1988).

Selbstverständlich ist die eine Denkweise nicht »wertvoller« als die andere, und gewöhnlich werden sie sich sinnvoll ergänzen. Doch kann das Schwergewicht mal auf konvergenten, mal auf divergenten Prozessen liegen. Was dominiert, hängt sicherlich nicht nur von der Art der Aufgabe ab. So könnte ein Problem »an sich« vorrangig divergentes Denken fordern (Gestaltungsproblem), während der Lerner eine bestimmte Lösung

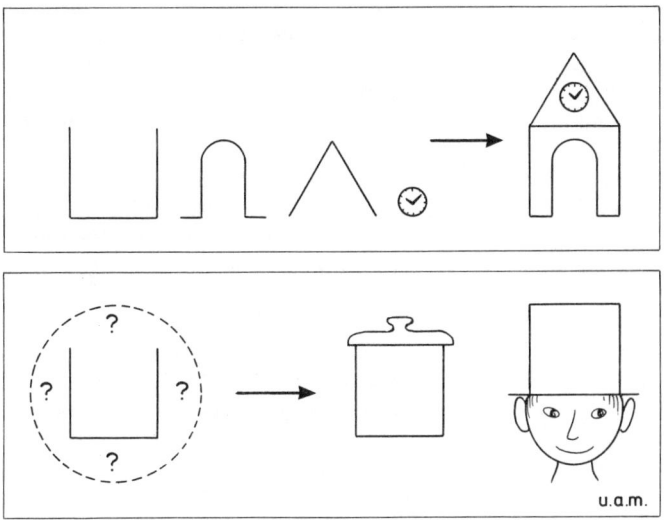

Abb. 19: Eine Aufgabe für konvergentes bzw. für divergentes Denken.

sozusagen abzuleiten versucht, z. B. in den Bahnen einer bestimmten Lehrmeinung oder Ideologie. Solche Selbsteinengungen kommen evtl. auch bei Schülern vor, wenn sie glauben, daß von ihnen eine ganz bestimmte »richtige« Antwort (z. B. bei einer Textinterpretation) erwartet wird.

Zum Problemlösen gehört nicht nur das Nachdenken über »Lösungen«. Sehr wesentlich ist, daß das Problem genau verstanden und definiert wird. Nicht selten suchen Menschen schon die fertige Lösung, bevor sie richtig verstanden haben, was eigentlich gefordert ist bzw. was als Ziel verfolgt werden könnte (Beispiel: Bei einem Klausuraufsatz gleich losschreiben, ohne die Themenstellung erst mal hinreichend zu interpretieren). Insofern ist am »produktiven« Denken immer auch »erfassendes« Denken beteiligt (vgl. S. 128). Das gleiche gilt für »wertendes« Denken, da das Erdachte z. B. auf Schlüssigkeit, Brauchbarkeit usw. geprüft werden muß.

Der »produktive« Kernvorgang bleibt die Herstellung subjektiv neuartiger Zusammenhänge, wobei im Falle des divergenten bzw. kreativen Denkens zuweilen sehr weit voneinander entfernte Sachverhalte in Verbindung gebracht werden. Zahlreiche Prozesse können dabei eine Rolle spielen (vgl. Brander et al. 1985). Eine klassische Kontroverse bezieht sich auf die Bedeutung von »Versuch und Irrtum« einerseits und von »Einsicht« andererseits. Die Rolle des Probierens mit mehr oder weniger zufälligen Lösungen wird von behavioristisch orientierten Autoren (vgl. S. 28) betont, während kognitivistische Forscher das einsichtsvolle Erkennen von bisher nicht gesehenen Beziehungen (»Umstrukturierung«) hervorheben.

Es gibt heute wohl nur noch wenige Autoren, die die Rolle der Einsicht – nicht nur als Lösungsidee, sondern auch als schrittweise Vertiefung des Problemverständnisses – leugnen würden. Zugleich kann man jedoch dem Probieren eine wichtige Funktion auf dem Wege zur Einsicht zuerkennen; es kann an bestimmten Stellen sogar strategisch eingesetzt werden. Allerdings: Wenn eine Lösung gefunden wird, ohne verstanden zu werden (ohne Einsicht in das Prinzip), entspräche dies lernpsychologisch nur dem instrumentellen Lernen (Lernen am Erfolg) und nicht dem Problemlösen bzw. dem entdeckenden Lernen.

Ob bei einer konkreten Anforderung der Problemlöseprozeß gelingt, hängt von verschiedenen Faktoren ab. Zu den externen (situativen) Bedingungen gehören die Art der Aufgabenformulierung, die Übersichtlichkeit der Aufgabe, die Sichtbarkeit von Hilfsmitteln u. a. Als interne (personale) Bedingungen, die Problemlösungen möglich machen, sind nach Gagné (1980) vor allem zwei zu nennen: (1) die bereits erlernten Regeln (Wissen), und (2) die kognitiven Strategien, mit denen die Person ihr eigenes Denken steuert.

Beides sind auch mögliche Ansatzpunkte für die *Förderung produktiven Denkens* (s. auch Neber 1987). Es kann als sicher gelten, daß Nachdenken ohne hinreichendes *Wissen* kaum erfolgreich ist. Das gilt für Schüler ebenso wie für Nobelpreisträger. Das Wissen über Sachverhalte, insbesondere wenn es auf Übertragbarkeit hin organisiert ist (vgl. S. 135 f), liefert also eine »Materialgrundlage« für die Lösung neuer Probleme. Um das Wissen wirksam nutzen zu können, spielen jedoch *Strategien* eine wichtige Rolle. Wenn man eine Lösung nicht unmittelbar weiß, kann man dennoch wissen, wie man eine Lösung finden kann, und als solch ein prozedurales Wissen über eine sinnvolle Schrittfolge sind Problemlösestrategien (Heurismen) anzusehen.

Viele Strategien sind auf spezifische fachliche Bereiche ausgerichtet (z. B. für medizinische Diagnosen oder Textanalysen) und lassen sich schwer auf andere Bereiche übertragen. Es gibt aber auch Problemlösestrategien, die weitgehend inhaltsunabhängig sind. Dafür einige Beispiele:

- Die Zielanalyse (Was will ich genau? Was ist gefordert? Was ist nicht gefordert?
- Die Konfliktanalyse (Warum geht es nicht? Wo genau sitzt die Schwierigkeit?)
- Die Materialanalyse (Was ist da? Was kann ich gebrauchen?) (Diese drei Begriffe stammen von Duncker 1935)
- Die Mittel-Zweck-Analyse (Was ist wofür am besten?)
- Das Suchen von Analogien (Wo kommt Ähnliches vor?)
- Das »Brainstorming« als bekannteste Methode für divergente Ideenproduktion: Man sammelt zunächst unkritisch möglichst viele Einfälle und bewertet sie erst in einer späteren Phase auf Brauchbarkeit.

Wie erkennbar, haben einige Strategien ihren Schwerpunkt auf der Problemanalyse, andere auf der Ideenfindung. Obwohl Strategien dieser Art auf viele Gebiete anwendbar sind, ist es doch eine andere Frage, mit welcher Reichweite sie von den darin unterwiesenen Personen tatsächlich transferiert werden. Überträgt z. B. jemand, der solche Strategien im technischen Bereich erworben hat, sie auch auf soziale Probleme oder umgekehrt? Die Transferforschung legt nahe, daß es kaum automatisch geschieht (vgl. Gage & Berliner 1986). Das Transferieren selbst muß gelernt werden, wobei es wichtig ist, daß man dieselbe Strategie an wechselnden Stoffen erprobt (eine Forderung, die etwa in Schule und Ausbildung kaum erfüllt wird, weil sie meist streng fächerspezifisch ausgerichtet sind). Ein wichtiger Trainingsfaktor scheint des weiteren die Selbstreflexion über das eigene Vorgehen zu sein (s. S. 152 über Metakognition).

Neben Sachwissen und Problemlösestrategien könnte man als dritten Ansatzpunkt zur Förderung produktiven Denkens die in Kap. 5.3 behandelten *kognitiven Fertigkeiten* ansehen (Klassifizieren usw.), die gewissermaßen als elementare Bausteine innerhalb der umfassenderen Strategien zum Zuge kommen.

Wieweit ist es möglich, produktives Denken im *schulischen Unterricht* zu fördern? Die Antworten hierauf müssen bisher noch zurückhaltend sein. Und zwar nicht nur aufgrund mangelnder Forschung, sondern auch, weil die Antworten davon abhängen, ob man die normale schulische Realität (zu der etwa die starke Stofforientierung gehört) oder »optimale« Bedingungen zugrunde legt. Immerhin sind aber einige Hinweise möglich.

So lassen sich kognitive Fertigkeiten auch im Unterricht üben (vgl. S. 141). Ebenfalls wird häufig vorgeschlagen, immer wieder Gelegenheiten zu selbständigem Problemlösen zu schaffen, und in diesem Zusammenhang wird dann auch das Entdeckenlassen als Lehrmethode empfohlen (hierzu Neber 1981). Es geht dabei allerdings nicht um ein von Grund auf eigenständiges, sondern um ein im gewissen Maße gelenktes Entdecken, das unter anderem die Vorkenntnisse berücksichtigt (Gagné 1980). Weiterhin lassen sich verschiedene kreative »Spiele« und Strategien (z. B. Brainstorming) als Gruppenaktivitäten in den Unterricht einbauen (Cropley et al. 1988).

Selbst für den Frontalunterricht werden einige Lehrtechniken diskutiert, die möglicherweise problemlösendes Verhalten begünstigen. Erwähnt werden vor allem (vgl. Jüngst 1987): (a) offene Fragen, die unterschiedliche Antworten bzw. divergentes Denken zulassen, (b) Wartezeit vor Schülerbeiträgen, um nach einer Frage Zeit zum Nachdenken zu geben, (c) Wartezeit nach Schülerbeiträgen, um differenziertere Aussagen, mehr Begründungen, Selbstkorrekturen u. dgl. zu provozieren, (d) Eingehen auf Schülerbeiträge, etwa durch Stellungnahmen, Rückfragen usw., (e) prozeßorientierte statt ergebnisorientierte

Hilfen. Es scheint allerdings schwierig, einer einzelnen Technik eine bestimmte Wirkung zuzuschreiben, eher kommt es wohl auf das gesamte Spektrum des Lehrverhaltens an. Auch zeigt sich wiederum, daß dasselbe Verhalten auf verschiedene Schüler verschieden wirken kann. So kommen z. B. ängstlich disponierte Schüler mit einer Wartezeit nach Beiträgen schlechter zurecht als wenig ängstliche (Jüngst 1987). Offen bleibt auch, wie weit solche Lehrtechniken nicht nur situativ (als günstiges »Klima«) auf das Problemlöseverhalten im Unterricht wirken, sondern darüberhinaus die überdauernde Entwicklung von Strategien, Fertigkeiten und Lernmotiven fördern.

Zum Abschluß sei noch ein Beispiel für eine komplexe fächerübergreifende Anforderung genannt, die bisher in der Pädagogischen Psychologie nur wenig Beachtung gefunden hat: das *Schreiben von Texten*. Es erfordert unterschiedlichste Kenntnisse (z. B. Wortschatz, Rechtschreibung, Sachwissen) sowie kognitive und motorische Fertigkeiten. Wenngleich diese Fertigkeiten sicher zum Teil Routinen sind, kann doch, als ganzes genommen, das Verfassen eines Textes als Problemlösevorgang bei einem schlecht definierten Problem (Gestaltungsproblem) aufgefaßt werden. So gut wie alle Strategien, die auf S. 147 erwähnt wurden, könnten dabei ihren Platz haben.

In Anlehnung an ein Entwicklungsmodell des Schreibens von Bereiter (1980) lassen sich fünf Arten der Schreibleistung unterscheiden, für die jeweils bestimmte kognitive Prozesse erforderlich sind (Abb. 20). Auf die von Bereiter angenommene hierar-

Art der Schreibleistung	Kognitive Prozesse
1. Notierendes Schreiben	Gedankenfluß in Schriftsprache umsetzen
2. Regelgemäßes Schreiben	Schreibkonventionen kennen (Rechtschreibung, Ausdrucksformen u. ä.)
3. Kommunikatives Schreiben	Sich in Leser hineinversetzen
4. Sprachlich-gestaltendes Schreiben	Ästhetisch und kritisch werten
5. Erkenntniserzeugendes Schreiben	Produktiv denken

Abb. 20: Kognitive Anforderungen beim Texte schreiben (modifiziert nach Bereiter 1980)

chische Entwicklung von Typ 1 bis Typ 5 möchten wir hier nicht eingehen, sondern anhand des Modells lediglich die vielfältigen Anforderungen beim Schreiben verdeutlichen, selbst wenn – je nach Schreibabsicht – nicht immer alle Aspekte gleich wichtig sind. Für die meisten Menschen wird es vermutlich eine Überforderung sein, gewissermaßen alles gleichzeitig zu erledigen. Versucht man, in einem Zug gedanklich und stilistisch perfekte Sätze auszubrüten, ehe man etwas niederschreibt, führt dies daher nicht selten zu erheblichen »Schreibblockaden« (z. B. bei Studierenden über einer Hausarbeit). Eine sinnvolle Konsequenz wäre wohl, Schritt für Schritt vorzugehen (z. B. im Brainstorming Ideen notieren, auf die gedankliche Entwicklung achten, den Sprachstil bewerten), und dies, nach Art einer Spirale, wiederkehrend in mehreren Überarbeitungen.

5.5 Zielrichtung: Lernen zu lernen

Lerner wissen gewöhnlich, *was* sie zu lernen haben. Mit dem *Wie* hingegen sind sie meist allein gelassen. Sicherlich: Unterrichtende versuchen auf ihre Weise, das Lernen zu erleichtern – sonst wäre es kein Unterrichten. Aber damit ist dem Wie des Lernens nicht hinreichend Genüge getan. Der Einfluß der Unterrichtenden kann hier nur recht begrenzt sein, weil jeder Lerner in hohem Maße sein Lernverhalten selbst steuert. Wie beispielsweise ein Schüler an eine Textaufgabe oder einen Aufsatz herangeht, entzieht sich letztlich dem unmittelbaren Einfluß des Lehrers. Die Selbststeuerung ihrerseits zu verändern, indem man zu »effektiverem« Lernverhalten anleitet, müßte schon aus diesem Grunde ein wichtiges Ziel sein. Hinzu kommt aber, daß solche Befähigungen über den Unterricht hinaus fortwirken können. Was für die Inhalte (das »Was«) selbstverständlich angestrebt wird, daß nämlich die erworbenen Kenntnisse und Fertigkeiten dem Lerner in der Zukunft (!) nützlich sein sollen, müßte noch mehr für das Lernverhalten gelten. Denn die Inhalte, mit denen sich Menschen zu beschäftigen haben, wechseln häufig – um so mehr ist der effektive Umgang mit Lernstoff wirklich etwas »fürs Leben«.

Psychologisch ausgedrückt ist die Beherrschung von Lern- und Denkstrategien, die auf verschiedenartige Fächer und Probleme anwendbar sind, die wohl markanteste Erscheinungsform eines unspezifischen Transfers. Beziehen läßt sich diese allgemeine Zielsetzung wiederum auf alle drei vorherigen Zielbereiche – auf Wissen, auf Fertigkeiten und auf produktives Denken – und liegt insofern quer zu diesen bzw. erweitert sie. Wir möchten sie aber eigens hervorheben, weil sie einen besonderen Aspekt enthält. Da nämlich unter dem Stichwort »Unterricht« in erster Linie an die Organisation des Lernens durch eine unterrichtende Person gedacht wird, geht der Aspekt der Selbststeuerung des Lernenden leicht verloren. So kann sich nach unseren Erfahrungen kaum ein Studierender erinnern, in der Schule zu Lernstrategien angeleitet worden zu sein. Möglicherweise kennen sich da die meisten Lehrer selbst zu wenig aus.

Was alles zu vermitteln wäre, können wir nur stichwortartig skizzieren. Wichtig ist zunächst, daß es nicht eine bestimmte optimale Lernstrategie geben kann, sondern eine *breite Palette von Strategien* erforderlich ist, die für unterschiedliche Anforderungen geeignet sind.

So ist beim Wissenserwerb der Unterschied zwischen sinnarmen und sinnhaltigen Materialien zu beachten. Bei *sinnarmen* Materialien wie Bezeichnungen, Zahlen usw. braucht man elaborative Einprägungstechniken wie den Gebrauch von bildhaften Vorstellungen oder Reimen (vgl. Metzig & Schuster 1982). Einzuplanen sind auch hinreichend viele und zeitlich gut verteilte Wiederholungen. Zudem wird häufig empfohlen, für denselben Stoff nach Möglichkeit mehrere Sinneskanäle zu benutzen, etwa durch Lesen, durch Anhören, durch eigenes Sprechen, durch Schreiben oder Malen (vgl. Steiner 1988, Keller 1991). Dies gilt nicht nur für sinnarmes Material.

Für komplexes *sinnhaltiges* Material sind, neben der elaborativen Verknüpfung mit dem Vorwissen, vor allem Techniken des »Organisierens« zu erlernen, so etwa das Anfertigen von netzartigen Strukturbildern oder Begriffshierarchien (vgl. Metzig & Schuster 1982). Sofern aus Texten gelernt wird – und das ist bei selbständigem Lernen der Normalfall – geht es auch um Lesestrategien wie: Bedenken der Leseabsicht, gezielter Wechsel verschiedener Leseformen (überfliegend, reflektierend u. a.), selektives Lesen anhand von selbstgestellten Fragen, Eingrenzen des »Nichtverstandenen«, Anwendung geeigneter Reduktionstechniken (Markierungen, Überschriften setzen usw.) (vgl. Ballstaedt et al. 1981, Groeben 1982).

Das Einüben von *Fertigkeiten* wird häufig auch als »Training« bezeichnet, ein Begriff, der immer an eine hohe Eigenaktivität des Lerners denken läßt. Von Interesse sind hier unter anderem: schrittweises Vorgehen, die zeitliche Verteilung der Übungsdurchgänge, die deutliche Registrierung von Lernfortschritten (vgl. S. 139 f). Bei kognitiven Fertigkeiten, die breit transferiert werden sollen, ist es wichtig, möglichst verschiedenartige Übungsbeispiele zu wählen. Dies gilt auch für die Beherrschung von Lernstrategien, die ja selbst als komplexe Fertigkeiten angesehen werden können. Für umfassende Handlungen (z. B. eine Examensarbeit schreiben) müssen gewöhnlich unterschiedlichste Strategien (einschließlich solcher für produktives Denken) herangezogen werden. Für die Handlung als Ganzes spielt vor allem das Planen und Entwerfen eine wichtige Rolle.

Das *produktive Denken* ist nur in dem Maße »produktiv«, wie die Person selbständig zu ihren Erkenntnissen gelangt. Insofern ist hier besonders offenkundig, daß das eigentliche Lehrziel die Hilfe zur Selbsthilfe, also die Vermittlung von Problemlösestrategien sein muß (z. B. Zielanalyse, Brainstorming, vgl. S. 147). Statt von »Lernen des Lernens« würde man hier allerdings eher von »Lernen des Denkens« sprechen.

Wie die Forschung gezeigt hat (und viele Menschen aus eigener Erfahrung wissen), führt die Kenntnis von Strategien allerdings nicht ohne weiteres dazu, daß sie vom Lerner auch eingesetzt werden. Wichtig hierfür ist sicherlich zum Gutteil die Motivation (vgl. Kap. 5.6). Wichtig ist aber offenbar auch der Blick auf jenen Ort, an dem sich die entscheidenden Prozesse abspielen – der Blick in den eigenen Kopf. Dazu gehört etwa das Denken über das eigene Denken, Wissen über das Wissen u. dgl. Solcher Art lernpsychologischer Selbstreflexion ist in der Psychologie heute meist unter dem Begriff der *Metakognition* zu finden. Es ist dies ein (etwas unpräziser) Sammelbegriff für eine ganze Reihe von Prozessen, deren grundsätzliche Bedeutung für effektives Lernen mittlerweile außer Zweifel steht (vgl. Weinert 1984). Man muß also beispielsweise wissen, was man weiß und was man nicht weiß, um zu entscheiden, wo man sich noch bemühen muß.

Pädagogisch interessant sind nach Kluwe (1982) vor allem das Erkennen und Steuern (a) der eigenen Aufmerksamkeit (z. B. sich je nach Wichtigkeit stärker oder schwächer konzentrieren), (b) des eigenen Verstehens (z. B. wissen, ob man etwas verstanden hat oder nachfragen muß), (c) des Einprägens (z. B. ungenügend beherrschte Inhalte bevorzugt wiederholen) und (d) des problemlösenden Denkens (z. B. sich bewußt sein, ob man gerade analysiert, Lösungen sucht oder bewertet). Solche Selbstbewußtheit und Selbstkontrolle ist keinesw[e]ges selbstverständlich und ist bei Grundschulkindern weit weniger entwickelt als im Jugend- oder Erwachsenenalter. So geben selbst 12jährige häufig an, einen Sachtext verstanden zu haben, obwohl es nicht stimmen kann (z. B. weil er widersprüchlich oder lückenhaft ist); und erst bei 12/13jährigen Kindern kann man auch damit rechnen, daß sie wichtige von weniger wichtigen Textpassagen unterscheiden und danach die Intensität des Lesens und Einprägens ausrichten können (nach Kluwe 1982).

Es handelt sich hier jedoch nicht nur um eine Altersfrage. Es gibt beträchtliche individuelle Unterschiede auch bei Jugendlichen und Erwachsenen bezüglich ihrer kognitiven und metakognitiven Strategien, und dieser Tatbestand führt zu der Frage nach der *Lern- und Lehrbarkeit* von effektivem Lernverhalten.

Gewissermaßen als Formalbildung in neuem Gewand (vgl. S. 140) erlebt dieses Thema eine Renaissance (vgl. Weinert 1983), wobei man heute auf eine ganze Reihe von Untersuchungen zurückgreifen kann. Beispiel: Kinder der 3. und 5. Klasse werden in Lesestrategien trainiert. Man erläutert ihnen, wie man Texte überfliegt oder Gelesenes zusammenfaßt und wann dies sinnvoll einzusetzen ist, man spricht mit den Schülern über das eigene Lernverhalten (z. B. »Hältst Du manchmal inne, um über den Sinn der Sätze nachzudenken?«) (Paris & Jacobs 1984). Solche Trainings haben bisher zu durchaus ermutigenden Ergebnissen geführt (bessere Beherrschung solcher Techniken, besseres Verständnis von Texten u. a.). Dennoch sind manche Fragen noch ungeklärt. So ist etwa im Falle der Lesestrategien noch offen, wie weit solche Trainings bei verschiedenen Kindern unterschiedlich wirken und welche langfristigen Effekte sie mit sich bringen (vgl. Körkel & Hasselhorn 1987).

Insgesamt legen die bisherigen Erfahrungen nahe, daß es wichtig ist, metakognitive Vorgänge einzubeziehen. Auch und gerade bei lernschwachen Kindern haben entsprechende Trainingsansätze beachtliche Erfolge gebracht (vgl. Campione 1984). Ebenso gibt es Hinweise darauf, daß bei problemlösendem Denken die Selbstreflexion über das eigene Vorgehen besonders nützlich ist (vgl. Dörner 1982).

Abschließend sei angefügt, daß zum Lernverhalten neben diesen kognitiven Strategien noch weitere Aspekte gerechnet werden können, z. B. die Zeitplanung, das Einlegen von Pausen oder die Gestaltung des Arbeitsplatzes (vgl. Metzig & Schuster

1982, Keller 1991). Interessanterweise werden Empfehlungen zu diesen Punkten von Lernkursteilnehmern am häufigsten als hilfreich genannt (Keller 1983), und möglicherweise werden sie auch eher in die Praxis umgesetzt als die eigentlichen kognitiven Lernstrategien.

Im ganzen scheint es jedenfalls ein Problem bei der Vermittlung von Lerntechniken zu sein, daß sie von vielen Lernern nicht geübt und in der Praxis erprobt werden (vgl. Brickenkamp 1987 zur Rolle der »Akzeptanz«). Hindernisse liegen vermutlich in der Macht der alten Gewohnheiten und der Mühe des Umlernens, zumal die »effektiven« Methoden im Moment der Ausübung oft als anstrengender empfunden werden. Für die Lösung dieser Probleme, die viel mit Motivation und Gegenmotivation (vgl. Kap. 5.6) zu tun haben, sind vermutlich die angesprochenen selbstreflexiven bzw. metakognitiven Prozesse von besonderer Bedeutung.

5.6 Lernmotivation

Wenn Lehrer von Lernmotivation reden, meinen sie gewöhnlich die Bereitschaft der Lernenden, sich am Unterricht zu beteiligen und die Hausaufgaben zu erledigen. Ist aber eine Schülerin, die leidenschaftlich am Klavier übt und deshalb die Matheaufgaben liegen läßt, »nicht lernmotiviert«? Eigentlich müßte man also »Lernmotivation in bezug auf ...« sagen, und darunter die Motivation verstehen, bestimmte Kenntnisse oder Verhaltensweisen aktiv und zielgerichtet zu lernen.

Was motiviert solch ein zielgerichtetes Lernen? Psychologisch gesehen gibt es nicht »die« Lernmotivation. Vielmehr ist »Lernmotivation« ein Sammelbegriff für unterschiedlichste Motivationen, die »hinter« dem Lernverhalten wirksam sind. Im Prinzip sind es keine anderen als die, die auch sonst das Verhalten mitbestimmen. Menschen können z. B. auch durch Haß oder durch Liebe veranlaßt werden, bestimmte Dinge lernen zu wollen. In der Pädagogischen Psychologie untersucht man allerdings vorrangig Motivationen, die pädagogisch als besonders bedeutsam angesehen werden, insbesondere Leistungsmotivation, Neugier und Interesse.

Die *Leistungsmotivation* ist in der Psychologie weitaus am gründlichsten untersucht worden. Sie wird in der Regel verstanden als das Bestreben, die eigene Tüchtigkeit hochzuhalten und zu steigern, und zwar bei Tätigkeiten, bei denen man sich an einem Gütemaßstab mißt (Heckhausen 1968). Dies impliziert, daß man Ergebnisse seines Tuns als Erfolg oder Mißerfolg erleben und auf sich selbst zurückführen kann. Leistungsmotivation in diesem Sinne ist nicht gleichzusetzen mit Lernen aus einem von außen auferlegtem »Leistungsdruck«, sondern hat durchaus zu tun mit eigenen Zielsetzungen, mit Selbstentfaltung und mit dem Bedürfnis, sich kompetent zu fühlen. Den Kern dieser Motivation kann man darin sehen, daß die Verhaltensergebnisse, die man als »Leistung« bezeichnet, zu positiven oder negativen Selbstbewertungen bzw. zu Gefühlen der Zufriedenheit oder Unzufriedenheit mit sich selbst führen (Heckhausen & Rheinberg 1980). (Steht die Fremdbewertung im Vordergrund, wäre eher von Anerkennungsbedürfnis o. ä. zu sprechen.) Der adäquate Anreger für die so definierte Leistungsmotivation ist nicht »Druck«, sondern eine geeignete »Schwierigkeit«. Als optimale Herausforderung gilt: nicht zu niedrig, nicht zu hoch, sondern für den jeweiligen Lerner »mittelschwer«. Innerhalb des Leistungsstrebens werden meist zwei Teiltendenzen unterschieden: Erfolg zu erreichen und Mißerfolg zu vermeiden. Diese Komponenten können individuell unterschiedlich ausgeprägt sein. Je nachdem, ob in den Gedanken und Gefühlen eines Menschen dispositionell die Hoffnung auf Erfolg oder die Furcht vor Mißerfolg überwiegt, spricht man von »Erfolgszuversichtlichen« (oder »Erfolgsmotivierten«) bzw. »Mißerfolgsängstlichen« (»Mißerfolgsmotivierten«) (vgl. Weiner 1975, Gage & Berliner 1986). Pädagogische Probleme bereiten die Mißerfolgsängstlichen; mit ihnen haben sich daher Versuche der »Motivationsförderung« (s. u.) auch besonders befaßt.

Eine weitere wichtige Lernmotivation ist die *Neugier.* Hier geht es um das Streben, sich mit Situationen auseinanderzusetzen, die für die Person relativ unbekannt, überraschend, erstaunlich und komplex sind (Berlyne 1974). Solche Situationen erzeugen eine gewisse Spannung und Erregung und ziehen länger die Aufmerksamkeit auf sich als Altbekanntes und Einfaches. Die neugierweckenden Qualitäten liegen zum Teil in den situativen Reizen selbst (z. B. in der Gestaltung eines Bildes) und erregen dann bei vielen Menschen die Neugierspannung. Zum Teil hängt es auch von dem persönlichen Vorwissen bzw. der Vertrautheit mit diesen Situationen ab, ob sie einen »Reiz« ausüben. Pädagogisch zu nutzen ist dieses Motiv, indem man »kognitive Konflikte« erzeugt, z. B. durch Konfrontation mit rätselhaften Erscheinungen oder durch Behauptungen, die dem Vorwissen der Lerner widersprechen.

Das *Interesse* ist ein Motiv, das sich auf den »Inhalt« oder »Gegenstand« bezieht. Zentrales Merkmal ist die Neigung, sich aus eigenem Antrieb – überdies meist ausdauernd und wiederkehrend – mit dem Gegenstand zu beschäftigen. Typisch ist weiterhin, daß die interessierte Person über den Gegenstand ein zunehmend differenziertes Wissen erwirbt, daß sie die Beschäftigung mit dem Gegenstand als »wertvoll« erlebt, und daß die Interessenhandlungen mit angenehmen Gefühlen verbunden sind (Prenzel 1988). Interesse kann einerseits im Dienste des Unterrichts stehen, andererseits selbst als pädagogisches Ziel angesehen werden (Schiefele et al. 1979). Denn die Ausbildung von Interessen ist in vieler Hinsicht für eine befriedigende Lebensgestaltung bis ins hohe Alter sowie für die Vermeidung sozialer Fehlentwicklungen von großer Bedeutung. Außerdem scheinen Interessen eine wichtige Komponente des Selbstbildes und Selbstverständnisses bzw. der Identitätsfindung zu sein (Prenzel 1988).

Neben der Leistungsmotivation, der Neugier und dem Interesse gibt es viele weitere Beweggründe zum Lernen (vgl. Meister 1977). Zum Teil sind sie primär auf die *eigene Person* gerichtet, wie etwa das Streben nach Selbstbestimmung, nach Selbstverwirklichung und Identitätsfindung (wobei diese Aspekte aber, wie angedeutet, auch beim Leistungsstreben und Interesse mitspielen).

Weiterhin gibt es eine Reihe von *sozialen Motiven* wie das Streben nach Anschluß, nach Anerkennung oder nach »Macht«. Die Befriedigung liegt in diesen Fällen nicht eigentlich in den Lernaktivitäten, sondern in sozialen Nutzeffekten wie angenehmen Kontakten, Lob und Zuwendung oder Einfluß und Mitwirkung. Es ist möglich, daß jemand vornehmlich Lernsituationen aufsucht, die diesen Bedürfnissen gerecht werden (z. B. mit »angenehmem Klima« oder Möglichkeit der Mitbestimmung).

Anreize liegen weiterhin in *materiellen Nutzeffekten* wie der Verbesserung beruflicher Chancen oder der Erhöhung des Taschengeldes. Nicht zu übersehen ist schließlich, daß viele Kinder oder Erwachsene von der *Angst vor Bestrafung* (einschließlich Tadel, Liebesentzug usw.) zum Lernen getrieben werden.

Gage & Berliner (1986, S. 419) betonen, wie wichtig es ist, daß Lehrer die Motive der Lernenden erkunden, um darauf eingehen zu können. Wer über das eine Motiv nicht ansprechbar ist, ist es vielleicht über das andere.

Motive werden gewöhnlich inhaltlich unterschieden nach den angestrebten Zielzuständen. Man kann fragen: worin liegt die Befriedigung? Eben hierin unterscheiden sich die erwähnten Motivarten. Unterschiede liegen aber auch in der »Lokalisation« des eigentlichen Anreizes: Liegt er *im Vollzug der Tätigkeit* (bzw. deren unmittelbaren Effekten) oder in bestimmten *Zwecken?* (vgl. Rheinberg 1989). Der erste Fall liegt vor, wenn die Ausführung der Handlung »Spaß macht«, wenn man in ihr »aufgeht« und man das Ende eher hinauszögern möchte. Hingegen liegt der Anreiz im Zweck, wenn die Befriedigung erst nach der Handlung durch die erreichten Folgen eintritt und die Person die Tätigkeit zu Ende bringen statt ausdehnen möchte. Wichtige Lernmotive wie Interesse und Neugier finden hauptsächlich in der Tätigkeit selbst ihre Befriedigung. »Nervenkitzel«, »Spannung«, »Abwechslung«, »Freude an Bewegung« usw. ergeben sich ebenfalls aus dem Vollzug der Tätigkeit. Man spricht hier auch von »intrinsischer« Motivation. Deutlich »nach« der Tätigkeit kommt der eigentliche Anreiz hingegen etwa beim Lernen aus materiellen oder sozialen Motivationen. Solche zweckorientierten, von den nachfolgenden Konsequenzen geleiteten Handlungen bezeichnet man auch als »extrinsisch motiviert«. Noch zum intrinsischen Typ kann man eine Motivation zählen, wenn die Befriedigung in unmittelbaren Effekten liegt (»Aufgabe gelöst«, »Sache geklärt«, »bin zufrieden mit mir«) oder wenn jemand, auch durch eine Phase von Unbequemlichkeiten hindurch, auf ein zeitlich entferntes Leistungs- oder Interessenziel (z. B. Teilnahme an einem Wettkampf, Aufnahme in eine Theatergruppe) hinarbeitet (Heckhausen & Rheinberg 1980). (Allerdings wird die Grenze zwischen »intrinsisch« und »extrinsisch« nicht von allen Autoren in übereinstimmender Weise gezogen.)

Obwohl intrinsische Motivationen mit ihren sach- und selbstbezogenen Akzenten von vielen Pädagogen als besonders wünschenswert betrachtet werden, ist es vermutlich ein unerreichbares Ideal, Unterrichtsaktivitäten ausschließlich darauf gründen zu wollen. So werden kaum einmal alle Schüler in allen Fächern aus purem Interesse lernen. (Welcher Pädagoge ist denn selbst an allen Dingen interessiert?!). Ebenso wird das Leistungsstreben bei den meisten Lernern an Grenzen stoßen. Selbst bei einem »optimalen« Unterricht werden also viele Lerner zumindest teilweise um der Nutzeffekte willen lernen, und auf das Motivieren durch die entsprechenden äußeren Anreize wird denn auch kaum ein Pädagoge völlig verzichten.

Zu den Motivationen, die das Lernverhalten bestimmen, gehören genau besehen nicht nur begünstigende Kräfte, sondern auch Gegenkräfte, die von Lernaktivitäten wegdrängen. Bekanntlich sind die im schulischen Bereich sehr wirksam. Als *Gegenmotivation* kommen vor allem aversive Empfindungen bei den Lerntätigkeiten selbst in Frage (»unbequem«, »langweilig«, »anstrengend« usw.). Möglich sind auch Gegenmotivationen aus der Erwartung negativer Folgen wie z. B. Mißbilligung von Klassenkameraden (»Du Streber«), Verlust an Zeit für eigene Interessen oder Vernachlässigung sozialer Kontakte.

Welche Motivationen sich bei einem Menschen konkret abspielen, das hängt, wie bei allen aktuellen Prozessen, einerseits von der Situation, andererseits von der Person ab. In der Psychologie wird häufig die personale Disposition für eine bestimmte Motivation als »Motiv« bezeichnet. Damit ist dann also die habituelle Ausprägung eines bestimmten Strebens gemeint (»Helga interessiert sich sehr für Malerei«, »Olaf ist sehr leistungsmotiviert«), während die »Motivation« demgegenüber der aktuelle Prozeß ist, der aus dem Zusammenwirken von Motiv (Disposition) und situativem Anreger entsteht. Allerdings werden die Begriffe Motiv und Motivation nicht verbindlich in dieser Weise unterschieden. »Motivation« wird zuweilen auch im Sinne einer Disposition verwendet (»X ist ein Schüler mit hoher Leistungsmotivation«) oder »Motiv« wird als aktueller Prozeß verstanden. Wichtig ist in jedem Falle, den Unterschied zwischen den beiden Sachverhalten – aktueller Prozeß versus Disposition – nicht zu übersehen. Denn in der Ausprägung eines Motivs – gewissermaßen in der Ansprechbarkeit für bestimmte Anreger – gibt es natürlich erhebliche individuelle Unterschiede. Menschen unterscheiden sich in ihren Interessen, ihrer Erfolgserwartung, ihrer Mißerfolgsängstlichkeit, in ihrem Bedürfnis nach materiellen Belohnungen, öffentlicher Anerkennung usw., vielleicht auch in dem Vorrang von Zweck oder Tätigkeit (Rheinberg 1988). Immer ist aber zu prüfen, wie generalisiert oder spezifisch (nur »in bezug auf ...«) die individuellen Ausprägungen sind.

Ein praktisches Anliegen ist die *Förderung der Lernmotivation*. Hier muß man nun genau hinschauen, was damit gemeint ist. Gemeint sein kann einerseits die *situative Anregung:* Man versucht z. B., eine Unterrichtsstunde »interessant« zu gestalten, Neugier zu wecken oder Leistungsstreben herauszufordern, so daß alle aufmerksam zuhören und sich beteiligen. Diese situative Stimulierung von Lernmotivation ist zum Gutteil eine Frage der didaktisch-methodischen Unterrichtsgestaltung (an die Erfahrungen der Lerner anknüpfen, den passenden Schwierigkeitsgrad wählen, überraschende Fragen stellen, verständlich reden usw.). Aber auch Eigenarten des verbalen und nichtverbalen Lehrerverhaltens (Stimme, Mimik, Gestik usw.) können »anregend« wirken und – unabhängig von den Inhalten – maßgeblich den »Unterhaltungswert« des Unterrichts bestimmen. All diese Aspekte haben zwar mit der »Förderung« von Lernmotivation zu tun, doch ohne daß man dabei einzelne Lerner und deren individuelle Entwicklung im Auge hat.

Genau dies kann aber ebenfalls mit »Förderung« gemeint sein: situationsüberdauernde *Motivänderungen bei den Lernenden* (mithin die Änderung von Dispositionen). Hier geht es z. B. um den Abbau vom Mißerfolgsängstlichkeit und die Stärkung von Erfolgszuversicht beim Leistungsmotiv oder um die Entwicklung eines überdauernden Interesses an bestimmten Inhalten. Wenngleich hierfür schon in der familiären Sozialisation Grundlagen gelegt werden, kann doch auch der Unterricht Einfluß ausüben. Zum Teil geschieht dies sicherlich über ähnliche Faktoren wie bei der aktuellen Anregung. Doch häufig müssen weitere Maßnahmen hinzukommen, die spezifisch auf den einzelnen Lerner ausgerichtet sind.

Vor allem zur Förderung eines positiv getönten Leistungsmotivs (Erfolgszuversicht) wurden Programme entwickelt, die zunächst als separate »Trainings«, dann zunehmend auch im normalen Unterricht realisiert wurden (im Überblick Krug & Heckhausen 1982, Weßling-Lünnemann 1985). Typische Bestandteile solcher Programme sind:

- Förderung realistischer Zielsetzungen, also der Tendenz, sich »mittelschwere« Aufgaben vorzunehmen. Hilfreich sind dafür Aufgaben, bei denen die Lerner zwischen verschiedenen Schwierigkeitsgraden wählen können und Fortschritte sich deutlich ablesen lassen.

- Förderung angemessener Attributionen, insbesondere Abbau der Neigung, Mißerfolge auf eigene Unfähigkeiten zurückzuführen. Im Unterricht kann die Lehrkraft realistische Erklärungen zu Erfolgen und Mißerfolgen geben, wobei die Hervorhebung des Faktors Anstrengung und anderer variabler

Faktoren (wie Thema bzw. Interesse) anstelle von konstanten (Un-)Fähigkeiten eine besondere Rolle spielt.

● Veränderung der Selbstbewertungen aufgrund der Orientierung an eigenen Leistungsfortschritten. Im Unterricht läßt sich dies fördern durch persönliche Leistungskarten, durch Klarstellung der Bewertungskriterien und durch Lob- und Tadel-Urteile, die sich an den persönlichen Fortschritten (= individuelle Bezugsnorm) statt an dem Durchschnitt der Schulklasse (= soziale Bezugsnorm) orientieren.

Die Ergebnisse solcher Programme sind zwar nicht einheitlich, doch tendenziell steigern sie die Erfolgszuversicht und vermindern die Mißerfolgsfurcht; zum Teil wurde auch eine Verbesserung der Schulleistungen nachgewiesen.

Weniger erforscht wurde bisher die Entwicklung von Interessen und die Möglichkeiten ihrer Förderung (im Überblick Todt 1990). Was das Interesse am Unterricht anbelangt, so hängt es offenbar von vielen Faktoren ab, nicht nur vom Fach und vom Thema, sondern z. B. auch von der persönlichen Beziehung zur Lehrkraft, von Abwechslung u. a. m. Hinderlich für die Ausbildung überdauernder Interessen ist es vermutlich, daß an die Stelle der interessentypischen Eigeninitiative und Eigenentscheidung, wann und wie lange man sich mit einer Sache beschäftigt, die unterrichtstypische Außenregulierung tritt (Prenzel 1988).

Eine abschließende Bemerkung: Wer in der Praxis Probleme mit »mangelnder Lernmotivation« z. B. in einer Schulklasse hat, erhofft sich vielleicht Hilfen durch psychologische Literatur zu diesem Thema. Sie mag tatsächlich nützlich sein, vor allem wenn man an die Programme zur individuellen Motivänderung denkt. Aus mehreren Gründen ist sie aber für die praktische Umsetzung oft weniger ergiebig als erwartet. Erstens: Viele Unterrichtende wissen ohnehin, was »motivierend« wirkt, aber ihr Problem darin liegt, daß sie sich nicht so verhalten können. Zweitens: Manche Forschungsergebnisse, so zutreffend sie auch sein mögen, lassen sich in der Praxis nur schwer realisieren, etwa weil sie ein hohes Maß an Individualisierung verlangen. Und drittens: »Mangelnde Lernmotivation« ist oft nur ein Oberflächensymptom, dessen tiefere Gründe erst ermittelt und ggf. verändert werden müssen. Für solche Änderungen findet man Hilfen möglicherweise nicht unter der Überschrift »Lern-

motivation«, sondern etwa unter »Kommunikation mit Schülern« oder »kooperative Problemlösung« in der Schulklasse,
vielleicht auch unter Didaktik und Methodik. Zu wissen, wie
man mit einer Schulklasse über das Problem mangelnder Beteiligung sprechen und Auswege suchen kann (z. B. Redlich &
Schley 1981), wäre dann wichtiger als Kenntnisse über
bestimmte Lern-Motivationen selbst.

5.7 Leistungsbeurteilung

Wenn durch Unterricht bestimmte Dinge gelernt werden sollen,
so erhebt sich die Frage, wie weit dies auch tatsächlich gelingt.
Geprüft wird dies zwar nicht bei jeder Art von Unterricht (z. B.
beim freiwilligen Besuch von Vorträgen oder Volkshochschul-
kursen gewöhnlich nicht), doch im Rahmen der Schule und der
Ausbildung spielt diese Frage eine zentrale Rolle. Zuallererst
werden die meisten Menschen hier wohl an die Notengebung
denken; doch sie ist nur ein Teilaspekt.

Der Problembereich, um den es hier geht, ist unter verschiedenen Überschriften zu finden: Leistungsbeurteilung, Schüler-
beurteilung, Leistungsdiagnostik, Leistungsbewertung, Leistungsmessung, Lernerfolgskontrolle u. a. Die Begriffe sind
allerdings nicht ganz identisch in ihrer Bedeutung, und zwar
deshalb, weil es, genau besehen, um zwei Tätigkeiten geht (vgl.
Mietzel 1986, Gage & Berliner 1986):

(1) die Feststellung (Messung, Erhebung) bestimmter Lernergebnisse,

(2) ihre Bewertung nach einem Gütemaßstab.

Mit dem recht gebräuchlichen Begriff der »(Leistungs-)Beur-
teilung« (ähnlich mit »Leistungsdiagnostik«) sind meist beide
Komponenten gemeint.

Die erste Komponente der Leistungsbeurteilung ist der
Grundtätigkeit des Beschreibens zuzurechnen (vgl. S. 72). Es
ist festzustellen, was »ist«, hier also: was der Lerner tatsächlich
zuwege gebracht hat; z. B. daß er in einem bestimmten Diktat
13 Rechtschreibfehler gemacht hat. Selbst wenn sich zwei Urteiler hierüber völlig einig sind, könnten sie dieses Ergebnis dennoch unterschiedlich bewerten: Ist es »gut« oder »ausreichend«
oder was? So fand z. B. Ingenkamp (1971), daß Schüler mit

objektiv gleichen Rechenleistungen im sechsten Schuljahr (ermittelt durch einen standardisierten Rechentest) höchst unterschiedliche Zensuren erhielten – zwar kaum innerhalb einer Schulklasse, wohl aber in verschiedenen. Die Klassen unterschieden sich erheblich in ihren Leistungen, in der Notenverteilung hingegen kaum. In jedem Fall muß sich die Bewertung eines festgestellten Lernergebnisses an irgendeinem Maßstab orientieren. Der kann unter anderem von der klasseninternen Leistungsverteilung geliefert werden. Daß auch andere Kriterien möglich sind, wird gleich noch zu erörtern sein.

Bleiben wir zunächst beim ersten Schritt, der *Feststellung* (Messung) von Lernergebnissen. Hierfür gibt es eine Vielzahl von Verfahren: z. B. Aufsätze, schriftliche Arbeiten aus mehreren Einzelaufgaben, die Registrierung der »normalen« mündlichen Beteiligung am Unterricht, mündliche Prüfungen, standardisierte (an einer großen Stichprobe normierte) Leistungstests oder selbstkonstruierte, sog. informelle Tests. Wie »gut« ein Verfahren ist, hängt davon ab, wieweit es den Gütekriterien der Objektivität, Reliablität und Validität (vgl. S. 77) gerecht wird. In der Praxis weiß man darüber allerdings meist recht wenig, außer bei standardisierten Tests.

Zahlreiche Fehlerquellen können die Messung des Lernerfolgs beeinträchtigen (vgl. Weiss 1989). Zufällige Einflüsse können die Reliabilität eines Befundes herabsetzen (z. B. die momentane Verfassung des Lerners, Mißverständnisse bei der Aufgabenstellung, Zufälligkeit der »drangekommenen« Aufgabe). Häufig erwähnt wird weiterhin mangelnde Objektivität, also Abhängigkeit von der Person, die die Leistung erhebt. Sie zeigt sich nämlich nicht erst bei der Bewertung, sondern manchmal schon beim »Befund«: So kann z. B. die Zahl der übersehenen Fehler von subjektiven Faktoren wie Sympathie und Antipathie, positiven oder negativen Vorurteilen gegenüber dem Lerner beeinflußt werden.

Der Spielraum für diese Art subjektiver Einflüsse hängt zweifellos auch von der »Sache«, von der Art der zu messenden Leistung ab. Ziemlich objektiv messen läßt sich meist sinnarmes Wissen wie auswendig gelernte Jahreszahlen, Bezeichnungen usw., aber auch Diktat- oder Rechenfehler. Schwieriger wird es oft bei sinnhaltigem Wissen, insbesondere wenn es sehr komplex ist, wie etwa bei einem Aufsatz über geschichtliche Zusammenhänge oder Diskussionsbemerkungen zu einem kontroversen Thema. Ähnliches gilt für Fertigkeiten: »Einfache« (z. B.

Buchstaben schreiben, Weitsprung) lassen sich objektiver messen als komplexe (z. B. Gemälde, Kunstturnübung). Beim produktiven Denken bereiten divergente Leistungen (bei Gestaltungsproblemen) mehr Meßprobleme als konvergente. Häufig ist es also keineswegs einfach, auch nur neutral zu beschreiben, was ein Lerner »zu bieten« hat. Ob ein Aufsatz »originelle Ideen« enthält oder »lebendig« geschrieben ist, läßt sich in der Praxis nur auf der Ebene subjektiver Einschätzungen messen (in der Forschung gibt es zuweilen Ansätze zur Objektivierung). Nicht selten werden solche Beschreibungsversuche unversehens in Wertungen überfließen. Und im Extrem drückt ein Urteiler überhaupt nur noch aus, wie gut er eine Leistung findet, ohne diese überhaupt im einzelnen »festgestellt« zu haben.

Die eigentliche *Bewertung* mißt den Befund an einem Gütemaßstab und wird gewöhnlich in Noten ausgedrückt. Noten sind die Form, in der sich Lehrer, Lerner, Eltern, Personalchefs und andere über Leistungen verständigen. Noten erfüllen dabei eine Vielzahl von Funktionen (vgl. Zielinski 1974). Zu erwähnen ist vor allem:

- Sie informieren den Lerner über seine Leistungen;
- sie informieren den Lehrer über die Leistungen der Lerner, indirekt aber auch über den eigenen Lehrerfolg;
- sie können zum Lernen motivieren (Anreizfunktion);
- sie liefern ein Kriterium für die Zuweisung zu bestimmten Arten pädagogischer Förderung;
- sie ermöglichen eine Auslese für bestimmte Zwecke, z. B. für die Zulassung zu bestimmten Schulen oder Kursen (Selektionsfunktion);
- sie bestimmen über die sozialen und beruflichen Lebenschancen der Lerner.

Weitere Funktionen (z. B. Noten als Disziplinierungsmittel) könnten noch hinzukommen. Es ist jedenfalls offenkundig, wie groß die pädagogische und existentielle Bedeutung von Zensuren ist. Um so dringlicher ist deshalb auch die Frage, was sie aussagen, wieweit sie wirklich ein Spiegel von Leistungen sind.

Die Benotung hängt zunächst von der Feststellung des Lernergebnisses ab; alle Unsicherheiten, die es da gibt, fließen notwendigerweise in die Bewertung mit ein. Aber diese selbst bietet noch einen zusätzlichen Spielraum. Denn, wie gesagt: wenn zwei Urteiler dasselbe »Ergebnis« feststellen, könnten sie dennoch zu unterschiedlichen Wertungen kommen. Auch hier können wieder ganz subjektive Faktoren wie Sympathien/Antipathien oder Leistungserwartungen aufgrund des Geschlechtes, der Sozialschicht usw. eine Rolle spielen.

Von ganz zentraler Bedeutung ist, an welchem Gütemaßstab der Befund gemessen, nach welcher Norm bewertet wird. Hier wird unterschieden (vgl. etwa Klauer 1987) zwischen der

- sozialen Bezugsnorm,
- individuellen Bezugsnorm,
- sachlichen Bezugsnorm.

Die Schulnoten sind in der Bundesrepublik Deutschland seit 1969 danach zu vergeben, in welchem Maße die Leistungen den »Anforderungen« genügen. Damit müßte also die sachliche Norm bzw. das Lehrziel das entscheidende Kriterium sein. Je nachdem, wie weit ein Lerner das Ziel erreicht hat, würde die Benotung ausfallen. Denkbar wäre bei dieser Orientierung beispielsweise, daß alle Schüler das Ziel erreichen und mit guten Noten abschneiden – evtl. aber auch gar keiner. Da das Sachkriterium häufig nicht präzise genug definiert ist, um davon Benotungsstufen abzuleiten, setzt sich in der schulischen Praxis faktisch immer wieder in hohem Maße die soziale Bezugsnorm durch: die Leistung der »anderen«. Praktisch bedeutet das, wie dargelegt, daß sich ein Lehrer an der Leistungsverteilung in seiner Klasse orientiert: Die relativ besten werden ein »Gut« oder »Sehr gut« und die jeweiligen Schlußlichter ein »Mangelhaft« erhalten (klasseninterner Maßstab). Die dritte Bezugsnorm, die individuelle, bedeutet, daß man die bisherigen Leistungen des jeweiligen Lerners bzw. seine persönlichen Leistungsfortschritte zum Maßstab der Bewertung macht.

Die Möglichkeit unterschiedlicher Bezugsnormen und sachfremder Einflüsse bedeutet nicht, daß Zensuren völlig willkürlich und zufällig zustandekämen. Sie gründen sich natürlich auf tatsächlich vorfindbare Leistungsunterschiede, möglicherweise sogar überwiegend (dies fanden jedenfalls Tent et al. 1976 bei Schulnoten in der vierten Klasse). Der Rest, der auf andere Faktoren zurückgeht, bleibt allerdings beträchtlich; und Noten sind weit davon entfernt, überall dieselben Leistungen widerzuspiegeln, insbesondere wenn sie aus verschiedenen Schulklassen stammen. Dieses Problem ist letztlich auch nicht aus der Welt zu schaffen. Man kann nur versuchen, es zu entschärfen.

Was kann man tun? Das Bewerten sollte sich so weit wie möglich auf eine genaue Beschreibung dessen gründen, was bewertet wird. Es gibt hierzu verschiedene Vorschläge. Zum Teil laufen sie darauf hinaus, die Messung objektiver zu machen, indem

man die Gesamtleistung in kleinere testartige Aufgaben unter-
gliedert und durch Punktsysteme auszählbar macht. Wichtig ist
ferner, die inhaltlichen Beurteilungskriterien genau festzulegen
und den Lernern bekannt zu machen. Dies erleichtert es auch,
die Zensuren nach dem sachlichen Kriterium (Lehrziel) statt
nach dem klasseninternen Maßstab zu vergeben. Für bestimmte
wiederkehrende Prüfungen kann es sich lohnen, informelle
Tests zu konstruieren (vgl. Wendeler 1981, Mietzel 1986). Und
manchmal wird es auch sinnvoll sein, die Leistung nach standardisierten Leistungstests (z. B. zu Rechtschreibung oder Algebra)
zu ermitteln, und sei es nur, um den Leistungsstand der eigenen
Klasse innerhalb einer großen Population (z. B. aller deutschen
Schüler) besser einschätzen zu können.

Allerdings kann selbst die völlige Vergleichbarkeit im Erhe-
bungsverfahren wiederum nicht alle Bewertungsprobleme lösen.
Wenn z. B. ganze Schulklassen in einem Test mangelnde Leistungen erhalten, weil sie vom Lehrer auf diesen Stoff nicht
gründlich vorbereitet wurden – wie sollte sich das dann in den
Noten niederschlagen? Was wäre »ungerechter«: wenn sie mit
schlechteren Leistungen durchschnittliche Noten erhielten,
oder wenn sie aufgrund des schlechten Unterrichts mit einem
Notenhandikap ins Leben gehen müßten?

Lange Zeit standen die Meßprobleme und das Bemühen um
eine vergleichbare (in diesem Sinne »gerechte«) Beurteilung im
Vordergrund. Vielleicht weil sie nur unvollkommen zu lösen
sind, aber auch aus weiteren Gründen, rückt neuerdings wieder
ein anderer Aspekt der Leistungsbeurteilung in den Blick: die
»pädagogische« Funktion, die Wirkung der Beurteilung auf den
Lerner. Dabei ist in erster Linie die Wirkung auf die Lernmotivation gemeint. In diesem Kontext gehören zur Leistungsbeurteilung nicht nur die Notengebung bzw. die zugrundegelegten
Prüfverfahren, sondern auch die Kommentare zu den Noten
sowie die vielen »kleinen« Bewertungen während des Unterrichts (Lob, Tadel und ähnliche Bemerkungen). Die Frage lautet: Was »fördert« den Lerner? (vgl. Olechowski & Persy 1987).

Unter diesem Aspekt erscheint vor allem die individuelle
Bezugsnorm von größtem Interesse. Denn wie verschiedene
Untersuchungen gezeigt haben (Rheinberg 1980, 1987), ist die
Bewertung an der individuellen Norm – d. h. praktisch: an den
persönlichen Fortschritten – am besten in der Lage, Mißerfolgs-
ängstlichkeit mit all ihren negativen Wirkungen abzubauen und
Erfolgsorientierung aufzubauen (vgl. S. 159).

Die Befürchtung, die Zeugnisnoten würden letztlich doch alle individuellen Beurteilungen wieder zunichte machen, ist wohl nur zum Teil berechtigt. Zunächst einmal ist es ganz normal, daß man sich in vieler Hinsicht mit sich selbst vergleicht und auf die persönlichen Fortschritte achtet, statt sich z. B. an den großen Sportskanonen oder Redetalenten zu messen. Und was den Unterricht anbetrifft, so gibt es – bei einem weiten Verständnis von Leistungsbeurteilung – durchaus Möglichkeiten, die einseitige Vorherrschaft der sozialen Bezugsnorm zu erschüttern, und im alltäglichen Umgang mit Schülern die individuelle Bezugsnorm gleichrangig daneben stellen. Lehrer unterscheiden sich allerdings erheblich darin, ob sie dies auch tun (Rheinberg 1987).

5.8 Lernschwierigkeiten

Wenn Lerner in auffallendem Maße »mangelnde« Leistungen erbringen, werden häufig Begriffe wie Lernschwierigkeit, Lernstörung, Leistungsstörung, Leistungsversagen, Lernbehinderung u. a. m. verwendet (vgl. Sander 1981). Leider hat sich keine allgemeinverbindliche Begriffsverwendung eingebürgert. Als Oberbegriff für alle Beeinträchtigungen des Lernens eignet sich nach Zielinski (1980) »Lernschwierigkeit«. Aber auch »Lernstörung« kann ähnlich weit verstanden werden. Vielfach wird er allerdings enger gefaßt und der »Lernbehinderung« gegenübergestellt. Die »Lernstörung« umfaßt dann zwar immer noch eine breite Palette von Beeinträchtigungen, jedoch nicht solche, die sehr überdauernd, umfassend und festgefügt sind, eben »Lernbehinderungen«. Neuerdings ist damit nicht ohne weiteres ein »Begabungsmangel« gemeint, da es umstritten ist, wie man Begabung verstehen und erfassen soll. Doch tendenziell hat die »Behinderung« eher mit Problemen im Bereich von Fähigkeiten zu tun, während die »Störung« weit mehr an motivational-emotionale Probleme denken läßt. Die Übergänge sind aber sicher fließend. Man sieht: Schon die Begriffsdefinitionen hängen an Annahmen über die Ursachen, die der mangelnden Leistung zugrunde liegen.

Bevor man nach Gründen sucht, muß man aber in der Praxis zunächst einmal feststellen, ob ein Lerner überhaupt »mangelnde« Leistungen erbringt. Hier stecken durchaus Probleme.

Denn da der Mangel sich aus dem Vergleich einer *gemessenen* Leistung mit Leistungs*normen* ergibt, fließen in die Feststellung einer »Lernstörung« alle zuvor geschilderten Probleme der Leistungsmessung und -bewertung mit ein. Dies gilt zu allererst für die Maßstäbe des Urteilers. Wie stark etwa mündliche im Vergleich zu schriftlichen Leistungen ins Gewicht fallen oder welche Rolle die Rechtschreibung auch bei der Benotung von Aufsätzen spielt – solche und ähnliche Gesichtspunkte bestimmen mit über Erfolg und Versagen in der Schule. Unterschiede in den Normen können sich in der Praxis so auswirken, daß ein Kind, das in der einen Klasse das »Klassenziel« nicht erreicht, in einer anderen Klasse bei objektiv gleichen Leistungen nicht durch Lernschwierigkeiten auffällt, wenn dort die Ansprüche niedriger sind. Der Maßstab muß allerdings nicht ausschließlich beim Lehrer bzw. bei der Institution liegen. Auch eine Abweichung von der individuellen Norm – wenn ein guter Schüler in einer krisenhaften Phase »unter sein Niveau« absinkt – kann als Lernschwierigkeit angesehen werden (vgl. Zielinski 1980).

Wenn man in der Praxis mit mangelnden Leistungen konfrontiert ist, ist es zunächst immer wichtig, sie genau zu *beschreiben.* Handelt es sich um allgemeine, alle Leistungsbereiche betreffende Mängel, oder sind sie mehr oder minder spezifisch (bestimmte Fächer, mündliche oder schriftliche Leistungen, Lesen, Rechtschreibung u. dgl.)? Wie ausgeprägt sind die Mängel? Wie lange besteht das Problem schon? Eine möglichst genaue Beschreibung ist Bestandteil der Diagnose und gibt meist schon Hinweise auf mögliche Erklärungen.

Bei der *Erklärung* sollte man sich bewußt sein, daß man mit dem Thema Lernschwierigkeiten nicht einen gesonderten Problembereich behandelt, sondern einen »ganzen Menschen« unter einer bestimmten Fragestellung betrachtet. Es gibt Lernstörungen nicht für sich; es gibt nur »unzureichend lernende Menschen«. Prinzipiell sind hier also alle grundlegenden Aspekte des psychischen Systems von Interesse, auch wenn sich die Erklärung im Laufe der Analyse auf bestimmte Teilaspekte (z. B. auf die Motivation) zuspitzen sollte.

Alle grundlegenden Systemaspekte (vgl. S. 14) – die aktuellen Prozesse (Verhalten und innere Prozesse), die Situation, die Person und die Person-Entwicklung – wären also mit »lernstörungsrelevanten« Inhalten zu füllen. Als drei große inhaltliche Bereiche werden hier meist genannt: Die Schülerpersönlichkeit, die Familie und die Schule. Dabei erscheinen die Familie und die

Schule in zweierlei Funktion bzw. auf zwei Systemebenen: Zum einen als aktuelle Situationsbedingungen im Moment der Lerntätigkeiten und zum anderen als überdauernde Entwicklungsfaktoren (ähnlich Krapp 1976).

Betrachten wir zunächst die Ebene der *aktuellen Prozesse*. Direkt sehen kann man nur das Verhalten bzw. dessen Produkte, also z. B. mündliche und schriftliche Äußerungen, Sichmelden, Beschäftigung mit anderen Dingen usw. Von größerem Interesse sind aber die dahinter liegenden inneren Prozesse: Was spielt sich im Lerner ab, wenn er mit einer Lernanforderung konfrontiert ist? Hier geht es um die Wahrnehmung (einschließlich Aufmerksamkeit), um Denkprozesse in verschiedenen Erscheinungsformen, aber auch um die Gefühle und Motivationen. Wahrnehmung und Denken stehen besonders dann im Vordergrund, wenn die Schwierigkeiten im Kern als Mangel in der »Informationsverarbeitung«, d. h. der Aufnahme, der Speicherung und des Abrufs von Informationen, angesehen werden (vgl. Zielinski 1980). Daneben werden immer auch Einflüsse wie mangelnde Motivation oder übermäßige affektive Spannung (z. B. Angst) diskutiert und von manchen Ansätzen (unter anderem psychoanalytischen) als vorrangig betrachtet.

Der Faktor *Person* offenbart sich darin, daß die genannten Prozesse individuell unterschiedlich ablaufen. Da der Leistungsmangel nicht alle, sondern nur bestimmte Lerner betrifft, rückt die Person (Schülerpersönlichkeit) gewöhnlich zu allererst ins Blickfeld: Zu welcher Art von Prozessen ist der Lerner disponiert bzw. nicht disponiert? Die Rolle der Aufmerksamkeit etwa wird in verschiedenen Konzepten zur Erklärung und Behandlung von Lernstörungen hervorgehoben. Nun sind zwar Schwierigkeiten bei der Aufmerksamkeit oder Konzentration an sich ein Allerweltssymptom, über das zahllose Menschen klagen, und das fast jede Lernschwierigkeit begleitet. Zu einer spezifischen Erklärung mit besonderem Gewicht werden sie aber unter anderem bei dem Konzept der »impulsiven« Kinder, die überhastet und flüchtig an ihre Aufgaben herangehen. Hier besteht eine bekannte Therapie in der schrittweisen Anleitung zur Selbstinstruktion nach der Art von »erst mal überlegen«, »wie gehe ich am besten vor?«, »ich schaue mir die Aufgabe genau an« usw. (Wagner 1976).

Denkfähigkeiten stehen im Vordergrund, wenn die »Intelligenz« zur Erklärung der Leistung herangezogen wird. Von allen einzeln betrachteten Bedingungskomplexen weist die gemessene

Intelligenz immerhin den relativ größten Zusammenhang mit der Schulleistung auf. Aber auch sie erklärt die Leistungsunterschiede nur zu etwa 25 % (vgl. Weinert 1974 c), was vor Überschätzungen warnen sollte. Im übrigen gibt der allgemeine Intelligenzquotient kaum Hinweise auf die spezifischen Schwierigkeiten eines Schülers (Sander 1981). Intelligenz ist keine einheitliche Größe, sondern setzt sich aus verschiedenen Teilfähigkeiten zusammen. So kann die Schwäche beispielsweise im sprachlichen Verständnis liegen, nicht aber im abstrakt-logischen Denken usw. Gewöhnlich haben in unseren Schulen die sprachlichen Teilfähigkeiten besonderes Gewicht.

Weitere Probleme des Lerners können auf der Ebene von Wissen oder Fertigkeiten liegen. Möglich sind Kenntnislücken zu bestimmten Sachbereichen, die das Aufnehmen weiteren Wissens behindern und schließlich in ein »kumulatives Lerndefizit« münden; möglich ist zu »einfach« strukturiertes Wissen, das zu viele mechanische Verbindungen statt komplexer Zusammenhänge und zu wenig abstrakte, umfassende Begriffe enthält. Möglich sind auch mangelnde Fertigkeiten im Schreiben, im Lesen, in Problemlösestrategien usw., sowie Mängel in den allgemeinen Lern- und Arbeitstechniken (vgl. Florin & Rosenstiel 1976).

Zu den personalen Faktoren zählen nicht zuletzt motivational-emotionale Dispositionen. Als »störend« wirken sie sich bei einem Mangel oder bei einem Zuviel aus. Denkbar sind z. B. ein Mangel an Interesse für bestimmte Inhalte oder ein Mangel an Leistungsstreben. Hinderlich kann aber auch hohe Ängstlichkeit oder hohe Ausprägung konkurrierender Interessen sein.

Die Auffälligkeit personaler Unterschiede in der Leistung sollte nicht verdecken, welche Rolle möglicherweise externe, *situative Bedingungen* spielen. Hier geht es zunächst einmal um Besonderheiten der Anforderungen bzw. um die Art der Aufgaben: Wieweit treten die Schwierigkeiten typischerweise bei Klassenarbeiten, beim Aufgerufenwerden, bei bestimmten Inhalten usw. auf? Zur Situation gehören auch die Gegenwart bestimmter Personen (z. B. Angst bei Lehrer X) sowie materielle und räumliche Bedingungen des Arbeitsplatzes (Arbeitsfläche, Beleuchtung, Ablenkungen usw.). Die Beachtung situativer Bedingungen erlaubt nicht nur eine Spezifizierung der Lernstörung. Sie relativiert möglicherweise überhaupt das Gewicht personaler Faktoren. Es ist denkbar, daß bestimmte externe Bedingungen (z. B. schwerverständliche Sprache des Lehrers) durchaus viele Lerner beeinträchtigen, auch wenn sie sich nur bei einzelnen besonders gravierend auswirken.

In der Praxis ist für die Problemanalyse von Bedeutung, daß situative Faktoren relativ gut festzustellen sind, während sich die personalen Dispositionen nur erschließen lassen. Auch Tests sind spezifische Anforderungssituationen, die der Erschließung von Dispositionen dienen.

Die personalen Anteile einer Lernstörung sind ihrerseits aus den *Entwicklungsbedingungen* zu erklären. Hier stellt sich die bekannte Frage nach Anlage und Umwelt. Von der Rolle individueller Erbanlagen ist vor allem bei manchen organisch bedingten Störungen, gewöhnlich auch bei der Intelligenz die Rede. Prinzipiell ist sie ebenso bei anderen Dispositionen von Interesse, wenngleich weit weniger erforscht. Der Einfluß der Umwelt kann zum einen physischer Art sein (z. B. Krankheitserreger oder Verletzungen), zum andern psychischer Art. Hier kommen vor allem die Umweltbereiche Familie und Schule ins Spiel.

Ungünstige Bedingungen in der *Familie* liegen offenbar weniger bei der direkten Hausaufgabenkontrolle (die fast überall üblich ist), sondern eher in mangelnder »indirekter« Anregung durch Bücherbesitz, Gespräche über Filme, Zeitungsartikel usw. (Kemmler 1976), weiterhin in ungünstigen Vorbildern im Sprachverhalten, in mangelnder Wertschätzung und Wärme, in häufigen Verboten und Bestrafungen statt Anregungen und Ermutigungen. Viele solcher Bedingungen finden sich vorzugsweise in der sozialen Unterschicht, in der Lernschwierigkeiten auch häufiger vorkommen als bei Kindern aus der Mittelschicht (vgl. auch Schwarzer 1980).

Ebenso wie die Familie ist die *Schule* nicht nur situativer Bedingungsbereich im Moment der Lerntätigkeit, sondern zugleich überdauernder Entwicklungsfaktor. Die Erfahrungen in der Schule – die Erfolge und Mißerfolge, die Behandlung durch die Lehrer und die Mitschüler – können nachhaltig die Einstellung zu bestimmten Fächern oder zur Schule allgemein prägen. Wer über lange Zeit oft entmutigt wurde, braucht einen schwierigen Umlernprozeß, um wieder für aktive Bemühungen »motiviert« zu sein. Umgekehrt kann es aber vorkommen, daß selbst Kinder mit einer ungünstigen familiären Vorgeschichte in der Schule ermutigende Erfahrungen machen, die sich nicht nur auf ihr Leistungsverhalten auswirken, sondern möglicherweise für die ganze Persönlichkeitsentwicklung bedeutsam sind.

Neben den Einflüssen aus der Umwelt kommt weiterhin die Person selbst als Entwicklungsfaktor in Betracht (vgl. S. 45 f). Die bereits entwickelten Dispositionen entscheiden maßgeblich darüber, welche Situationen ein Mensch aufsucht oder meidet (z. B. Leistungssituationen), wie er auf seine Umwelt einwirkt (z. B. abwehrend, hilfesuchend), wie er Umwelteinflüsse verarbeitet (z. B. Kritik) und wie er auf sich selbst einwirkt (z. B. durch vermehrte Anstrengung, durch Ablenkung).

Die verschiedenen Einflußfaktoren wirken nicht unabhängig voneinander, sondern stehen gewöhnlich in »Interaktion«. Im Falle von Lernschwierigkeiten kann dies leicht zu einem »Teufelskreis« werden. Diese Vorstellung wird sehr ausgeprägt von Betz & Breuninger (1987) vertreten. Ihr Modell hebt folgende Komponenten besonders heraus: (1) Die Leistung selbst, (2) das Verhalten von Eltern, Lehrern, Mitschülern (Umweltseite), (3) das Selbstbild des Lerners (Personseite). Der Teufelskreis besteht darin, daß im Falle von Lernstörungen der eine Faktor den anderen negativ beeinflußt und sich das Problem daher immer weiter aufschaukelt.

Alles in allem: Um »mangelnde Schulleistungen« zu erklären, kommt man mit der volkstümlichen Alternative »dumm oder faul?« bei weitem nicht aus. Für ihre Beurteilung sind zahlreiche Gesichtspunkte heranzuziehen, und das unglückliche Zusammenwirken mehrerer Faktoren dürfte das Normale sein.

Entsprechend vielfältig können auch die *Hilfen* bei Lernschwierigkeiten sein (vgl. Sander 1981, Wahl et al. 1984). Nach Möglichkeit setzt man an den Bedingungen an, die im konkreten Fall als besonders bedeutsam eingeschätzt werden. Man füllt z. B. Kenntnislücken (das will schon der »Nachhilfeunterricht«), vermittelt neue Arbeitstechniken, fördert Erfolgserwartungen (s. S. 159) oder betreibt Aufmerksamkeitstraining. Vieles muß durch Einzelfallhilfe geschehen (vgl. Lorenz 1987). Anderes läßt sich innerhalb des Unterrichts realisieren, z. B. gut verständliche Darstellungen, Hervorhebung individueller Fortschritte (vgl. S. 165 f) oder auch ein freundlicher, akzeptierender Umgangsstil. Es wird allerdings immer Lernprobleme geben, die nicht im Unterricht und manchmal auch nur begrenzt durch individuelle Förderung zu lösen sind.

Literaturempfehlungen zu Kap. 5:

Gage N. L. & Berliner, D. C. (1986). *Pädagogische Psychologie,* (4., neu bearb. Aufl.) München: Psychologie Verlags Union.

Gagné, R. M. (1980). *Die Bedingungen des menschlichen Lernens.* (5., neu bearb. Aufl.). Hannover: Schroedel.

Metzig, W. & Schuster, M. (1982). *Lernen zu lernen. Anwendung, Begründung und Bewertung von Lernstrategien.* Berlin: Springer.

Mietzel, G. (1986). *Psychologie in Unterricht und Erziehung. Einführung in die Pädagogische Psychologie für Pädagogen und Psychologen* (3., neu gestalt. Aufl.). Göttingen: Hogrefe.

Sander, E. (1981). *Lernstörungen. Ursachen, Prophylaxe, Einzelfallhilfe.* Stuttgart: Kohlhammer.

Steiner, G. (1988). *Lernen. Zwanzig Szenarien aus dem Alltag.* Bern: Huber.

Weiss, R. (1989). *Leistungsbeurteilung in den Schulen – Notwendigkeit oder Übel? Problemanalysen und Verbesserungsvorschläge.* Wien: Jugend und Volk.

6. Erziehung der Erzieher

In Erziehung und Unterricht bemühen sich Eltern, Lehrer und andere Erzieher um die Förderung von Lernprozessen bei *anderen* Menschen, zumeist Kindern. Doch wie steht es um das *eigene* Lernen? Wie erwerben sie selbst die Befähigung zu erziehen bzw. zu unterrichten? Zur Abrundung des Buches wollen wir hierauf einen kurzen Blick werfen – nicht zuletzt deshalb, weil auch Bücher wie dieses häufig im Dienste solcher Qualifizierung stehen.

Wir fassen den hier angesprochenen Fragenkreis in die Formel »Erziehung der Erzieher«, wobei Erziehung jetzt wieder in weitem Sinne (einschließlich Unterricht) zu verstehen ist, und der Begriff »Erzieher« sowohl Eltern als auch Berufspädagogen umfassen soll. Dabei gibt es innerhalb dieses Personenkreises durchaus wichtige Unterschiede. Während professionelle Erzieher eine längere Ausbildung erhalten, praktizieren Eltern Erziehung gewöhnlich, ohne dafür auch nur eine einzige Stunde unterrichtet und systematisch vorbereitet worden zu sein. Dennoch ist bekannt, daß manche Eltern auch unter kritischen Augen hervorragende Noten bekommen würden, während es bei manchen Berufspraktikern schwer fällt zu glauben, sie seien für diese Aufgabe eigens ausgebildet worden. Für diese Unterschiede kann es viele Gründe geben, die wir hier nicht im einzelnen untersuchen wollen (berührt wurden sie kurz auf S. 67). Es soll hier nur um die Frage gehen, auf welchem Wege gutes Erziehen gelernt und gelehrt werden kann.

In pädagogischen Ausbildungen wird vornehmlich über Vorlesungen, Seminare und Bücher gelernt, und erworben werden dabei in erster Linie *Sachkenntnisse* – z. B. über das Unterrichtsfach, über pädagogische Theorien oder über Pädagogische Psychologie. Doch Wissen und praktisches Handeln ist nicht dasselbe (vgl. auch Kap. 1.3). Dies gilt selbst dann, wenn das Wissen praxisnahe Beispiele und Handlungsempfehlungen einschließt. Es ist grundsätzlich nicht zu erwarten, daß sich Bücherwissen und ein kompetentes Urteil im eigenen Fachgebiet ohne weiteres in Handeln umsetzen und dazu befähigen, beispielsweise mit »Disziplinschwierigkeiten« in der Schulklasse wirksam umzugehen. Viele pädagogische Ausbildungsgänge sind zweifellos sehr kopflastig und klammern die emotionale Ebene und die praktischen Handlungskompetenzen weitgehend aus. Pädagogische Praktika sind daher sicherlich wichtig, aber sie haben den Nachteil, daß sie den Lerner gleich in eine überaus komplexe Situation stellen und zuviel auf einmal fordern, statt ein Programm aus sorgfältig durchdachten Lernschritten zu bieten (vgl. Nickel et al. 1976).

Die Pädagogische Psychologie befaßte sich mit diesem Fragenkreis in den letzten Jahrzehnten unter Stichworten wie *Elterntraining* (im Überblick Minsel 1986) und *Lehrertraining* (im Überblick Mutzeck & Pallasch 1983). Es gibt sie in einer beachtlichen Spielbreite, doch gemeinsam ist ihnen die Einsicht, daß Wissen, Einstellungen und Handeln nicht ohne weiteres übereinstimmen, und für Änderungen im praktischen Erziehungsverhalten mehr als nur intellektuelle Lernprozesse zu vermitteln sind.

Was nötig ist, beschreiben Fittkau & Schulz von Thun (1977) in anschaulicher Weise durch ihre »Drei Straßen des Lernens«. Auf kurze Formeln gebracht sind dies: Erwerb von Sachwissen, Beschäftigung mit den eigenen Gefühlen, und Üben von Handlungsfertigkeiten. Die Autoren betrachten diese drei Straßen nicht als Alternativen, sondern als gleichberechtigte Komponenten des Gesamttrainings, die alle ihre Vor- und Nachteile haben und sich gegenseitig ergänzen sollten (vgl. Abb. 21). In dem großen Spektrum von Trainingskonzepten liegt der Akzent allerdings oft deutlich auf der einen oder der anderen »Straße«. Sehen wir von der Vermittlung von Wissen und rationalen Einsichten (der ersten Straße) einmal ab, die für sich allein nicht als »Training« bezeichnet wird, so lassen sich grob zwei Haupttypen unterscheiden, die auch miteinander kombiniert werden können (vgl. Nickel et al. 1976).

Auf der einen Seite stehen »Selbsterfahrungsgruppen« und ähnliche *»gruppendynamische«* Verfahren. Ihre Ziele sind die Veränderung von Einstellungen (auch Erziehungseinstellungen), sensibleres Erkennen von Gefühlen, tieferes Selbstverständnis, offenere Kommunikation u. dgl. Gesprochen wird unter anderem über die eigenen Empfindungen in der Gruppe, über die Interaktion miteinander und die Eindrücke voneinander, über Erlebnisse aus der beruflichen Praxis (z. B. mit »schwierigen« Schülern) oder das berufliche Selbstverständnis. Das

Gespräch in der Gruppe kann ergänzt werden durch »Spiele« und »Übungen« zum deutlicheren Erkennen von Empfindungen, Interaktionen usw. Zu dieser Kategorie von Trainings gehören, mit unterschiedlichen Akzenten und Techniken, neben anderen die »Themenzentrierte Interaktion« und die »Balint-Gruppen«. Obwohl es sich hier nicht um die »kognitive Straße« im Sinne der Wissensaneignung handelt, kommen bei der Selbstreflexion und dem Dialog dennoch auf andere Weise vor allem kognitive Lernprozesse zur Geltung, da man sich mit den Inhalten gedanklich auseinandersetzt und z. B. neue Erkenntnisse über die eigenen Gefühle gewinnt.

Die Drei Straßen des Lernens	Chancen	Gefahren
Informationsvermittlung *(kognitiv)*	Rationale Auseinandersetzung mit der Realität. »Durchblick« aufgrund von Kenntnissen und kognitiven Strukturen. Sensibilität durch wahrnehmungserweiternde Konzepte.	Unverbindliches Gerede im abstrakten Raum. Folgenlosigkeit für konkretes Verhalten. Passivierung, Infantilisierung und Entmotivierung der Teilnehmer.
Verhaltenstraining *(aktional)*	Verhaltenssicherheit. Effektivitätssteigernde Techniken. Konkretes Erproben theoretischer Konzepte.	Technokratischer Drill ohne Reflexion und Persönlichkeitsintegration.
Selbsterfahrung *(emotional)*	Direkte emotionale Betroffenheit. Erfahrungen, die »unter die Haut« gehen. Exemplarisches Erfahren von und Arbeiten an zwischenmenschlichen Problemen.	Realitätsabkehr durch Verbleiben im »Hier und Jetzt«. Verpönen der rationalen Seite der Person. Zeitraubend.

Abb. 21: Drei Straßen des Lernens: Chancen und Gefahren (aus: Fittkau & Schulz von Thun 1977)

Auf der anderen Seite stehen Verfahren, die am eindeutigsten einem »Training« in des Wortes üblicher Bedeutung entsprechen. Sie bewegen sich vorrangig auf der »aktionalen« Straße und können kurz als *Verhaltenstraining* bezeichnet werden. Im Falle des Lehrertrainings können das einzelne Unterrichtsfertigkeiten sein, wie etwa: divergente Fragen stellen, Schülerbeiträge aufgreifen oder auf Gefühle eingehen. Das bekannteste dieser Verfahren ist das sog. Microteaching: Hier wird jeweils eine bestimmte Fertigkeit anhand eines Mini-Themas vor einer kleinen Gruppe von Lernern und in Phasen von nur fünf bis zehn Minuten erprobt. Die Komplexität der Unterrichtssituation wird auf diese erheblich reduziert, um günstigere Bedingungen für gezielte Verhaltensübungen zu schaffen; gleichwohl handelt es sich um reales Unterrichten. Im Falle von Elterntraining können ebenfalls bestimmte Verhaltensweisen wie etwa »aktives Zuhören« oder »Ich-Botschaften« (vgl. S. 119) geübt werden, beispielsweise über schriftliche Reaktionen auf fiktive Äußerungen von Kindern oder, schon anspruchsvoller, im Rollenspiel. Im Vordergrund stehen gewöhnlich verbale Kommunikationsformen, wenngleich auch nicht-verbales Verhalten (Mimik, Blickverhalten, Gestik, Körperhaltung, Bewegen im Raum) thematisiert werden kann, vor allem dank der Videotechnik. Bei solchen Verhaltenstrainings kann man sich das Lernen am Modell außerordentlich gut zunutze machen, etwa indem der Trainer das Verhalten vormacht oder Tonband-/Videoaufnahmen vorgespielt werden. Eine entscheidende Bedeutung hat weiterhin das Lernen am Erfolg und Mißerfolg, insbesondere durch positive und negative Rückmeldungen vom Trainer und anderen Teilnehmern sowie durch Selbstbeurteilungen aufgrund von Videoaufnahmen (vgl. auch Kap. 5.3 über Fertigkeiten).

Training für Erzieher kann es aus unterschiedlichen Anlässen geben. Für professionelle Pädagogen kann es in Studium und praktischer Ausbildung entsprechende Angebote geben. Stehen sie bereits in der beruflichen Praxis und entdecken Defizite bei sich selbst, sind sie möglicherweise besonders empfänglich für Kurse im Rahmen der beruflichen Fortbildung. Für Eltern können Kurse z. B. über die Volkshochschule oder Beratungsstellen angeboten werden. Manche Trainings richten sich an spezielle Gruppen, z. B. an Pflegeeltern oder an Eltern, die ihr Kind mißhandelt haben.

Über die *Effektivität* von Trainingsverfahren lassen sich keine generellen Angaben machen. Unmittelbare Wirkungen nach einem Kursus, erhoben etwa durch Selbsteinschätzungen der Teilnehmer, zuweilen auch durch Verhaltensbeobachtungen, lassen sich zwar häufig nachweisen. Doch sehr schwierig und kompliziert ist es, Aussagen über langfristige pädagogische Wirkungen zu machen. Man mache sich klar, daß die Fragestellung – etwa im Falle von Elterntraining – korrekterweise so lauten müßte: »Welche Trainingsmethode, durch wen angewandt, bewirkt unter welchen Bedingungen bei welchen Eltern welche Effekte und führt bei welchen Kindern unter welchen Bedingungen nach welcher Zeit zu welchen Auswirkungen?« (Minsel 1986, S. 314). Ähnliche Probleme gelten auch für Lehrertrainings.

Von großer Bedeutung ist sicherlich immer, wie ein Training in die Gesamtheit der pädagogischen Lernerfahrungen eines Menschen eingebettet ist. In weitem Sinne gehören dazu unter anderem das Beobachten von anderen Eltern oder von Unterricht, Gespräche mit anderen Erziehern, Bücher und Fernsehsendungen, und nicht zuletzt die Erfahrungen im realen *Praxisfeld.* Praktische »Erfahrung« (auch »jahrelange«) sagt zwar wenig, wenn damit lediglich die Dauer der Praxisausübung gemeint ist, aber eine kritische Auswertung bestimmter Erfahrungen, die in wiederholte Selbstreflexion und Verhaltenserprobung mündet, ist zweifellos eine notwendige Fortsetzung von separaten Kursen, wenn nicht das Wichtigste überhaupt. So können Lehrer ganz gezielt wiederkehrende Verhaltensweisen im Unterricht beobachten (z. B. durch ein mitlaufendes Tonband) und für ähnliche Situationen bestimmte neue Verhaltensweisen planen (vgl. Wahl et al. 1984). Alle Trainings sind auch bemüht, die Übertragung in die Praxis zu erleichtern; Eltern bekommen z. B. »Hausaufgaben«, über die sie dann berichten sollen. – Erziehung der Erzieher ist also sicherlich nicht durch bestimmte Kurse oder Ausbildungen allein zu erfüllen, sondern ist im Idealfall vielseitiges und lebenslanges Lernen.

Literaturempfehlungen zu Kap. 6:

Minsel, B. (1986). Elterntraining. In P. Becker & B. Minsel: *Seelische Gesundheit,* Band 2 (S. 286–333), Göttingen: Hogrefe.
Mutzeck, W. & Pallasch, W. (Hrsg.) (1983). *Handbuch zum Lehrertraining. Konzepte und Erfahrungen.* Weinheim: Beltz.

Literaturverzeichnis

Adameit, H., Heidrich, W., Möller, Chr. & Sommer, H. (1983). *Grundkurs Verhaltensmodifikation. Ein handlungsorientiertes einführendes Arbeitsbuch für Lehrer und Erzieher* (3., überarb. Aufl.). Weinheim: Beltz.

Aebli, H. (1983). *Zwölf Grundformen des Lehrens. Eine Allgemeine Didaktik auf psychologischer Grundlage.* Stuttgart: Klett-Cotta.

Anderson, J. R. (1976). *Language, memory and thought.* Hillsdale, NJ: Erlbaum.

Anderson, J. R. (1988). *Kognitive Psychologie.* Heidelberg: Spektrum der Wissenschaft.

Antonovsky, A. (1979). *Health, stress and coping.* San Francisco: Jossey-Bass.

Asendorpf, J. (1988). *Keiner wie der andere. Wie Persönlichkeitsunterschiede entstehen.* München: Piper.

Ausubel, D. P., Novak, J. D. & Hanesian, H. (1980). *Psychologie des Unterrichts, Band 1 und 2.* (2., völlig neubearb. Aufl.). Weinheim: Beltz.

Baddeley, A. (1988). *So denkt der Mensch. Unser Gedächtnis und wie es funktioniert.* München: Kanur.

Ballstaedt, S. P., Mandl H., Schnotz, W. & Tergan, S. O. (1981). *Texte verstehen, Texte gestalten.* München: Urban & Schwarzenberg.

Bandura, W. (1976). *Lernen am Modell.* Stuttgart: Klett

Bandura, W. (1979). *Sozial-kognitive Lerntheorie.* Stuttgart: Klett-Cotta.

Becker, P. (1982). *Psychologie der seelischen Gesundheit, Band 1: Theorien, Modelle, Diagnostik.* Göttingen: Hogrefe.

Becker, P. (1984). Primäre Prävention. In: L. R. Schmidt (Hrsg), *Lehrbuch der Klinischen Psychologie* (2. rev. Aufl.) (S. 355–389). Stuttgart: Enke.

Becker, P. (1986). Theoretischer Rahmen. In: P. Becker, P. & B. Minsel: *Psychologie der seelischen Gesundheit, Band 2* (S. 1–90). Göttingen: Hogrefe.

Becker, P. & Minsel, B. (1986). *Psychologie der seelischen Gesundheit, Band 2: Persönlichkeitspsychologische Grundlagen, Bedingungsanalysen und Förderungsmöglichkeiten.* Göttingen: Hogrefe.

Becker, W. C. (1964). Consequences of different kinds of parental discipline. In: M. L. Hoffman & L. W. Hoffman (Eds.), *Review of child development research, Vol. 1* (pp. 169–208). New York: Russel Sage.

Bedersdorfer, H. W. (1988). *Angstverarbeitung von Schülern. Formen der Bewältigung von Schulangst und ihre Beeinflussung durch ein pädagogisches Interventionsprogramm.* München: Juventa.

Behr, M. & Walterscheid-Kramer, J. (1986). *Einfühlendes Erzieherverhalten.* Weinheim: Beltz.

Belmont, J. M., Butterfield, E. C. & Ferretti, R. P. (1982). To secure transfer of training instruct self-management skills. In: D. K. Detterman & R. J. Steinberg (Eds.), *How and how much can intelligence be increased?* (pp. 147–154). Norwood, NJ: Ablex.

Bereiter, C. (1980). Development in writing. In: L. W. Gregg & E. R. Steinberg (Eds.), *Cognitive processes in writing* (pp. 73–93). Hillsdale, NJ: Erlbaum.

Berlyne, D. E. (1974). *Konflikt, Erregung, Neugier.* Stuttgart: Klett-Cotta.

Betz, D. & Breuninger, H. (1987). *Teufelskreis Lernstörungen.* (2., überarb. Aufl.). München: Psychologie Verlags Union.

Bierhoff, H.-W. (1990). *Psychologie hilfreichen Verhaltens.* Stuttgart: Kohlhammer.

Bierhoff-Alfermann, D. (1977). *Psychologie der Geschlechtsunterschiede.* Köln: Kiepenheuer & Witsch.

Bilsky, W. (1989). *Angewandte Altruismusforschung. Analyse und Rezeption von Texten über Hilfeleistung.* Bern: Huber.

Bloom, B. S. (Hrsg.), (1972). *Taxonomie von Lernzielen im kognitiven Bereich.* Weinheim: Beltz.

Brander, S., Kompa, A. & Petzer, U. (1985). *Denken und Problemlösen.* Opladen: Westdeutscher Verlag.

Brandtstädter, J. (1982). Prävention von Lern- und Entwicklungsproblemen im schulischen Bereich. In: J. Brandtstädter & A. von Eye (Hrsg.), *Psychologische Prävention.* (S. 275–302). Bern: Huber.

Brezinka, W. (1978). *Metatheorie der Erziehung.* München: Reinhardt.

Brickenkamp, R. (1975). *Handbuch psychologischer und pädagogischer Tests.* Göttingen: Hogrefe.

Brickenkamp, R. (1983). *Erster Ergänzungsband zum Handbuch psychologischer und pädagogischer Tests.* Göttingen: Hogrefe.

Brickenkamp, R. (1987). Akzeptanz und Bewährungskontrolle des Lern- und Arbeitsverhaltenstrainings (LAT). *Zeitschrift für Pädagogische Psychologie, 1,* 281–286.

Brown, A. L. & Campione, J. C. (1982). Modifying intelligence or modifying cognitive skills: more than a semantic quibble? In D. K. Detterman & R. J. Steinberg (Eds.), *How and how much can intelligence be increased?* (pp. 215–230). Norwood, NJ: Ablex.

Bruner, J. S. (1973). Der Akt der Entdeckung. In: H. Neber (Hrsg.), *Entdeckendes Lernen* (S. 15–27). Weinheim: Beltz.

Brunner, E. J. & Huber, G. L. (1989). *Interaktion und Erziehung.* München: Psychologie Verlags Union.

Bubert, R. (1987). Erkennung und Kennzeichnung schützender und stützender Bedingungen für Kinder und Jugendliche in der Familie und ihrem Umfeld. In: R. Bubert et al.: *Soziales Netzwerk und Gesundheitsförderung* (S. 149–197). München: Juventa.

Campione, J. C. (1984). Ein Wandel in der Instruktionsforschung mit lernschwierigen Kindern: Die Berücksichtigung metakognitiver Komponenten. In: F. E. Weinert & R. Kluwe (Hrsg.), *Metakognition, Motivation und Lernen* (S. 109–131). Stuttgart: Kohlhammer.

Cronbach, L. J. (1971). *Educational psychology.* London: Hart-Davis.

Cropley, A., McLeod, J. & Dehn, D. (1988). *Begabung und Begabungsförderung.* Heidelberg: Asanger.

De Corte, E. (1980). Zum Stand der empirischen Überprüfung der kognitiven Taxonomie von Bloom: Methoden und Ergebnisse. In K. J. Klauer & H. J. Kornadt (Hrsg.), *Jahrbuch für Empirische Erziehungswissenschaft 1980* (S. 43–65). Düsseldorf: Schwann.

DeCharms, R. (1968). *Personal causation.* New York: Academic Press.
DeCharms, R. (1979). *Motivation in der Klasse.* München: Moderne Verlags GmbH.
Deci, E. L. & Ryan, R. M. (1985). *Intrinsic motivation and self-determination in human behavior.* New York: Plenum Press.
Dietrich, G. (1984). *Pädagogische Psychologie. Eine Einführung auf handlungstheoretischer Grundlage.* Bad Heilbrunn: Klinkhardt 1984.
Dietrich, G. (1985). *Erziehungsvorstellungen von Eltern.* Göttingen: Hogrefe.
Dollase, R. (1984). Grenzen der Erziehung. Düsseldorf: Schwann.
Dörner, D. (1976). *Problemlösen als Informationsverarbeitung.* Stuttgart: Kohlhammer (3. Aufl. 1987).
Dörner, D. (1982). Lernen des Wissens- und Kompetenzerwerbs. In B. Treiber & F. E. Weinert (Hrsg.), *Lehr-Lern-Forschung* (S. 134–148). München: Urban & Schwarzenberg.
Dörner, D. (1989). *Die Logik des Mißlingens. Strategisches Denken in komplexen Situationen.* Reinbek: Rowohlt.
Draijer, N. (1990). Die Rolle von sexuellem Mißbrauch und körperlicher Mißhandlung in der Ätiologie psychischer Störungen bei Frauen. *System Familie 3,* 59–73.
Dreesmann, H. (1986). Zur Psychologie der Lernumwelt. In: B. Weidenmann, A. Krapp et al. (Hrsg.), *Pädagogische Psychologie* (S. 447–491). München: Psychologie Verlags Union.
Dreikurs, R. & Soltz, V. (1970). *Kinder fordern uns heraus. Wie erziehen wir sie zeitgemäß?* Stuttgart: Klett.
Dreikurs, R., Grunwald, B. & Pepper, F. (1976). *Schülern gerecht werden.* München: Urban & Schwarzenberg.
Duncker, K. (1935). *Zur Psychologie des produktiven Denkens* (2. Aufl. 1966). Berlin: Springer.
Ebbinghaus, H. (1885). *Über das Gedächtnis.* Leipzig: Duncker.
Edelmann, W. (1986). *Lernpsychologie. Eine Einführung.* München: Psychologie Verlags Union.
Eisenberg, N. & Fabes, R. A. (1988). The development of prosocial behavior from a life-span perspective. In: P. B. Baltes, D. L. Featherman & R. M. Lerner (Eds.), *Life-span development and behavior,* Vol. 9, (pp. 173–202). Hillsdale, N.J.: Erlbaum.
Ellgring, H. (1986). Nonverbale Kommunikation. In: H. S. Rosenbusch & O. Schober (Hrsg.), *Körpersprache in der schulischen Erziehung* (S. 7–48). Baltmannsweiler: Schneider.
Ellis, A. (1977, Orig. 1962). *Die rational-emotive Therapie. Das innere Selbstgespräch bei seelischen Problemen und seine Veränderung.* München: Pfeiffer.
Ewert, O. (1979). Zum Selbstverständnis der Pädagogischen Psychologie im Wandel der Geschichte. In: J. Brandtstädter, G. Reinert & K. A. Schneewind (Hrsg.), *Pädagogische Psychologie: Probleme und Perspektiven* (S. 15–28). Stuttgart: Klett-Cotta.
Fend, H. & Schröer, S. (1989). Depressive Verstimmungen in der Adoleszenz – Verbreitungsgrad und Determinanten in der Normalpopulation. *Zeitschrift für Sozialisationsforschung und Erziehungssoziologie, 9,* 246–284.
Fittkau, B. (Hrsg.) (1983). *Pädagogisch-psychologische Hilfen für Erziehung, Unterricht und Beratung. Band 1 und 2.* Braunschweig: Westermann-Pedersen.

180

Fittkau, B. & Schulz von Thun, F. (1977). Grundzüge unseres Kommunikations- und Verhaltenstrainings für Berufspraktiker. In: B. Fittkau, H. M. Müller-Wolf & F. Schulz von Thun (Hrsg.), *Kommunizieren lernen (und umlernen)* (S. 101–113). Braunschweig: Westermann.

Flammer, A. (1975). Wechselwirkungen zwischen Schülermerkmalen und Unterrichtsmethoden. In: R. Schwarzer und K. Steinhagen (Hrsg.), *Adaptiver Unterricht* (S. 27–41). München: Kösel.

Fliegel, S., Groeger, W., Künzel, R., Schulte D. & Sorgatz, H. (1981). *Verhaltenstherapeutische Standardmethoden.* München: Urban & Schwarzenberg.

Florin, I. & Rosenstiel, L. v. (1976). *Leistungsstörung und Prüfungsangst. Ursachen und Behandlung.* München: Goldmann.

Forgas, J. P. (1986). *Sozialpsychologie.* München: Psychologie Verlags Union.

Fricke, R. & Treinis, G. (1985). *Einführung in die Metaanalyse.* Stuttgart: Kohlhammer.

Gage, N. L. (1979). *Unterrichten – Kunst oder Wissenschaft?* München: Urban & Schwarzenberg.

Gage, N. L. & Berliner, D. C. (1986). *Pädagogische Psychologie* (4. völlig neu bearb. Aufl.). München: Psychologie Verlags Union.

Gagné R. M. (1980). *Die Bedingungen des menschlichen Lernens* (5. neubearb. Aufl.). Hannover: Schroedel.

Genser, B., Brösskamp, C. & Groth, H. P. (1980). Instrumentelle Überzeugungen von Eltern in hypothetischen Erziehungssituationen. In: H. Lukesch, M. Perrez & K. A. Schneewind (Hrsg.), *Familiäre Sozialisation und Intervention* (S. 145–160). Bern: Huber.

Gordon, Th. (1972). *Familienkonferenz.* Hamburg: Hoffmann & Campe.

Grell, J. & Grell, M. (1979). *Unterrichtsrezepte.* München: Urban & Schwarzenberg.

Groeben, N. (1982). *Leserpsychologie: Textverständnis – Textverständlichkeit.* Münster: Aschendorff.

Grusec, J. E. & Lytton, H. (1988). *Social development. History, theory and research.* New York: Springer.

Guilford, J. P. (1964). *Persönlichkeit. Logik, Methodik und Ergebnisse ihrer quantitativen Erforschung.* Weinheim: Beltz.

Hargreaves, D. H. (1976). *Interaktion und Erziehung.* Wien: Böhlau.

Havers, N. (1981). *Erziehungsschwierigkeiten in der Schule. Klassifikation, Ursachen und pädagogisch-therapeutische Maßnahmen* (2. überarb. Aufl.). Weinheim: Beltz.

Heckhausen, H. (1968). Förderung der Lernmotivation und der intellektuellen Tüchtigkeiten. In: H. Roth (Hrsg.), *Begabung und Lernen* (S. 193–228). Stuttgart: Klett.

Heckhausen, H. (1986). Die Pädagogische Psychologie vor neuen Herausforderungen. In: B. Weidenmann, A. Krapp et al. (Hrsg.), *Pädagogische Psychologie* (S. 786–788). München: Psychologie Verlags Union.

Heckhausen, G. & Rheinberg, F. (1980). Lernmotivation im Unterricht erneut betrachtet. *Unterrichtswissenschaft, 8,* 7–47.

Heinelt, G. (1983). *Einführung in die Pädagogische Psychologie. Ein Leitfaden für Studium und Erziehungspraxis.* Freiburg: Herder.

Heller, K. & Nickel, H. (Hrsg.), (1976/1978). *Psychologie in der Erziehungswissenschaft.* Band I und II (1976). Band III und IV (1978). Stuttgart: Klett-Cotta.

Hennig, C. & Knödler, U. (1987). *Problemschüler – Problemfamilien. Praxis des systemischen Arbeitens mit schwierigen Schülern* (2. überarb. Aufl.). München: Psychologie Verlags Union.

Herrmann, T. (1976). *Lehrbuch der empirischen Persönlichkeitsforschung* (3., neubearb. Aufl.). Göttingen: Hogrefe (6. Aufl. 1991).

Herrmann, T. (1979). Pädagogische Psychologie als psychologische Technologie. In: J. Brandstädter, G. Reinert & K. A. Schneewind (Hrsg.), *Pädagogische Psychologie: Probleme und Perspektiven* (S. 209–236). Stuttgart: Klett.

Herrmann, T., Stapf, K. H. & Stäcker, K. H. (1971). Die Marburger Skalen zur Erfassung des elterlichen Erziehungsstils. *Diagnostica 17*, 118–131.

Hofer, M. (1974). Die Psychologie der Unterrichtsstile. In: F. E. Weinert et al. (Hrsg.), *Funkkolleg Pädagogische Psychologie, Band 1* (S. 503–520). Frankfurt: Fischer.

Hofer, M. (1986). *Sozialpsychologie der Erziehung. Wie das Denken und Verhalten von Lehrern organisiert ist.* Göttingen: Hogrefe.

Hoff, E. & Grüneisen, V. (1978). Arbeitserfahrungen, Erziehungseinstellungen und Erziehungsverhalten von Eltern. In: K. A. Schneewind & H. Lukesch (Hrsg.), *Familiäre Sozialisation* (S. 65–89). Stuttgart: Klett.

Hoffman, M. L. (1977). Moral internalization: Current theory and research. In: L. Berkowitz (Ed.), *Advances in experimental social psychology, Vol. 10* (pp. 86–135). New York: Academic Press.

Höhn, E. (1959). Entwicklung als aktive Gestaltung. In: H. Thomae (Hrsg.), *Entwicklungspsychologie* (Handbuch der Psychologie, Band 3) (S. 312–325). Göttingen: Hogrefe.

Huber, G. L. & Schlottke, P. F. (1986). Prävention und Intervention. In: B. Weidenmann, A. Krapp et al. (Hrsg.), *Pädagogische Psychologie* (S. 667–702). München: Psychologie Verlags Union.

Hurrelmann, K. (1990). *Familienstreß, Schulstreß, Freizeitstreß. Gesundheitsförderung für Kinder und Jugendliche.* Weinheim: Beltz.

Hurrelmann, K. & Ulich, D. (1991). Gegenstands- und Methodenfragen der Sozialisationsforschung. In: K. Hurrelmann & D. Ulich (Hrsg.), *Neues Handbuch der Sozialisationsforschung* (S. 3–20). (4., völlig neubearb. Aufl.). Weinheim: Beltz.

Ingenkamp, K. H. (1971). Sind Zensuren aus verschiedenen Klassen vergleichbar? In K. H. Ingenkamp (Hrsg.), *Die Fragwürdigkeit der Zensurengebung* (S. 156–163). Weinheim: Beltz.

Ingenkamp, K. H. (1985). *Lehrbuch der pädagogischen Diagnostik.* Weinheim: Beltz.

Innerhofer, P. (1977). *Das Münchner Trainingsmodell. Beobachtung, Interaktionsanalyse, Verhaltensänderung.* Berlin: Springer.

Institut für Demoskopie Allensbach (1983). *Eine Generation später. Bundesrepublik Deutschland 1953–1979.* München: Selbstverlag.

Jahnke, J. (1982). *Sozialpsychologie der Schule.* Opladen: Leske + Budrich.

Jaide, W. & Veen, H.-J. (1989). *Bilanz der Jugendforschung. Ergebnisse empirischer Analysen in der Bundesrepublik Deutschland von 1957 bis 1987.* Paderborn: Schöningh.

Jones, E. E. & Nisbett, R. E. (1971). *The actor and the observer: Divergent perceptions of the cause of behavior.* New York: General Learning Press.

Jugendwerk der Deutschen Shell (1985). *Jugendliche und Erwachsene '85. Generationen im Vergleich, Band 1–3.* Opladen: Leske + Budrich.

Jüngst, K. L. (1987). Lehrertätigkeiten zur Förderung des Problemlösens. In: H. Neber (Hrsg.), *Angewandte Problemlösepsychologie* (S. 152–172). Münster: Aschendorff.

Karmann, G. (1987). *Humanistische Psychologie und Pädagogik.* Bad Heilbrunn: Klinkhardt.

Keller, G. (1983). Die Effektivität der Lern- und Arbeitsverhaltensmodifikation. In: H. P. Trolldenier & B. Meißner (Hrsg.), *Texte zur Schulpsychologie und Bildungsberatung, Band 4* (S. 139–143). Braunschweig: Pedersen.

Keller, G. (1991). *Lehrer helfen lernen.* (3. erw. Aufl.). Donauwörth: Auer.

Kemmler, L. (1976). *Schulerfolg und Schulversagen. Eine Längsschnittuntersuchung vom ersten bis zum fünfzehnten Schulbesuchsjahr.* Göttingen: Hogrefe.

Klauer, K. J. (1973 a). *Revision des Erziehungsbegriffs. Grundlagen einer empirisch-rationalen Pädagogik.* Düsseldorf: Schwann.

Klauer, K. J. (1973 b). *Das Experiment in der pädagogischen Forschung.* Düsseldorf: Schwann.

Klauer, K. J. (Hrsg.), (1978). *Handbuch der Pädagogischen Diagnostik (4 Bände).* Düsseldorf: Schwann.

Klauer, K. J. (1986). Forschungsmethoden der Pädagogischen Psychologie. In: B. Weidenmann, A. Krapp et al. (Hrsg.), *Pädagogische Psychologie* (S. 73–95). München: Psychologie Verlags Union.

Klauer, K. J. (1987). Fördernde Notengebung durch Benotung unter drei Bezugssystemen. In: R. Olechowski & E. Persy (Hrsg.), *Fördernde Leistungsbeurteilung* (S. 180–206). Wien: Jugend und Volk.

Klauer, K. J. (1988). Intellektuelle Förderung durch Einzelfall-Training. *Psychologie in Erziehung und Unterricht, 35,* 269–278.

Klauer, K. J., Fricke, R., Herbig, M. Rupprecht, H. & Schott, F. (1972). *Lehrzielorientierte Tests. Beiträge zur Theorie, Konstruktion und Anwendung.* Düsseldorf: Schwann.

Kluwe, R. (1979). *Wissen und Denken.* Stuttgart: Kohlhammer.

Kluwe, R. (1982). Kontrolle des eigenen Denkens und Unterricht. In: B. Treiber & F. E. Weinert (Hrsg.), *Lehr-Lern-Forschung* (S. 113–133). München: Urban & Schwarzenberg.

Knaus, W. J. (1983). *Rational-emotive Erziehung. Ein Leitfaden für Lehrer zur Anwendung im Schulunterricht.* Köln: Nobis.

Kohlberg, L. (1986). Der »Just Community«-Ansatz der Moralerziehung in Theorie und Praxis. In: F. Oser, R. Fatke & O. Höffe (Hrsg.), *Transformation und Entwicklung* (S. 21–55). Frankfurt: Suhrkamp.

Körkel, J. & Hasselhorn, M. (1987). Textlernen als Problemlösen: Differentielle Aspekte und Förderperspektiven im Schulalter. In: H. Neber (Hrsg.), *Angewandte Problemlösepsychologie* (S. 193–214). Münster: Aschendorff.

Kornadt, H. J. & Trommsdorf, G. (1984). Erziehungsziele im Kulturvergleich. In: G. Trommsdorf (Hrsg.), *Jahrbuch für Empirische Erziehungswissenschaft 1984* (S. 191–212). Düsseldorf: Schwann.

Kossakowski, A. (1991). Der Heranwachsende als Subjekt seiner Entwicklung. In: H. D. Schmidt, V. Schaarschmidt & V. Peter (Hrsg.), *Dem Kinde zugewandt* (S. 35–46). Hohengehren: Schneider.

Kraak, B. (1988). Handlungstheorien und Pädagogische Psychologie. *Zeitschrift für Pädagogische Psychologie, 2*, 59–71.

Kranz, D. & Teegen, F. (1973). Psychologisch hilfreiche Gespräche mit Schülern und Eltern. In: H. Nickel & E. Langhorst (Hrsg.), *Brennpunkte der Pädagogischen Psychologie* (S. 348–358). Bern/Stuttgart: Huber/Klett.

Krapp, A. (1976). Bedingungsfaktoren der Schulleistung. *Psychologie in Erziehung und Unterricht, 23,* 91–109.

Krapp, A. (1986). Diagnose und Prognose. In: B. Weidenmann, A. Krapp et al. (Hrsg.), *Pädagogische Psychologie* (S. 565–630). München: Psychologie Verlags Union.

Krapp, A. & Heiland, A. (1986). Wissenschaftstheoretische Grundfragen der Pädagogischen Psychologie. In: B. Weidenmann, A. Krapp et al. (Hrsg.), *Pädagogische Psychologie* (S. 41–72). München: Psychologie Verlags Union.

Krohne, H. (1988). Erziehungsstilforschung: Neue theoretische Ansätze und empirische Befunde. *Zeitschrift für Pädagogische Psychologie, 2,* 157–172.

Krug, S. & Heckhausen, H. (1982). Motivförderung in der Schule. In: F. Rheinberg (Hrsg.), *Bezugsnormen zur Schulleistungsbewertung: Analysen und Intervention* (Jahrbuch für Empirische Erziehungswissenschaft 1982). (S. 65–114) Düsseldorf: Schwann.

Langer, I., Schulz von Thun, F. & R. Tausch, (1990). *Sich verständlich ausdrücken.* (4., neugest. Aufl.). München: Reinhardt.

Lewin, K., Lippitt, R. & White, R. K. (1939). Patterns of aggressive behavior in experimentally created social climates. *Journal of Social Psychology, 10,* 271–299.

Lewis, J. M. Beaver, W. R. & Gossett, J. T. (1976). *No single thread: Psychological health in the family system.* New York: Brunner/Mazel.

Lickona, T. (1981). Förderung der moralischen Entwicklung in Schule und Familie. *Unterrichtswissenschaft, 9,* 241–254.

Lienert, G. (1967). *Testaufbau und Testanalyse* (4. Aufl. 1989). Weinheim: Beltz.

Lompscher, H. J. (Hrsg.), (1972). *Theoretische und experimentelle Untersuchungen zur Entwicklung geistiger Fähigkeiten.* Berlin: Volk und Wissen.

Lorenz, H. (1987). *Lernschwierigkeiten und Einzelfallhilfe.* Göttingen: Hogrefe.

Lück, H. E. (1991). *Geschichte der Psychologie. Strömungen, Schulen, Entwicklungen.* Stuttgart: Kohlhammer.

Lukesch, H. (1976). *Elterliche Erziehungsstile. Psychologische und soziologische Bedingungen.* Stuttgart: Kohlhammer.

Maccoby E. E. & Martin, J. A. (1983). Socialization in the context of the family: Parent-child interaction. In: M. E. Hetherington (Ed.), *Socialization, personality and social development.* (Handbook of child psychology. Vol. 4) (pp. 1–101). New York: Wiley & Sons.

Maletzke, G. (1972). Massenkommunikation. In: C. F. Graumann (Hrsg.), *Sozialpsychologie* (Handbuch der Psychologie, Band 7, 2. Halbband) (S. 1511–1536). Göttingen: Hogrefe.

Mandl, H., Friedrich, H. F. & Hron, A. (1986). Psychologie des Wissenserwerbs. In: B. Weidenmann, A. Krapp et al. (Hrsg.), *Pädagogische Psychologie* (S. 143–218). München: Psychologie Verlags Union.

Mattejat, F. (1985). *Familie und psychische Störungen.* Stuttgart: Enke.

Mayring, P. (1990). *Einführung in die qualitative Sozialforschung.* München: Psychologie Verlags Union.

Meichenbaum, D. H. (1979), *Kognitive Verhaltensmodifikation.* München: Urban & Schwarzenberg.

Meister, H. (1977). *Förderung schulischer Lernmotivation.* Düsseldorf: Schwann.

Metzig, W. & Schuster, M. (1982) *Lernen zu Lernen. Anwendung, Begründung und Bewertung von Lernstrategien.* Berlin: Springer.

Meumann, E. (1907). *Vorlesungen zur Einführung in die experimentelle Pädagogik und ihre psychologischen Grundlagen.* Leipzig: Engelmann.

Mietzel, G. (1986). *Psychologie in Unterricht und Erziehung.* (3. völlig neu gestalt. Aufl.). Göttingen: Hogrefe.

Minsel, B. (1986). Elterntraining. In: P. Becker & B. Minsel, *Seelische Gesundheit, Band 2* (S. 286–333). Göttingen: Hogrefe.

Montada, L. (1982). Themen, Traditionen, Trends. In: R. Oerter & L. Montada et al., *Entwicklungspsychologie* (S.3–88). München: Urban & Schwarzenberg.

Moos, R. & Moos, B. S. (1981). *Family environment scale manual.* Palo Alto: Conculting Psychologists' Press.

Mussen, P. H. & Eisenberg-Berg, N. (1979). *Helfen, Schenken, Anteilnehmen. Untersuchungen zur Entwicklung des prosozialen Verhaltens.* Stuttgart: Klett-Cotta.

Mutzeck, W. & Pallasch, W. (Hrsg.), (1984). *Handbuch zum Lehrertraining. Konzepte und Erfahrungen.* Weinheim: Beltz.

Neber, H. (Hrsg.), (1983). *Entdeckendes Lernen.* (3., völlig überarb. Aufl.). Weinheim: Beltz.

Neber, H. (1987). Angewandte Problemlösepsychologie. In: H. Neber (Hrsg.), *Angewandte Problemlösepsychologie* (S. 1–117). Münster: Aschendorff.

Nickel, H. (1982/1979). *Entwicklungspsychologie des Kindes- und Jugendalters.* Band 1 (4. Aufl. 1982); Band 2 (3. Aufl. 1979). Bern: Huber.

Nickel, H. & Fenner, H. J. (1974). Direkte und indirekte Lenkung im Unterricht in Abhängigkeit von fachspezifischen und methodisch-didaktischen Variablen sowie Alter und Geschlecht des Lehrers. *Zeitschrift für Entwicklungspsychologie und Pädagogische Psychologie, 6,* 178–191.

Nickel, H., Heller, K. & Neubauer, W. (1976). *Psychologie in der Erziehungswissenschaft. Band II: Verhalten im sozialen Kontext.* Stuttgart: Klett.

Nolting, H.-P. (1987). *Lernfall Aggression: Wie sie entsteht – Wie sie zu vermindern ist. Ein Überblick mit Praxisschwerpunkt Alltag und Erziehung* (8. völlig neugest. Aufl.). Reinbek: Rowohlt.

Nolting, H. P. & Paulus, P. (1990). *Psychologie lernen. Eine Einführung und Anleitung.* (3. neubearb. Aufl.). München: Psychologie Verlags Union.

Nolting, H. P. & Bernath-Kaufmann, L. (1983). Aggression, Gewalt, Disziplinprobleme. In: B. Fittkau (Hrsg.), *Pädagogisch-psychologische Hilfen für Erziehung, Unterricht und Beratung, Band 2* (S. 312–332). Braunschweig: Westermann-Pedersen.

Oerter, R. (1986). Perspektiven für eine Umorientierung pädagogisch-psychologischer Forschung. In: B. Weidenmann, A. Krapp et al. (Hrsg.), *Pädagogische Psychologie* (S. 780–783). München: Psychologie Verlags Union.

Oerter, R. (1987). Pädagogische Psychologie im Wandel: Rückblick und Neuorientierung. *Zeitschrift für Pädagogische Psychologie, 1,* 1–28.

Oerter, R. & Montada, L. et al. (1987). *Entwicklungspsychologie. Ein Lehrbuch* (2. völlig neu bearb. Aufl.). München: Psychologie Verlags Union.

Olechowski, R. & Persy, E. (Hrsg.), (1987). *Fördernde Leistungsbeurteilung.* Wien: Jugend und Volk.

Paetzold, B. (1989). Die Bedeutung der Mutter für die Entwicklung des Kindes. In: B. Paetzold & L. Fried (Hrsg.), *Einführung in die Familienpädagogik* (S. 34–51). Weinheim: Beltz.

Paris, S. G. & Jacobs, J. E. (1984). The benefits of informed instruction for children's reading awareness and comprehension skills. *Child Development, 55,* 2083–2093.

Paulus, P. (1984). Selbstverwirklichung und retrospektiv perzipierte elterliche Erziehung. *Psychologie in Erziehung und Unterricht, 31,* 171–177.

Paulus, P. (1992). *Psychologie der Selbstverwirklichung. Eine konzeptuelle Analyse und ein Vorschlag zur Reformulierung.* Göttingen: Hogrefe.

Perrez, M., Büchel, F., Ischi, N. & Patry, J. L. (1985a). *Erziehungspsychologische Beratung und Intervention.* Bern: Huber.

Perrez, M., Minsel, B. & Wimmer, H. (1985b). *Was Eltern wissen sollten. Eine Elternschule mit praktischen Beispielen.* Bern: Huber.

Perrez, M., Huber, G. L. & Geißler, G. A. (1986). Psychologie der pädagogischen Interaktion. In: B. Weidenmann, A. Krapp et al. (Hrsg.), *Pädagogische Psychologie* (S. 361–445). München: Psychologie Verlags Union.

Pervin, L. A. (1981). *Persönlichkeitspsychologie in Kontroversen.* München: Urban & Schwarzenberg.

Petermann, F. (Hrsg.), (1989). *Verhaltensgestörtenpädagogik. Neue Ansätze und ihre Erfolge.* Berlin: Marhold.

Petillon, H. (1980). *Soziale Beziehungen in Schulklassen.* Weinheim: Beltz.

Pfingsten, U. (1985). *Klinische Psychologie. Ein Grundriß.* Stuttgart: Kohlhammer.

Prenzel, M. (1988). *Die Wirkungsweise von Interesse.* Opladen: Westdeutscher Verlag.

Prenzel, M. & Schiefele, H. (1986). Konzepte der Veränderung und Erziehung In: B. Weidenmann, A. Krapp et al. (Hrsg.), *Pädagogische Psychologie* (S. 105–142). München: Psychologie Verlags Union.

Presting, G. (1987). Erziehungs- und Familienberatungsstellen in der Bundesrepublik Deutschland: Entwicklung, Inanspruchnahme und Tätigkeiten. In: G. Presting et al., *Erziehungskonflikte und Beratung* (S. 7–99). München: Verlag Deutsches Jugendinstitut.

Radke-Yarrow, M., Zahn-Waxler, C. & Chapman, M. (1983). Children's prosocial dispositions and behavior. In: M. E. Hetherington (Ed.), *Socialization, personality and social development.* (Handbook of child psychology. Vol. 4) (pp. 469–545). New York: Wiley.

Redlich, A. & Schley, W. (1981). *Kooperative Verhaltensmodifikation im Unterricht* (2. überarb. Aufl.). München: Urban & Schwarzenberg.

Rheinberg, F. (1980). *Leistungsbewertung und Lernmotivation.* Göttingen: Hogrefe.

Rheinberg, F. (1987). Soziale versus individuelle Leistungsvergleiche und ihre motivationalen Folgen in Lehr-Lernsituationen. In: R. Olechowski & E. Persy (Hrsg.), *Fördernde Leistungsbeurteilung* (S. 80–115). Wien: Jugend und Volk.

Rheinberg, F. (1989). *Zweck und Tätigkeit.* Göttingen: Hogrefe.

Riegel, K. F. (1972). The changing individual in the changing society. In: F. J. Mönks, W. W. Hartup & J. de Witt (Eds.), *Determinants of behavioral development* (pp. 239–257). New York: Academic Press.

Ringel, E. & Brandl, G. (1980). Der Beitrag Alfred Adlers zur Praxis und Theorie der Erziehung. In: W. Spiel (Hrsg.), *Konsequenzen für die Pädagogik (1): Entwicklungsmöglichkeiten und erzieherische Modelle* (Die Psychologie des 20. Jahrhunderts, Band XI) (S. 246–282). Zürich: Kindler.

Rogers, C. R. (1973, Orig. 1961). *Die Entwicklung der Persönlichkeit.* Stuttgart: Klett-Cotta.

Rosenbusch, H. S. & Schober, O. (Hrsg.), *Körpersprache in der schulischen Erziehung.* Baltmannsweiler: Schneider.

Rotter, J. B. (1966). Generalized expectancies for internal versus external control of reinforcement. *Psychological Monographs 1966, 80* (1, Whole No. 609).

Sander, E. (1981). *Lernstörungen. Ursachen, Prophylaxe, Einzelfallhilfe.* Stuttgart: Kohlhammer.

Schermer, F. (1991). *Lernen und Gedächtnis.* Stuttgart: Kohlhammer.

Schiefele, H., Haußer, K. & Schneider, G. (1979). »Interesse« als Ziel und Weg der Erziehung. *Zeitschrift für Pädagogik, 25,* 1–20.

Schlottke, P. F. & Wahl, D. (1983). *Streß und Entspannung im Unterricht. Trainingshilfen für Lehrer.* München: Hueber.

Schmidt-Denter, U. (1987). Erziehung zur sozialen Kompetenz. In: R. Dollase (Hrsg.): *Handbuch der Früh- und Vorschulpädagogik, Band II* (S. 391–406). Düsseldorf: Schwann.

Schmidt-Denter, U. (1988). *Soziale Entwicklung.* München: Psychologie Verlags Union.

Schmidtchen, S. (1989). *Kinderpsychotherapie.* Stuttgart: Kohlhammer.

Schneewind, K. A. (1983). Autonomes Handeln: Einige Anmerkungen zur Geschichte, Theorie und Empirie eines umstrittenen Konzepts. In: G. Bittner (Hrsg.), *Personale Psychologie* (S. 135–151). Göttingen: Hogrefe.

Schneewind, K. A., Beckmann, M. & Engfer, A. (1983). *Eltern und Kinder. Umwelteinflüsse auf das familiäre Verhalten.* Stuttgart: Kohlhammer.

Schneewind, K. A. & Braun, M. (1988). Jugendliche Ablösungsaktivitäten und Familienklima. *System Familie, 1,* 49–61.

Schneewind, K. A. & Herrmann, T. (Hrsg.) (1980). *Erziehungsstilforschung. Theorien, Methoden und Anwendung der Psychologie des elterlichen Erziehungsverhaltens.* Bern: Huber.

Schreiner, G. (1983). Die Entwicklung moralischer Handlungsfähigkeit. In: B. Fittkau (Hrsg.), *Pädagogisch-psychologische Hilfen für Erziehung, Unterricht und Beratung, Band 2* (S. 428–460). Braunschweig: Westermann-Pedersen.

Schulz von Thun, F. (1981). *Miteinander reden: Störungen und Klärungen. Psychologie der zwischenmenschlichen Kommunikation.* Reinbek: Rowohlt.

Schulz von Thun, F. (1983). Erziehung als zwischenmenschliche Kommunikation. In: B. Fittkau (Hrsg.), *Pädagogisch-psychologische Hilfen für Erziehung, Unterricht und Beratung, Band 1* (S. 272–310). Braunschweig: Westermann-Pedersen.

Schwäbisch, L. & Siems, M. (1974). *Anleitung zum sozialen Lernen für Paare, Gruppen und Erzieher.* Reinbek: Rowohlt.

Schwarzer, O. R. (1980). *Gestörte Lernprozesse.* Weinheim: Beltz.

Selg, H., Klapprott, J. & Kamenz, R. (1992). *Forschungsmethoden der Psychologie.* Stuttgart: Kohlhammer.

Selg, H., Mees, U. & Berg, D. (1988). *Psychologie der Aggressivität.* Göttingen: Hogrefe.

Sharp, R. & Green, A. (1975). *Education and social control.* London: Routlege & Kegan Paul.

Shure, M. B. & Spivack, G. (1981). *Probleme lösen im Gespräch. Erziehung als Hilfe zur Selbsthilfe.* Stuttgart: Klett-Cotta.

Silbereisen, R. K. (1987). Soziale Kognition: Entwicklung von sozialem Wissen und Verstehen. In: R. Oerter & L. Montada et al., *Entwicklungspsychologie* (S. 696–737). München: Psychologie Verlags Union.

Sommer, G. (1977). Kompetenzerwerb in der Schule als Primäre Prävention. In: G. Sommer & H. Ernst (Hrsg.), *Gemeindepsychologie* (S. 70–98). München: Urban & Schwarzenberg.

Stapf, A. (1975). Neuere Untersuchungen zur elterlichen Strenge und Unterstützung. In: H. Lukesch (Hrsg.), *Auswirkungen elterlicher Erziehungsstile* (S. 28–39). Göttingen: Hogrefe.

Stapf K. (1980). Methoden und Verfahrenstechniken im Bereich der Erziehungsstilforschung. In: K. A. Schneewind & Th. Herrmann (Hrsg.), *Erziehungsstilforschung* (S. 89–120). Bern: Huber.

Stapf, K., Herrmann, T., Stapf, A. & Stäcker, K. (1972). *Psychologie des elterlichen Erziehungsstils.* Bern/Stuttgart: Huber/Klett.

Staub, E. (1982). *Entwicklung prosozialen Verhaltens.* München: Urban & Schwarzenberg.

Steiner, G. (1988). *Lernen. Zwanzig Szenarien aus dem Alltag.* Bern: Huber.

Stößner, A. (1909). *Lehrbuch der pädagogischen Psychologie. Auf der Grundlage der physiologisch-experimentellen Psychologie bearbeitet.* Leipzig: Klinkhardt.

Tausch, R. & Tausch, A.-M. (1977). *Erziehungspsychologie. Begegnung von Person zu Person* (8. gänzl. neugestalt. Aufl.). Göttingen: Hogrefe.

Tent, L., Fingerhut, W. & Langfeldt, H. P. (1976). *Quellen des Lehrerurteils. Untersuchungen zur Aufklärung der Varianz von Schulnoten.* Weinheim: Beltz.

Textor, M. R. (1985). *Integrative Familientherapie. Eine systematische Darstellung der Konzepte, Hypothesen und Techniken amerikanischer Therapeuten.* Springer: Berlin.

Textor, M. R. (1991). *Familien: Soziologie, Psychologie. Eine Einführung für soziale Berufe.* Freiburg: Lambertus.

Thomae, H., (1986). Entwicklung. In: W. Sarges & R. Fricke (Hrsg.), *Psychologie für die Erwachsenenbildung/Weiterbildung. Ein Handbuch in Grundbegriffen* (S. 201–205). Göttingen: Hogrefe.

Thomas, A. & Chess, S. (1977). *Temperament and behavior.* New York: Brunner/Mazel.

Thorndike, E. L. (1913). *Education psychology, Vol. 1–3.* New York: Columbia University Press.

Thurner, F. (1981). *Lehren – Lernen – Beurteilen. Einführung in die Pädagogische Psychologie.* Königstein: Athenäum.

Tiedemann, J. (1980). *Sozial-emotionales Schülerverhalten. Verhaltensauffälligkeiten in der Schule.* München: Reinhardt.

Todt, E. (1990). Entwicklung des Interesses. In: H. Hetzer et al. (Hrsg.), *Angewandte Entwicklungspsychologie des Kindes- und Jugendalters* (2., überarb. u. erg. Aufl.) (S. 213–264). Heidelberg: Quelle & Meyer.

Trescher, H. G. (1985). *Theorie und Praxis der Psychoanalytischen Pädagogik.* Frankfurt a. M.: Campus.

Tress, W. (1986). Die positive frühe Bezugsperson – Der Schutz vor psychogenen Erkrankungen. *Psychotherapie, Psychosomatik, Medizinische Psychologie, 36,* 51–57.

Ulich, D. (1987). *Krise und Entwicklung. Zur Psychologie der seelischen Gesundheit.* München: Psychologie Verlags Union.

Ulich, D. (1988). Pädagogische Psychologie. In: R. Asanger & G. Wenninger (Hrsg.), *Handwörterbuch der Psychologie* (S. 512–516). Weinheim: Beltz.

Ulich, D. (1989). *Einführung in die Psychologie.* Stuttgart: Kohlhammer.

Voß, R. (1990). Systemische Konsultation und interdisziplinäre Kooperation. Förderung sozialer Netzwerke durch professionelle Unterstützung. In: R. Huschke-Rhein (Hrsg.), *Zur Praxisrelevanz der Systemtheorien.* Köln: Rhein-Verlag.

Wagner, I. (1976). *Aufmerksamkeitstraining mit impulsiven Kindern.* Stuttgart: Klett.

Wahl, D., Weinert, F. E. & Huber, G. L. (1984). *Psychologie für die Schulpraxis. Ein handlungsorientiertes Lehrbuch für Lehrer.* München: Kösel.

Weber, I. et al. (1990). *Dringliche Gesundheitsprobleme der Bevölkerung in der Bundesrepublik Deutschland.* Baden-Baden: Nomos.

Weidenmann, B. (1986). Psychologie des Lernens mit Medien. In: B. Weidenmann, A. Krapp et al. (Hrsg.), *Pädagogische Psychologie* (S. 493–554). München: Psychologie Verlags Union.

Weidenmann, B. & Krapp, A. (1986). Pädagogische Psychologie: Einführung in die Disziplin und das Lehrbuch. In: B. Weidenmann, A. Krapp et al. (Hrsg.), *Pädagogische Psychologie* (S. 1–20). München: Psychologie Verlags Union.

Weidenmann, B. Krapp, A., Hofer, M. Huber, G. L. & Mandl, H. (1986) (Hrsg.), *Pädagogische Psychologie. Ein Lehrbuch.* München: Psychologie Verlags Union.

Weiner, B. (1975). *Wirkung von Erfolg und Mißerfolg auf die Leistung.* Bern: Huber.

Weinert, F. E. (1974 a). Einführung in das Problemgebiet der Pädagogischen Psychologie. In: F. E. Weinert et al. (Hrsg.), *Pädagogische Psychologie, Band 1* (S. 29–63). Frankfurt a. M.: Fischer.

Weinert, F. E. (1974 b). Die Familie als Sozialisationsbedingung. In F. E. Weinert et al. (Hrsg.), *Funkkolleg Pädagogische Psychologie, Band 1* (S. 355–386). Frankfurt: Fischer.

Weinert, F. E. (1974c). Fähigkeits- und Kenntnisunterschiede zwischen Schülern. In: F. E. Weinert et al. (Hrsg.), *Funkkolleg Pädagogische Psychologie, Band 2* (S. 763–793). Frankfurt: Fischer.

Weinert, F. E. (1983). Ist Lernen lehren endlich lehrbar? Einführung in ein altes Problem und in einige neue Lösungsvorschläge. *Unterrichtswissenschaft, 11,* 329–334.

Weinert, F. E. (1984). Metakognition und Motivation als Determinanten der Lerneffektivität: Einführung und Überblick. In: F. E. Weinert & R. Kluwe (Hrsg.), *Metakognition, Motivation und Lernen* (S. 9–21). Stuttgart: Kohlhammer.

Weinert, F. E., C. F. Graumann, H. Heckhausen & M. Hofer (Hrsg.), (1974). *Funkkolleg Pädagogische Psychologie, Band 1 und 2.* Frankfurt: Fischer.

Weiss, R. (1989). *Leistungsbeurteilung in den Schulen – Notwendigkeit oder Übel? Problemanalysen und Verbesserungsvorschläge.* Wien: Jugend und Volk.

Wendeler, J. (1981). *Lernzieltests im Unterricht.* Weinheim: Beltz.

Werner, E. E. & Smith, R. S. (1982). *Vulnerable but invicible. A longitudinal study of resilient children and youth.* New York: McGraw-Hill.

Weßling-Lünnemann, G. (1985). *Motivationsförderung im Unterricht.* Göttingen: Hogrefe.

Wottawa, H. (1986). Evaluation. In: B. Weidenmann, A. Krapp et al. (Hrsg.), *Pädagogische Psychologie* (S. 703–733). München: Psychologie Verlags Union.

Zecha, G. (1984). Erziehungsziele – eine begriffsanalytische Untersuchung. In: G. Trommsdorf (Hrsg.), *Jahrbuch für Empirische Erziehungswissenschaft 1984* (S. 27–46). Düsseldorf: Schwann.

Zielinski, W. (1974). Die Beurteilung von Schülerleistungen. In: F. E. Weinert et al. (Hrsg.), *Funkkolleg Pädagogische Psychologie, Band 2* (S. 877–900).

Zielinski, W. (1980). *Lernschwierigkeiten.* Stuttgart: Kohlhammer.

Zumkley-Münkel, C. (1984). *Freiheit und Zwang in der Erziehung und Unterricht.* Göttingen: Hogrefe.

Sachregister

FACHVERLAG FÜR MEDIZIN,
PSYCHOLOGIE UND KRANKENPFLEGE

Rainer Guski

Wahrnehmen - ein Lehrbuch

1996. 404 Seiten mit 309 Abbildungen.
Kart. DM 54,-
ISBN 3-17-011845-5

In verständlicher Sprache und mit Hilfe zahlreicher
Abbildungen gelingt dem Autor eine grundlegende
Einführung in dieses interessante Thema. Er führt
den Leser zunächst in die Begriffe, Konzepte und
Methoden ein.

Danach stellt er einfache physikalische Eigenschaften
der Umwelt und physiologische Gegebenheiten des
menschlichen Körpers vor, um schließlich die
Entwicklung der Wahrnehmungskompetenzen über
die Lebensspanne zu zeigen. Die Leistungsfähigkeit von Sehen und Hören und ihr Zusammenwirken
beim menschlichen Handeln werden an Hand vieler
Beispiele anschaulich geschildert.

Insgesamt ein Buch für alle, die ein fundiertes,
anwendungs- und forschungsbezogenes Grundla-
genwerk für die aktuellen Fragen der Wahrneh-
mungspsychologie suchen.

W. Kohlhammer GmbH · 70549 Stuttgart

FACHVERLAG FÜR MEDIZIN,
PSYCHOLOGIE UND KRANKENPFLEGE

Bernhard Sieland

Klinische Psychologie

Band 1: Grundlagen
1994. 224 Seiten.
Kart. DM 26,-
ISBN 3-17-012552-4
Urban-Taschenbuch,
Band 568

Band 2: Intervention
1996. 212 Seiten.
Kart. DM 28,-
ISBN 3-17-012553-2
Urban-Taschenbuch,
Band 569

Diese Einführung in die Klinische Psychologie zeigt anschaulich, welche Möglichkeiten das Fachgebiet für die Gesundheitsförderung, Prävention, Therapie und Rehabilitation bietet. Im Blickpunkt steht dabei auch immer die alltagspsychologische Perspektive des Patienten.

Band I beschäftigt sich mit dem Gegenstand, den Aufgaben und Anwendungsformen der Klinischen Psychologie und vergleicht damit jeweils alltagspsychologische Denk- und Lösungsmuster.

Band II beschreibt die derzeit vorherrschenden Therapieverfahren und grenzt sie von fragwürdigen Angeboten des Psychomarktes ab.

Zahlreiche Beispiele, Arbeitsvorschläge, Auseinandersetzungen mit dem gesunden Menschenverstand des Lesers, Zusammenfassungen und themenbezogene Vertiefungsliteratur lassen die Lektüre zu einem Gewinn werden.

W. Kohlhammer GmbH · 70549 Stuttgart